항균잉크란?

코로나19 바이러스
"친환경 99.9% 항균잉크 인쇄"
전격 도입

언제 끝날지 모를 코로나19 비

99.9% 항균잉크(V-CLEAN99)를 도입

독자분들의 건강과 안전을 위해 노력하겠습니다.

KB169142

시대교육그룹

Clean Zone

본 도서는 항균잉크로 인쇄하였습니다.
항균+ 99.9%
안심도서

항균잉크(V-CLEAN99)의 특징

◉ 바이러스, 박테리아, 곰팡이 등에 항균효과가 있는 산화아연을 적용

◉ 산화아연은 한국의 식약처와 미국의 FDA에서 식품첨가물로 인증받아 **강력한 항균력**을 구현하는 소재

◉ 황색포도상구균과 대장균에 대한 테스트를 완료하여 **99.9%의 강력한 항균효과** 확인

◉ 잉크 내 중금속, 잔류성 오염물질 등 **유해 물질 저감**

TEST REPORT

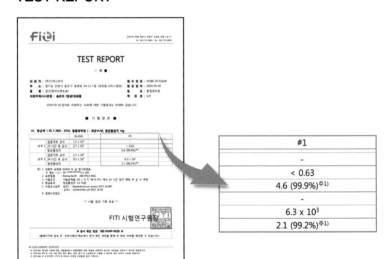

#1
-
< 0.63
4.6 (99.9%)[주1]
-
6.3 x 10³
2.1 (99.2%)[주1]

Clean Zone

시대교육그룹

COMPANION ANIMAL

반려동물 장례지도사

표준안

머리말

현재 우리나라의 반려인구는 4인 가구 중 1가구가 반려동물과 함께 살고 있으며, 반려인구는 앞으로도 당분간 지속해서 증가할 것으로 보인다. 그에 따라 반려동물 관련 현재의 산업과 문화적인 발전은 앞으로도 더욱더 높은 성장률을 보여 줄 것으로 예상한다.

2021년 기준으로 통계자료를 살펴보면 대한민국의 반려인구는 1,500만 시대로 진입했으며, 반려동물 산업과 문화의 빠른 성장으로 최근에는 '펫코노미'라는 신조어도 탄생했다. 펫코노미는 'Pet + Economy'의 합성어로 반려동물과 경제를 합친 용어로 반려동물과 관련한 경제 시장과 산업을 뜻하고 있다. 최근 우리나라에도 반려동물과 함께 가족을 이루는 인구와 가구 수의 급증세에 따라 반려동물과 관련된 대부분 산업과 문화의 경제적인 영역에서 빠른 성장세가 확인되고 있다.

우리나라의 반려동물 관련 산업과 문화의 성장 흐름을 돌이켜 보면 2000년도 초반의 '펫 사료' 관련 산업이 개척되어 미래지향적 블루오션 사업으로 시작되었으며, 이를 통해 전체 반려동물 산업과 문화 및 경제 시장을 선진화 형태로 발전시켰고 현재에도 계속해서 성장해 나가고 있다. 또한, 최근 들어서는 반려동물도 사람과 동일한 기준으로 삶과 죽음을 맞이하게 된다는 정서가 마련되었고 10년 이상의 반려하는 삶을 함께 살아온 반려동물은 가족 구성원의 한 부분으로 여겨지면서 반려동물의 죽음에 대한 부분도 중요시하는 사회가 되어가고 있다.

2020년부터 세계적인 문제로 이슈가 된 코로나19 관련 내용에서도 살펴보면 사회적 관점으로 해석을 했을 때 삶과 죽음에 대한 문화가 점진적으로 확산하였으며, 그로 인해 생명과 죽음에 관한 문화를 많은 사람이 받아들이게 되는 계기가 되었다. 마찬가지로 반려동물에게도 웰 다잉(Well-Dying)의 문화가 지속해 발전하며 성장하고 있다. 이에 따라 반려동물의 죽음과 가장 근접한 반려동물 장묘산업의 경제적 발전 가치와 그에 따른 긍정적인 요소는 우리나라의 전체 반려동물 산업, 문화와 경제 시장의 성장 속도 중에서도 가장 높은 지표를 나타내고 있는 것으로 확인된다.

그렇지만, 실제 우리나라의 반려인구를 상대로 조사된 자료를 살펴보면 2020년을 기준으로 반려동물 장례식장을 이용했거나, 이용하겠다고 답한 비율이 조사된 반려인구에 약 40%를 넘지 못했다. 이는 반려동물의 사후 조치에 대한 잘못된 인식과 불법적인 사후 처리의 방법도 포함되어 있었으며 반려동물 장례 문화에 관한 정보 부재도 있었다. 또한, 경제적인 사정이 어려워서의 답변과 해당 지역에서 이용할 수 있는 반려동물 장례 시설이 없어서의 답변도 있었다. 결과적으로 현재의 사망한 반려동물이 장묘 시설을 통해 장례 절차가 진행되는 실제 비율은 한해 사망하는 전체 반려동물의 개체 중 약 10%로 확인되고 있다.

위의 전제를 봤을 때 우리나라의 반려동물 장례 문화는 앞으로도 점진적으로 성장할 것임을 알 수 있다. 또한, 현재에도 반려동물 장례식장이 추가로 설립되고 있으며, 그에 따른 전문적인 역량의 반려동물장례지도사도 더욱이 필요한 시점이다.

하지만, 현재 국내의 실정을 살펴보면 앞으로의 반려동물 장례 문화를 이끌어갈 주역인 반려동물 장례지도사의 학습 자료 및 교과목은 실제 반려동물 장례 실무 이론과는 거리가 있으며, 반려동물 장례학의 구성을 갖춘 학습 자료와 교재가 극히 제한되어 있었다. 또한, 여러 민간 교육기관의 '반려동물장례지도사' 관련 자격증을 취득하여도 해당 교육 프로그램과 실제 현장의 실무와는 괴리감이 큰 부분이 있었으며, 이를 통한 반려동물 장례식장으로 취업 이후 시점에도 폐쇄적인 구조로 인한 도제식 교육의 현실에서 오는 한계점과 아쉬움이 있었다.

이 때문에 국내의 반려동물 장묘문화를 선도하고 성장시킨 '반려동물 장례식장 펫포레스트'는 2017년부터 반려동물 장례의 필요성을 알리며 반려동물 장례 문화를 연구하였다. 그 과정 중 반려동물의 장례 산업과 문화의 가장 중요한 요소를 반려동물장례지도사로 정의했으며, 그에 따라 전문 역량의 지도사를 자체 양성과정을 통해 배출하고 있다. 또한, 최초로 이론과 실무 심화 과정의 반려동물 장례지도사 양성과정을 마련하여 각 시·군·구의 지방자치단체와 각 대학 및 교육기관에도 전문인 과정을 목적으로 한 교육 커리큘럼을 도입시켰다.

이 책의 대부분의 범위와 전체 내용은 '반려동물 장례식장 펫포레스트'의 실무 내용을 기반으로 적용하여 기획했으며, 현직 반려동물장례지도사 강성일, 김태연 지도사가 집필에 참여했다. 미래의 반려동물 장례지도사의 전문 역량을 발전시킬 수 있도록 정론과 교서가 담긴 교육 자료를 만들고자 하였으며 실무를 바탕으로 한 내용과 그에 필요한 이론의 내용을 정리하여 학습 교재로 완성시켰다.

'반려동물장례지도사 표준안'은 미래의 반려동물장례지도사를 꿈꾸는 많은 사람과 반려동물 장례 산업과 문화에 관하여 알고 싶어 하는 모든 이들을 위해 기획했으며, 이 책을 접하게 될 많은 사람이 우리나라의 반려동물 장례 산업과 문화를 이끌어가는 전문 역량의 주역이 되길 바란다.

저자 강성일, 김태연

기획 및 저자

 기획

(주)펫포레스트는 대한민국을 대표하는 반려동물 장례식장으로 애완동물 시대에서 반려동물 시대로 변화한 2016년 경기도 광주 소재지에 최초 설립되었으며, 농림수산식품부에 정식으로 등록되어 현재에도 정상적으로 운영되고 있는 반려동물 장례(동물장묘업) 기업이다.

반려동물 장례식장 '펫포레스트'는 2017년부터 반려동물 장례의 필요성을 알리며 반려동물의 장례 문화를 연구하였으며, 그 과정 중 반려인과 반려동물을 기준으로 마련된 장례의 문화와 산업적 요소 중 가장 중요한 부분을 '반려동물장례지도사'로 정의하였다.

이에 따라 전문 역량을 갖춘 반려동물장례지도사를 자체 양성과정을 통해 배출시키고 있다. 또한, 최초로 이론과 실무의 교육 자료를 통해 심화 양성과정을 마련하여 각 시·군·구의 지방자치단체와 대학의 관련 학과 및 교육기관에도 전문인 과정을 위한 교육 커리큘럼을 도입시켰으며, 우리나라의 올바른 반려동물 장례 문화를 선진화시키기 위해 앞장서고 있는 기업이다.

이 외에도 펫포레스트가 기획한 출판물은 생명존중의 정서를 바탕으로 기획한 창작 동화 「안녕, 초코 (반려동물이 아니라 가족입니다)」 도서가 있다.

💜 **주요이력**

2015 경기도 광주시 건축디자인상 최우수상

2018 반려동물 브랜드 대상

2018 올해의 우수브랜드 대상 1위

2019 한국 소비자만족지수 1위

2019 농림축산식품부 주최 대한민국 반려동물 문화대상

2020 한국 소비자 평가 위원회 주최 소비자선정 최고의 브랜드 대상

2021 한국 소비자 평가 위원회 주최 소비자선정 2년 연속 최고의 브랜드 대상

2021 대한민국 글로벌 파워 브랜드 대상

2021 국회 농림축산식품해양수산 위원장 표창

저자 강성일

반려동물 장례식장 '펫포레스트'의 수석 지도사로서 반려동물의 마지막 길을 배웅해 주고 있으며, 반려동물 장례 문화를 선도할 후배 지도사를 양성하고 있다. 또, 올바른 반려동물 장례 문화와 우리나라의 정서를 기반으로 한 반려동물 상실증후군(펫로스증후군) 준비, 극복, 치유 솔루션으로 다양한 강연과 반려인, 반려동물을 위한 캠페인 등 관련된 내용으로 언론 매체와 방송 활동 등에 참여하고 있다. 반려견 쌘쵸와 함께 '쌘쵸아빠'로도 활동하며, 또 다른 그의 저서로는 「안녕, 우리들의 반려동물 : 펫로스 이야기」 등이 있다.

🐾 주요이력

반려동물 장례식장 펫포레스트 수석 지도사
「안녕, 우리들의 반려동물 펫로스 이야기」 저자
네이버 오디오클립(NAVER audio−clip) 펫로스 상담소 연재
카카오 브런치 매거진(kakao brunch−magazin) 펫로스 이야기 연재
2019 산업통상자원부 산업융합 규제샌드박스 전문위원
2019 농림축산식품부 주최 대한민국 반려동물 문화대상 수상

저자 김태연

반려동물 장례식장 '펫포레스트'의 반려동물장례지도사로서 반려동물의 마지막 길을 배웅해 주고 있으며, 반려동물 장례 문화를 선도할 후배 지도사를 양성하고 있다. 대전보건대학교에서 장례지도사 정규 과정을 이수하여 약 7년의 시간 동안 사람을 위한 장례지도사로 현직에서 활동했으며, 2017년 장례지도사에서 반려동물 장례지도사로 전업하여 현재까지 우리나라의 올바른 반려동물 장례 산업과 문화를 선진화시키기 위해 노력하며 활동하고 있다.

🐾 주요이력

반려동물 장례식장 펫포레스트 교육 지도사
장례지도사 경력 7년
반려동물장례지도사 5년
대전보건대 장례지도학과 졸업
장례지도사 국가 자격증 취득

추천사

"반려동물은 그 존재만으로 사랑입니다." 펫포레스트에서는 반려동물과 마지막을 보내는 모범적인 방법을 제시하고 그동안 축적해 왔던 자체적인 반려동물 장례의전 매뉴얼을 기반으로 국내 최정상의 반려동물장례지도사들과 함께 반려인과 그 가족에게 봉사와 헌신, 섬김의 자세로 앞으로의 발전을 위해 반려동물 장례 교육 도서를 출간시키며 우리나라 반려동물 장례문화 발전에 한 걸음을 내딛고 있다. 이번에 출간하는 '반려동물장례지도사 표준안'은 반려동물과의 이별을 앞두고 있는 사람들과 반려동물 장례서비스 관련 업무를 수행하는 사람들에게 동물관련 행정 신고에서부터 반려동물 장례절차와 봉안당 안치에 이르는 장례서비스 등 전반적인 부분의 이론과 실무를 익힐 수 있도록 해줌으로써 앞으로의 우리나라 반려동물 장례 정론과 직무 체계를 수립하고 장례 산업과 문화의 수준을 높이 향상시켜 줄 것으로 기대한다.

연암대학교 동물보호계열 교수
한동운

이 책을 기획한 '펫포레스트'는 다양한 선진 장례문화를 연구하여 국내에 적용하고 있으며, 우리나라 현실에 기반한 반려동물 장례 실무 이론과 실무 심화 과정을 많은 학생들에게도 전수해 주고 있다. 집필에 참여한 현직 지도사들은 우수한 경력과 오랜 시간 경험에서 오는 전문적인 정보와 지식을 담아냈다. 이제 반려동물학과의 학생들뿐만 아니라 장례지도사를 희망하는 일반인들에게 희소식이 생겼다. 바로 우리나라 반려동물 장례 산업과 문화에 대해 알려 줄 교육 도서 '반려동물장례지도사 표준안'이 출간된 것이다. 이 책으로 말미암아 반려인과 반려동물을 위한 장례 문화의 인식 전환으로 현직에서 종사하고 있는 반려동물 장례와 관련된 많은 사람들에게도 실질적인 도움과 직무윤리의 기준이 될 것이라 믿는다.

디지털서울문화예술대학교 반려동물학과 교수
김향미

반려동물과 함께 살아가는 사람들이 많아지고 있는 지금 시대에 반려동물 관련 통계자료와 연구 내용 등의 자료를 살펴보면 우리나라의 반려동물 관련 전체 산업과 문화의 발전 가능성은 앞으로도 광범위하게 지속해서 성장할 것으로 예상된다. 이 책의 추천사를 의뢰받고 전체 내용을 면밀히 검토해 보았을 때 사람 장례에서 반려동물의 장례까지 전체적인 흐름과 변천사를 한눈에 알아갈 수 있었다. 또한, 반려동물 장례와 관련한 미래를 준비하는 많은 사람들에게 분명 시작의 기준점이 될 수 있도록 길라잡이 역할을 하고 있었으며, 관련 산업의 중요한 정보와 기술 증진 및 전문성을 갖출 수 있는 교육도서로 잘 정리되어 있다.

장안대학교 바이오동물보호과 교수
오희경

RECOMMENDATION

반려인구 1,500만 시대, 반려인 그리고 반려동물, '짝이 되는 동무'라는 '반려'의 뜻, 반려동물을 있는 그대로 임하는 사람들에겐 정말 하나의 가족인 셈이다. 내가 유기동물이 없는 세상을 바라는 것처럼 전문적으로 반려동물의 마지막을 지켜줄 수 있는 장례지도사가 내 가족을 위해 임해준다면 더할 나위 없이 감사한 마음이 들 것이다. 내 평생의 반려동물을 잃었을 때를 생각한다면 이 책을 읽은 반려동물장례지도사에게 마지막을 맡길 것이다.

사단법인 유기견없는도시 대표
김지민

반려동물 장례에 관한 모든 내용을 알고 싶어 하는 사람들을 위해 책의 내용을 꼼꼼히 검토해 살펴보았다. 찾아서만 볼 수 있는 관련 법안과 시대흐름에 따라 변화된 선진 형태의 반려동물 장례 절차 등이 알아보기 쉽게 정리되어 있었다. 또한, 반려동물장례지도사의 직무 능력을 향상시킬 수 있도록 관련 교육 정보와 자료가 상세하게 정리된 필독서이다. 우리나라의 반려동물 장례 산업과 문화가 꾸준히 성장하고 있는 가운데 현 시대에서 가장 발전된 반려동물장례지도사 전문 교육 도서가 출간되었다.

농림축산식품부 산하기관
사단법인 한국동물장례협회 회장
조용환

목차

Part

01

반려동물
장례지도사

장례지도사

반려동물장례지도사의 직무 명칭은 사람을 기준으로 한 장례지도사에서 기원되었습니다. 먼저 사람을 기준으로 한 장례지도사에 대하여 알아보겠습니다.

1 장례지도사의 기원

(1) 장례지도사의 명칭

장례지도사는 「장사 등에 관한 법률」이 제정되고 2012년 8월 5일 국가 자격증화되었습니다. 이때 장례지도사의 명칭이 법적으로 정해졌으며 교육기관 및 기준이 정해졌습니다. 그전까지는 장례지도사라는 명칭보다는 장의사, 염사 등으로 불리었습니다.

① 장의사(葬儀師), 염사(殮師)

죽은 이의 사체를 처리하는 업무를 하는 자를 의미합니다.

② 호상(護喪)

㉠ 상례를 진행할 때 처음부터 끝까지 모든 절차를 지휘하고 책임을 맡은 사람입니다.

㉡ 호상은 고인과 상주의 집안 사정, 인간관계 등을 잘 아는 친척이나 친우 중 상례 절차를 잘 알고 절차를 잘 처리할 수 있는 사람이 맡습니다.

㉢ 상주가 다른 일 외에는 신경을 쓰지 않고 상주로서 의무만 이행할 수 있도록 도와주는 업무를 합니다.

③ 장례지도사(葬禮指導士)

㉠ 만 19세 이상의 자로서 장례지도사 교육기관에서 교육을 이수하고 교육기관 소재의 해당 시·도지사에게 장례지도사 자격을 부여받은 자를 의미합니다.

㉡ 장례의 절차를 주관하고 시신의 관리, 빈소 설치 등 종합적인 장례인력을 관리하는 사람입니다.

㉢ 현재 사용하는 장례지도사는 장의사와 호상을 합친 개념입니다.

사례

반려동물장례지도사는 사람 장례지도사처럼 국가 자격증의 과정이 있을까요? 2021년 기준 반려동물 장례 이론과 실무를 검정할 수 있는 기관은 민관 교육기관과 여러 곳의 민간단체가 있고, 이들이 발급하는 교육 수료증은 민간 자격증으로 명시해 발급하고 있어요. 우리나라의 반려인구가 1,500만의 비례해 높아지는 반려동물의 문화 및 산업의 발전 속도에 따라 현재 시점에서 국가에서 시행하는 정규적인 자격 검정 제도는 꼭 필요한 사안이에요.

(2) 장례지도사의 역할

① **장례 상담** : 처음 장례 상담을 진행할 때는 기본적인 장례의 일정 관리와 용품 등의 상담을 진행합니다.

② **입관 및 발인** : 고인에 대한 염습과 입관을 진행하고 장례식장을 떠나는 발인 절차까지 진행합니다.

③ **빈소 설치** : 영좌의 설치와 빈소 설치에 들어가는 품목을 확인하여 진행합니다.

④ **시신의 관리** : 3일 동안 진행되는 장례 기간 및 수시, 염습 등 시신의 위생적 관리 포함합니다.

⑤ **의례지도** : 장례 기간 전반에 걸친 제사 및 의례, 조문의 방법 등을 알려드리는 역할을 합니다.

(3) 장례지도사란

① **장례에 관련된 전문지식과 기술을 가진 사람**

장례에 관련된 전문지식에는 여러 가지가 있습니다. 첫 번째는 Part 3에서 말할 '주자가례' 등의 전통 장례 식순, 화장예약 방법, 매장의 방법, 각 종교에 맞는 장례 방법 그리고 각 지역의 특색에 따른 장례 방법을 알아야 합니다.

② **장례 전 과정에 걸쳐서 장례 절차 및 일정을 안내하는 사람**

㉠ 사람 장례식은 모든 일정이 첫날 정해집니다. 화장을 진행할지 매장을 진행할지 또는 외인사의 경우 부검을 진행하기 위한 늦은 시간의 입관, 화장의 경우 화장시간에 맞춘 예약시간이 정해지며 매장의 경우 하관 시간에 맞추어 발인시간이 정해집니다.

㉡ 예를 들면 천주교 성도들의 장례의 경우 화장 또는 매장 전 성당에서 장례미사를 보고 진행합니다. 그러므로 발인 일정은 천주교 미사 시간이 정해진 이후로 변경됩니다. 불교의 경우 화장 또는 매장한 이후에 절에 들러 불공을 드리고 마무리가 됩니다.

㉢ 모든 절차 이후 상복의 반납, 각종 서류처리(사망신고, 보험금 등)를 알려드립니다.

③ **시신을 위생적으로 관리하는 사람**

㉠ 시신을 위생적으로 관리하는 것은 당연한 일입니다. 그 사람의 사망의 원인, 사망의 형태, 질병의 유무 등에 따라 관리하는 방법이 다릅니다.

㉡ 예를 들어 사고사, 외인사의 경우 시신을 수시나 그러한 부분을 진행하지 않고 바로 안치를 해야 합니다. 변사체, 익사체, 불에 탄 시신 등을 보존 및 수시, 염습을 진행하는 방법은 각각 다릅니다. 국가에서 지정한 전염병의 경우에는 바로 수습하여 화장을 먼저 진행합니다. 대표적인 전염병으로는 메르스, 코로나19 등이 있습니다.

㉢ 다른 이유로 인한 장례 절차가 지연되거나 어떠한 이유로 안치를 하고 화장, 매장하지 않은 상태에서 오랜 기간 안치실에 안치되는 때도 있습니다. 그런 상황에서 시신이 더 부패하지 않도록 적절히 관리해야 합니다.

④ **상을 당한 유족의 요청에 따라 장례 절차를 주관하는 사람**

현대에는 많은 장례 절차가 짧아졌습니다. 가정에서 가례를 정확하게 교육을 하는 것이 아니라 각 집안에 제사의 방법 외에는 장례가 어떻게 주관이 되고 진행되는지 모릅니다. 또한, 사람이 생을 살아가면서 '장례'를 경험하는 횟수는 적습니다. 그러므로 전문가인 장례지도사의 주관하에 장례 절차가 진행됩니다.

⑤ 상을 당한 유족의 슬픔을 위로하며 장례 절차가 잘 진행될 수 있도록 도와주는 사람

이 내용은 ②, ④와 어느 정도 이어지는 부분입니다. 장례 절차를 주관하는 것 외에 세부적인 사항과 위로를 하며 안내하는 것 또한 장례지도사의 역할입니다.

2 장례지도사의 위생

사람 장례식장 종사자는 염습 시 사용하는 화학물질 및 시신에서 전이될 수 있는 세균, 바이러스 등으로 인해 위생적인 위험성이 있습니다. 반려동물 장례에서는 많이 사용하지는 않지만, 페놀, 크레졸 등으로 시신을 염습하는 예도 있습니다. 이러한 화학물질을 사용할 때 위생 장갑을 사용하지 않을 경우 장례지도사의 피부를 통해 흡수됩니다. 이 외에도 공기 중으로 감염되는 결핵, 혈액과 체액 접촉을 통해서 간염 및 HIV(Human Immunodeficiency Virus, 사람 면역결핍 바이러스)에 감염될 수 있습니다. 그렇기에 염습을 진행할 때는 위생복, 위생 장갑, 비말 차단 마스크는 필수적으로 준비해야 합니다. 그 외에도 염습을 진행하는 염습실과 염습에 사용되는 도구 또한 철저하게 소독해야 합니다.

안심Touch

반려동물장례지도사

만 19세 이상의 자로서 반려동물장례지도사 교육기관에서 반려동물장례지도사 교육을 이수한 자를 말합니다. 현재는 교육기관 및 민간에서 운영하는 자격증으로 교육적 요소가 분산되어 있습니다. 그러므로 반려동물장례지도사, 장례 코디네이터, 장례플래너 등 해당 교육기관에서 정한 대로 직무 명칭도 다양하지만, 보통 '반려동물장례지도사'로 사용합니다. 반려동물장례지도사는 장례의 절차를 주관하고 사체의 관리, 화장 절차 및 봉안당 안치, 추모 보석 제작 등 반려동물 장례의 모든 절차에 관여하며 관리하기에 사람 장례지도사보다 한층 더 다양한 능력이 요구됩니다.

1 반려동물장례지도사의 탄생배경

(1) 인식의 변화

가장 기본적인 변화는 애완동물에서 반려동물로의 인식 변화입니다. 애완동물(愛玩動物)은 좋아하고 가까이 두고 귀여워하기 위해 기르는 동물로, 의미상으로는 가축에 지나지 않습니다. 하지만 반려동물(伴侶動物)은 사람과 짝을 이뤄 살아간다는 뜻으로, 애완동물에서 가족으로 인식이 변화하였다고 볼 수 있습니다. 따라서 가족을 단순하게 폐기물로 처리하거나 땅에 묻어 바로 사라지는 존재가 아닌 평생을 함께한 반려동물을 추모하고 애도하며 기억하는 존재로 변화된 것이 반려동물 장례문화의 시작입니다. 이렇게 반려동물 장례문화가 생겨나면서부터 사람 장례지도사처럼 반려동물의 장례 절차와 함께 반려동물장례지도사가 탄생했습니다.

(2) 화장의 장려

우리나라는 2000년에 국토의 효율적 이용을 도모하고 묘지 부족으로 인한 국민의 불만을 해소하기 위해 화장 장려 정책이 본격적으로 시행되었습니다. 또한, 2007년에는 자연장이라는 제도가 실질적으로 시행되었습니다. 이렇듯 국가는 묘지보다는 화장 후 이용하는 봉안묘, 자연장 이용을 촉진하기 위해 화장 장려 정책을 써왔습니다. 동물장묘업은 2008년에 「동물보호법」에 추가되었으며 반려동물 장례식장 동물장묘업은 매장을 진행할 수 없도록 화장의 방식으로 정해져 있습니다.

(3) 추모의 문화

10년 전까지만 하더라도 반려동물 장례는 추모의 문화보다 동물 사체처리의 개념으로, 사망 시점에서 바로 화장 처리를 하는 것이 목적이었습니다. 하지만 앞서 말한 것처럼 애완동물에서 반려동물로 인식이 변화함에 따라 사람처럼 1~3일 장례를 진행하고 고별의식인 추모를 함으로써 반려동물의 화장 처리만을 진행하는 것이 아니라 보호자와 가족이 참여하는 장례 절차를 진행하고 있습니다.

2 반려동물장례지도사의 직무와 직업윤리

반려동물장례지도사가 갖춰야 할 가장 중요한 자세로는 마음가짐, 꾸준함과 항상성, 업데이트, 공감능력, 절제능력 등이 있습니다. 항상 반려인과 가족 그리고 사망한 반려동물의 기점에서 생각해야 할 직무입니다. 우리나라 반려동물 장례 산업과 문화는 다소 폐쇄적이고 어두운 부분이 많지만, 산업의 형태가 나날이 발전되어가는 문화를 따라가지 못하고 있는 것이 현실입니다. 최근 반려동물의 산업과 문화적인 부분에서 가장 부각되는 산업이 동물장묘업으로 확인되고 있는 만큼 반려동물장례지도사로서 직업의 직무윤리를 갖춰야 합니다.

(1) 마음가짐

반려동물장례지도사가 많이 접하는 관계는 반려인과 가족 그리고 사망한 반려동물입니다. 반려인과 해당 반려동물을 최우선으로 위해야 하며 안정된 장례 절차를 위해 항상 준비하는 마음가짐이 중요합니다. 가장 중요한 것은 사망한 반려동물에 대한 존중입니다.

(2) 꾸준함과 항상성

반려동물장례지도사는 꾸준함과 항상성을 갖춰야 합니다. 반려동물장례지도사는 단순한 직업의 하나가 아닌 진심으로 마음을 담아 직무를 이행해야 하는 직업입니다. 결국은 사람을 위한 직무이기 때문에 진심이 없다면 AI가 하는 다른 일들과 다를 것 없습니다. 그 진심의 꾸준함과 항상성이 가장 중요합니다.

(3) 업데이트

반려동물에 관한 지식과 장례에 관한 지식 그리고 펫로스에 대한 부분은 채우고 채워도 부족함이 없습니다. 관련 직무의 지식, 기술, 정보를 배우는 것은 필수 조건입니다. 예를 들면 반려동물의 질병, 심폐소생술 및 응급처치 등은 꼭 알고 있어야 하는 사항입니다. 이러한 부분이 충족된 상태에서 반려동물장례지도사의 직무능력이 중요해지고 있는 시점인 만큼 직무능력치에 대한 업데이트는 기본적인 요소가 되었습니다. 예를 들어 반려동물의 장례 절차 시 슬픈 마음에 계속 눈물을 멈추지 못하는 반려인이 있습니다. 이외에도 반려동물이 화장로로 들어가는 모습 또는 유골이 나오는 모습을 보고는 당황하거나 놀라는 사람도 많이 있습니다. 상황에 따라 쓰러지고 혼절하는 사람도 있습니다. 혼절한 사람을 케어하지 못하거나 응급처치를 하지 못했다면 위험한 순간을 마주할 수도 있을 것입니다. 또한, 반려동물장례지도사로서 갑작스럽게 사고를 당한 반려동물을 마주하게 될 때도 있습니다. 그러한 상황에서 사고 부위의 봉합을 진행해야 하는 경우도 있으므로 봉합의 종류, 방법 등은 직무능력치의 하나로 당연히 알고 있어야 합니다.

(4) 공감능력

꾸준함과 항상성 그리고 공감능력은 반려인과 해당 가족의 마음을 기본적으로 파악하고 이해했을 때 갖춰지는 직무능력의 하나입니다. 그중 공감능력은 2~3시간의 짧은 장례 절차 식순에서 보호자의 감정 상태를 충분히 존중하고 배려하며 마지막까지 문제없이 진행해야 하는 만큼 반려동물장례지도사가 갖추어야 할 직무능력 중 가장 중요한 부분입니다.

(5) 절제능력

공감능력과 대비되는 뜻으로 절제능력 또한 꼭 필요한 능력 중 하나입니다. 반려동물장례지도사는 장례 절차 전체를 주관하며 절차의 종료 시점까지 안정적으로 이행해야 하는 직무입니다. 먼저 이 부분이 안정적으로 정확히 이뤄졌을 때 보호자의 슬픔을 위로하고 공감해야 하며 절제능력과 공감능력은 절차의 상황과 변수에 따라 적절한 능력치가 요구됩니다.

Part

02

반려동물학개론

1 CHAPTER 반려동물

1 반려동물의 정의

(1) 동물의 정의
① 「동물보호법」상 동물

고통을 느낄 수 있는 신경 체계가 발달한 척추동물로서 포유류, 조류, 파충류 · 양서류 · 어류 중 식용의 목적을 둔 것은 제외한 동물을 말합니다.

② 「수의사법」상 동물

소, 말, 돼지, 양, 개, 토끼, 고양이, 조류, 꿀벌, 수생동물, 노새, 당나귀, 친칠라, 밍크, 사슴, 메추리, 꿩, 비둘기, 실험용 동물, 그 외 포유류, 조류, 파충류 · 양서류를 말합니다.

③ 「가축전염병 예방법」상 가축

개, 고양이, 소, 말, 당나귀, 노새, 면양 · 염소[유산양(乳山羊 : 젖을 생산하기 위해 사육하는 염소)을 포함], 사슴, 돼지, 닭, 오리, 칠면조, 거위, 토끼, 꿀벌, 타조, 메추리, 꿩, 기러기, 그 밖에 사육하는 동물 중 가축전염병이 발생하거나 퍼지는 것을 막는 데 필요하다고 인정하여 농림축산식품부장관이 정하여 고시하는 동물(현재 정해진 것 없음)을 말합니다.

(2) 반려동물의 정의
① 반려동물

㉠ 사람과 더불어 사는 동물로, 동물이 인간에게 주는 여러 혜택을 존중하며 사람의 장난감이 아닌 더불어 살아가는 존재로 보는 의미가 담겨 있습니다.

㉡ 과거 '애완동물(愛玩動物)'이라 칭하였지만, 1983년 10월 오스트리아 빈에서 열린 '인간과 애완동물의 관계(The Human-pet Relationship)'를 주제로 진행한 국제 심포지엄에서 동물행동학자이며 노벨상 수상자인 K.로렌츠의 80세 탄생일을 기념하기 위해 애완동물을 종래의 가치성을 재인식하여 반려동물로 부르자고 제안했습니다.

② 우리나라 「동물보호법」상 반려동물

㉠ 반려(伴侶)의 목적으로 기르는 개, 고양이, 토끼, 페럿, 기니피그 및 햄스터 등을 뜻합니다.

ⓛ 2020년 2월 11일에 「동물보호법」이 개정되면서 '반려동물'이라는 명칭이 「동물보호법」상 처음으로 등록 및 공표되었습니다.

🐾 **사례**

반려동물 장례식장에서 접하게 되는 반려동물은 반려견과 반려묘가 대부분이지만, 특수동물을 반려하는 사람들도 많이 볼 수 있어요. 2021년 기준 반려인구가 1,500만으로 추정되고 있을 정도로 우리나라의 반려인구 증가세는 속도가 상당히 빨라요. 「동물보호법」상의 반려동물은 품종이 정해져 있지만, 현재 시점에서 볼 때 특수동물을 포함하여 사람과 함께 사는 동물은 우리나라 사람들의 인식에서 바라볼 때 반려동물로 인정되는 인식의 변화가 있어요.

---

2 반려견

반려견은 한 가족처럼 사람과 함께 더불어 살아가는 개를 말합니다. 개는 포유류 중 가장 오래된 가축으로 알려져 있고, 품종에 따라, 털의 길고 짧음에 따라 전 세계적으로 400여 품종이 있습니다.

(1) 개의 기원

개의 가장 먼 조상은 신생대 제3기 경, 약 4,000만 년 전에 출연한 '마이어서스'로 추정합니다. 또한, 계속 진화하며 현재 개의 조상을 늑대로 추정하고 있습니다. DNA상 개의 조상은 늑대, 코요테, 자칼로 개와 염색체 78개가 동일합니다. 때문에 늑대와 코요테, 자칼이 개와 번식을 할 수 있고, 행동 면에서도 늑대가 개와 행동 양식 중 71가지로 공통점이 가장 많습니다. 개의 기원은 이러한 늑대를 수만 년 전에 가축화하는 것부터 시작되었습니다. 개는 인간과 함께 지내면서 늑대로부터 물려받은 야생의 기질을 점점 잃고 순화되었습니다. 인간이 개를 사육하였다는 기록은 1만 년 전 것으로, 이라크 지방의 팔레가우라 동굴에서 발견되었지만 정확한 시기는 불분명합니다. 공식적인 기록으로는 페르시아의 베르트 동굴에서 여자 미라와 함께 3~5개월 된 강아지 유골이 발견되는데, 이 미라는 BC 9,500년경으로 추산되고 있습니다. 또한, 이집트의 유물에는 개들이 그려져 있으며 피라미드에서 개와 파라오의 미라가 나란히 발견되었습니다.

(2) 크기에 따른 반려견의 구분

반려견은 대부분 소형견, 중형견, 대형견으로 구분합니다. 이러한 구분은 따로 정해진 바가 없으며, 대부분은 체중으로 구분합니다(성견 체중 10kg 미만은 소형, 25kg 미만은 중형, 25kg 이상은 대형). 하지만 반려동물 장례 업무의 특성상 경형, 소형, 중형, 준대형, 대형, 초대형으로 구분하고 있습니다. 단, 크기에 따른 분류는 반려견의 특성에 따라 다릅니다. 경형견으로 분류한 몰티즈는 체격에 따라 경형에서 중형까지 클 수 있습니다.

① 경형견

  ㉠ 체중은 1~4kg 사이이며 키는 30cm 이하로 구별합니다.

  ㉡ 몰티즈, 요크셔테리어, 치와와, 토이푸들 등

② 소형견

  ㉠ 체중은 4~7kg 사이이며 키는 50cm 이하로 구별합니다.

  ㉡ 시츄, 페키니즈, 미니어처 핀셔, 포메라니안, 파피용 등

③ 중형견

  ㉠ 체중은 7~12kg 사이이며 키는 80cm 이하로 구별합니다.

  ㉡ 코카스파니엘, 슈나우저, 비숑 프리제, 꼬똥 드 튤레아, 화이트 테리어, 스피츠, 미니어처 푸들 등

④ 준대형견

  ㉠ 체중은 20kg 이하이며 키는 120cm 이하로 구별합니다.

  ㉡ 진도견, 웰시코기, 프렌치 불도그, 셔틀랜드 쉽독, 비글 등

⑤ 대형견

  ㉠ 체중은 30kg 이하로 구별합니다.

  ㉡ 시베리안 허스키, 스탠더드 푸들, 차우차우, 삽살견 등

⑥ 초대형견

  ㉠ 체중은 30~50kg 사이로 구별합니다.

  ㉡ 레트리버, 잉글리쉬 쉽독, 말라뮤트, 마스티프, 그레이트 피레니즈 등

(3) 품종에 따른 반려견의 구분

미국애견협회(American Kennel Club)는 197개의 품종을 인정하였으며 이 품종을 다시 8가지로 분류하였습니다. 각 품종이 가진 고유한 특성에 대하여 알아보겠습니다.

① 사냥견(Hound Group)

[닥스훈트]

  ㉠ 후각과 시각을 이용해 사람을 도와 사냥감을 추적하거나 직접 사냥감을 잡는 그룹입니다.

  ㉡ 비글, 닥스훈트, 보르조이, 아프간하운드 등

② 운동견(Sporting Group)

[코카스파니엘]

㉠ 총으로 사냥할 때 사냥꾼과 함께 사냥감의 위치를 잡거나 잡힌 새를 가져오는 그룹입니다.

㉡ 사냥개와는 달리 독립적으로 사냥을 하지 않고, 사람과 함께 움직이며 사냥감을 잡도록 돕습니
다. 포인터와 세터라는 품종은 사냥감을 찾아가 멈추거나 걸으면서 사냥감의 위치를 알립니다.
스파니엘은 사냥감이 날아가게 하거나 한쪽으로 몰아서 사냥감을 잡게 하고, 레트리버는 사냥감
이 떨어지거나 죽으면 그것을 다시 가져옵니다.

㉢ 대부분 ㅇㅇ레트리버, ㅇㅇ포인트, ㅇㅇ스파니엘, ㅇㅇ세터 등으로 품종명의 뒷부분을 보면 알
수 있습니다.

㉣ 레트리버, 코카스파니엘 등

③ 목축견(Herding Group)

[보더콜리]

㉠ 양, 소 등의 가축의 움직임을 통제하고 조절하고, 가축을 따라서 이동하며 주시하고, 짖거나 가볍
게 물어서 통제하는 그룹입니다.

㉡ 특히 목장에서 방목하는 가축의 무리를 유도하고 감시하며 도난 및 늑대 등의 약탈로부터 보호하
고, 머리가 영리해 현대에는 마약 탐지견이나 구조견으로 활동하고 있습니다.

㉣ 보더콜리, 셔틀랜드 쉽독, 올드잉글리쉬 쉽독 등

④ 테리어(Terrier Group)

[슈나우저]

　㉠ 쥐, 다람쥐 등 설치류 및 작물에 해를 가하는 동물을 보면 죽이는 성향이 있으며 사냥개에 속하는
　　그룹입니다.
　㉡ 테리어는 다리가 길고 짧은 것으로 분류하는데, 테리어라는 말 자체가 땅, 대지를 뜻하며 이들은
　　땅파기를 좋아합니다.
　㉢ 설치류나 새들을 보면 잡아 땅을 파거나 지면 위에서 죽이고, 투견을 목적으로 개량하여 황소 또
　　는 같은 종과 싸움을 하는 개의 품종도 있습니다(불테리어 등).
　㉣ 슈나우저, 폭스테리어 등
⑤ **작업견**(Working Group)

[시베리안 허스키]

　㉠ 집 또는 시설물을 경계하고 사람을 보호하는 역할, 썰매나 짐을 끄는 일, 사람 또는 동물을 구조
　　하는 일을 하는 그룹입니다.

안심Touch

ⓛ 대부분 대형견, 초대형견으로 대체로 지능이 높아 빠르게 습득할 수 있으며, 통제를 위해서는 전문적인 훈련이 필요합니다.
ⓒ 도베르만, 버니즈 마운틴 도그, 시베리안 허스키 등

⑥ **소형견(Toy Group)**

[치와와]

⊙ 아주 오래전부터 사람과 친하게 지내는 반려견이며 성격이 온순하고 영리해서 주인의 말을 잘 듣는 그룹입니다.
ⓛ 과거 일종의 과시를 위해 키웠으며 많은 개의 종류를 작게 개량하여 단정적으로 어떠한 특징은 없으나, 품종이 ㅇㅇ테리어라면 테리어 그룹의 특성이 잠재해 있을 수 있습니다.
ⓒ 시츄, 치와와, 미니어처 핀셔, 토이푸들 등

⑦ **일반견(Non-sporting Group)**

[달마시안]

⊙ 다른 그룹에 넣기 적당하지 않은 개들을 묶어둔 그룹으로 크기와 성격이 다양하며 일반화하기 어렵습니다.
ⓛ 달마시안, 라사압소, 차우차우, 프렌치 불도그 등

③ 반려묘

반려묘 역시 한 가족처럼 사람과 함께 더불어 살아가는 고양이를 말합니다. 마찬가지로 야생의 고양이가 길들여져 가축화되었습니다. 전 세계적으로 반려견보다 반려묘가 많아지는 추세입니다. 고양이는 야행성·육식성 포유류로 머리가 둥글고 얼굴이 짧습니다. 눈이 둥글고 커서 양안시 능력이 뛰어납니다. 발가락은 앞다리에 5개, 뒷다리에 4개가 있습니다. 고양이는 사람에게 고기나 노동력을 제공하지 않고 필요나 명령에 따라서 행동하지 않습니다. 고양이는 스스로 먹이를 잡으러 인간의 거주지로 왔다가 자발적으로 가축화한 것입니다. 인간 또한 굳이 내쫓지 않고 수천 년 넘게 공존하면서 반려동물이 되었습니다.

(1) 고양이의 기원

고양이의 조상은 리비아 살쾡이로 확인되었습니다. 리비아 살쾡이는 다른 살쾡이에 비해 인간을 잘 따랐습니다. 개와 마찬가지로 야생 고양이의 가축화는 1만 2천 년 전 메소포타미아, 이집트 문명에서부터 진행되었습니다. 이집트에서는 바스테트와 같이 고양이의 모습을 한 신도 있습니다. 또한, 농경사회인 이집트에서 곡물을 먹는 쥐를 잡아먹는 동물이었고, 풍요와 다산의 상징으로 존중받아 왔습니다. 이집트에서는 고양이를 죽이면 사형을 당할 정도로 고양이를 대우한 증거도 있으며, 고양이의 미라까지 나왔습니다. 아라비아 상인들을 따라 유럽과 아시아에 퍼지고, 범선에 태워 다닌 것이 전 세계적으로 고양이가 퍼지게 된 계기라고 할 수 있습니다.

(2) 털 길이에 따른 반려묘의 구분

반려묘는 반려견과는 달리 겉모습만으로 품종을 구분하기 쉽지 않습니다. 고양이의 품종은 CFA, FIFe, TICA, WCF에서 관리하며 털의 길이로 구분합니다. 크게 단모종과 장모종이 있으며, 롱헤어, 세미롱헤어, 숏헤어, 노헤어로 구분합니다. 반려견처럼 업무의 특성상 크기로 구분하지 않는데, 같은 품종 같은 체중이어도 체격이 다 상이하기 때문입니다. 대부분 체격은 소형견과 중형견 사이입니다.

① 롱헤어 : 친칠라 롱헤어, 브리티시 롱헤어, 하이랜드 폴드, 오리지널 롱헤어, 페르시안 등

[페르시안]

안심Touch

② 세미롱헤어 : 메인쿤, 노르웨이숲, 터키시앙고라 등

[터키시앙고라]

③ 숏헤어 : 아비시니안, 뱅갈, 싱가푸라 등

[뱅갈]

④ 노헤어 : 스핑크스, 피터볼드 등

[스핑크스]

(3) 체형에 따른 반려묘의 구분

몸통의 길이나 형태, 다리 길이와 굵기, 귀의 크기, 머즐의 길이 등으로 분류합니다.

① 오리엔탈
- ㉠ 샴 고양이의 외형에 다양한 색과 무늬를 가진 고양이입니다. 고양이 체형 중 가장 날씬한 체형으로 스키니하다고 표현하고, 작은 얼굴에 비해 귀가 큰 특징이 있습니다.
- ㉡ 샴, 발리네즈, 코니시 렉스, 오리엔탈 롱헤어 등

② 포린
- ㉠ 날씬한 근육질 체형으로 길고 가는 꼬리를 가지고 있으며 갸름한 입매가 특징입니다.
- ㉡ 아비시니안, 러시안블루 등

③ 세미 포린
- ㉠ 포린 타입과 비슷하지만, 더 짧고 둥근 체형을 하고 있습니다. 귀도 더 작고 주둥이가 짧으며, 국내에서 많이 보이는 고양이가 바로 세미 포린입니다.
- ㉡ 아메리칸 컬, 이집션마우, 데본렉스 등

④ 코비
- ㉠ 어깨와 허리가 넓고 꼬리가 짧으며, 얼굴과 발끝, 꼬리가 둥글둥글해서 전체적으로 통통해 보이는 타입입니다.
- ㉡ 페르시안, 히말라얀, 엑죠틱 숏헤어, 버미즈 등

⑤ 세미 코비
- ㉠ 코비의 유형과 비슷하지만, 몸과 다리, 꼬리가 조금 더 긴 편입니다.
- ㉡ 아메리칸 숏헤어, 스코티시 폴드, 싱가푸라, 봄베이 등

⑥ 롱 앤 서브 스텐셜
- ㉠ 고양이의 체형 중 가장 큰 타입입니다. 체고와 체장이 길고, 골격 및 근육이 좋아 튼튼한 몸매를 지니며 체중도 많이 나가는 편입니다.
- ㉡ 메인쿤, 노르웨이숲, 뱅갈 등

4 특수동물

(1) 토끼

① **드워프** : 단모종의 소형토끼입니다. 드워프란 난쟁이라는 뜻으로 동그란 몸에 작은 귀와 머리, 짧은 다리를 가지고 있습니다.

② **롭/롭이어** : 단모종의 귀가 아래로 늘어지듯 처져있는 중형토끼입니다. 온순하고 친화성이 좋으며, 귀가 처진 반려견과 마찬가지로 귀와 관련된 질병을 많이 겪습니다.

③ **렉스** : 단모종의 중형토끼입니다. 원래는 모피를 위해 개량된 품종이며, 소형화된 품종으로 미니 렉스도 있습니다.

④ **더치** : 단모종의 판다 무늬를 가진 소형토끼로 무늬는 회색, 진한 브라운색, 검은색 등이 있습니다.

⑤ **라이언 헤드** : 드워프의 개량종으로 장모종의 소형토끼입니다. 이름처럼 얼굴 주변의 갈기가 있어 마치 사자처럼 보여 라이언 헤드라는 명칭이 붙었습니다.

⑥ **호토** : 단모종의 중형토끼입니다. 렉스와 비슷하게 생겼지만, 눈 주변이 아이라이너를 한 것 마냥 검은 태가 특징이고, '블랙 마스카라'라는 명칭으로 알려져 있습니다.

⑦ **친칠라** : 단모종의 대형 토끼로 은회색의 털이 특징입니다.

⑧ **자이언트** : 단모종의 대형 토끼로 성체 기준 4~5kg을 넘는 경우에만 붙여집니다.

⑨ **앙고라** : 장모종의 중대형 토끼로 풍성한 털이 특징입니다.

(2) 페럿

페럿은 족제빗과에서 유일하게 가축화된 동물입니다. 예전에 족제빗과는 토끼의 사냥으로 쓰였고 모피를 얻기 위해 대량 학살되었지만, 페럿의 털은 모피로 사용하기에 거친 면이 있어서 반려동물로 키워지게 되었습니다.

① **어두운 계열**

　㉠ 세이블 : 머리 부분이 어두운 갈색이며 얼굴의 V자 모양의 무늬가 있습니다.

　㉡ 라이트 세이블 : 몸통이 중간톤의 갈색이지만 베이지색이나 흰색이 섞여 있기도 합니다.

　㉢ 솔리드 블랙 세이블 : 다른 색은 섞이지 않고 하나의 색으로만 되어있으며 검은색에 가까운 짙은 갈색입니다.

② **화이트 계열**

　㉠ 올화이트 : 몸 전체가 흰색이며 눈의 색상은 짙은 와인색입니다.

　㉡ 마크드 : 등에서 꼬리까지 부분 부분이 회색 또는 검정 털로 덮여 있습니다.

　㉢ 브리치나 : 등의 부분 부분이 회색 또는 검정 털로 덮여 있습니다.

　㉣ 오코션 : 엉덩이에서 꼬리까지 부분 부분이 회색 또는 검정 털로 덮여 있습니다.

　㉤ 알비노 : 전체가 흰색이며 눈 색상은 루비색이고 코는 핑크색입니다.

③ **포인트 계열**

　㉠ 미트 : 글러브를 낀 것처럼 발이 하얀색이며 목 부분의 흰색 턱시도 무늬가 있습니다.

　㉡ 블레이즈 : 머리 부분에 줄무늬가 있습니다.

　㉢ 판다 : 판다처럼 눈 주위에 무늬가 있고 턱시도 부분에 무늬가 있습니다.

④ **브라운 계열**

　㉠ 초코, 시나몬, 버터 스카치 : 털의 색상의 진하기에 따라 불립니다.

　㉡ 샴페인 포인트 : 털의 색은 옅은 브라운 색상이며 다리 부분이 짙은 것이 특징입니다.

(3) 기니피그

기니피그는 남아메리카에서 서식하는 설치류로 무역 중 아프리카 기니에서 왔다고 와전되면서 기니피그라고 불리게 되었습니다. 야생에서는 20마리 이상 무리 지어 사는 무리 동물입니다.

① **아비시니안** : 1800년경 영국에서 처음 나온 품종으로 몸에는 특징적인 여러 개의 가마가 소용돌이처럼 서 있으며, 품종 기준에 의하면 8개 이상의 가마가 있어야 합니다.

② **아메리칸** : 가장 흔하게 볼 수 있는 품종으로 반드시 흰색, 검은색, 갈색의 털이 나며 삼색이라고도 불립니다.

③ **코로넷** : 머리에 가마가 있는 크레스티드 기니피그와 털이 긴 실키 기니피그의 혼혈 품종으로 털이 길고 머리의 가마가 왕관처럼 보인다고 해서 붙은 이름입니다.

④ **페루비안** : 기니피그 품종 중 가장 긴 털을 가지며 엉덩이와 머리 부분에 가마가 있는 것이 특징입니다.

⑤ **실키** : 머리의 털은 아메리칸 종처럼 짧지만, 몸통의 털은 긴 것이 특징입니다.

⑥ **테디** : 아메리카 기니피그처럼 털이 짧으나 곱슬곱슬하게 일어서 있는 종입니다.

⑦ **렉스** : 영국이 산지이며 테디와 같은 특징을 가지고 있으나 유전자가 다릅니다.

⑧ **텍셀** : 실키와 렉셀의 혼혈종이며 실키처럼 긴 털을 가졌으나 렉셀처럼 곱슬거리는 특징이 있습니다.

⑨ **화이트 크레스티드** : 짧은 털을 가졌으며 머리에 하얀색 털이 큰 점처럼 있는 것이 특징입니다. 이 품종으로 인정받으려면 단색의 몸과 하얀색 머리털이 있어야 하며, 이때 머리털의 색상은 다른 색과 섞이지 않은 순수한 하얀색이어야만 합니다.

(4) 햄스터

실험용으로 사용하기 위해 야생의 햄스터를 잡아 기르던 것이 최초의 햄스터 사육입니다.

① **시리아 햄스터**

　루마니아 햄스터, 터키 햄스터, 북코카서스 햄스터

② **드워프 햄스터**

　㉠ 정글리안 햄스터 : 정글리안 또는 시베리아 햄스터, 러시아 드워프, 윈터화이트 햄스터라고 불립니다. 색상에 따라 다르지만, 푸딩, 펄페이드로 불리는 햄스터도 있습니다.

　㉡ 로보롭스키 햄스터 : 사막 또는 사슴 햄스터라고 불리며 햄스터 중 장수하는 햄스터로 유명합니다.

　㉢ 캠벨 햄스터 : 정글리안 햄스터와 비슷하나 공격적인 햄스터라 반려동물로는 인기가 조금 떨어집니다.

(5) 고슴도치

고슴도치는 동물보호법상 반려동물에 속하지는 않고, 품종명은 국내에서만 사용되는 명칭입니다.

① **스탠다드** : 가운데 부분이 검은 가시가 끝부분은 하얗고, 얼굴은 회색, 코는 검거나 진한 밤색입니다.

② **스노우 샴페인** : 가운데 부분이 오렌지색과 베이지색인 가시가 있고, 피부는 분홍색입니다.

③ **실버 차콜** : 50% 이상이 흰 가시입니다.

④ **알비노** : 전체적으로 흰색이 특징입니다.

⑤ **크림** : 97% 이상이 흰 가시입니다.

⑥ **플래티나** : 스텐다드에서 얼굴이 검은색입니다.

⑦ **핀토** : 부분적인 흰 가시가 있습니다.

　㉠ 얼룩말 핀토 : 흰 가시가 규칙적으로 있습니다.

　㉡ 화이트 샴페인 : 전체적으로 흰색이므로 알비노와 비슷합니다.

⑧ **화이트 초코** : 가운데 부분이 밀크 초코색입니다.

　㉠ 아프리콧 화이트 초코 : 화이트 초코보다 가시 색이 밝으며, 피부는 살구색입니다.

　㉡ 화이트 초코 칩 : 화이트 초코와 핀토를 섞은 모습입니다.

(6) 새

국내의 반려동물 중 새는 2%대로 매우 적은 편이지만, 반려동물 장례식장에서 토끼, 고슴도치 다음으로 많이 볼 수 있는 특수동물이 바로 반려조입니다.

① **사랑 앵무** : 한국에서 통칭 잉꼬라고 불리는 반려동물로 많이 보급된 앵무새입니다. 여러 색상별로 품종이 있으며 깃털이 화려하고, 사람의 말을 흉내 낼 수 있으며, 수명은 4~15년 정도입니다.

② **왕관 앵무** : 머리 깃과 긴 꼬리깃이 특징이며 콧구멍이 돌출되어 있습니다. 뺨에 연지곤지를 바른 것처럼 붉은 털이 나 있으며, 사람을 좋아해 반려조로 인기가 많은 품종입니다.

③ **모란 앵무** : 사람을 좋아하여 왕관 앵무 다음으로 인기가 많은 품종으로 해외에서는 망고를 닮았다고 해서 망고버드라고 불립니다. 색상은 초록색의 몸통에 빨간색 턱시도를 하고 있으며, 눈 주변에 2mm의 흰색 라인을 가진 눈의 테가 있고 없고를 통해서 구분됩니다.

④ **카나리아** : 노란색 깃털을 가진 작은 새로 카나리아제도에서 발견되어 카나리아라고 불립니다. 노랫소리가 아름답기로 유명하여 많은 사랑을 받고 있지만 많은 수의 카나리아를 키우지 않는 이상 노래를 가르치거나 노래를 부르게 하는 것은 어렵습니다.

동물해부생리학

2
CHAPTER

동물해부생리학은 동물과 관련된 종사자가 배워야 할 필수적인 학문입니다. 해부학은 정상적 구조를 연구하는 학문이고, 생리학은 신체의 정상적 기능을 탐구하는 학문입니다. 반려동물장례지도사로서 가장 중요하다고 생각하는 뼈대계통과 근육계통에 대해서 알아보겠습니다.

1 뼈대계통

반려동물장례지도사로서 알아야 하는 부분을 알아보겠습니다.

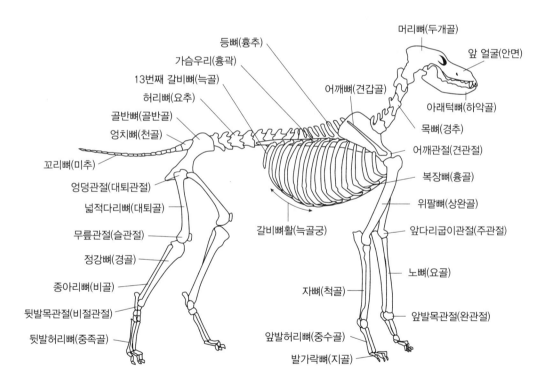

(1) 뼈대계통의 기능

① **지지 기능** : 신체의 틀을 유지하고 지지하는 역할을 합니다.
② **운동 기능** : 근육이 부착되는 부위를 제공하고 운동 근육계통이 부착되는 지지대 역할을 합니다.

③ **보호 기능** : 동물 체내의 연부조직을 보호하며 대표적으로는 뇌를 보호하는 머리뼈(두개골)가 있습니다.

④ **저장 기능** : 뼈 내부에 무기질, 칼슘, 인산염을 저장하는 기능을 합니다.

⑤ **조혈 기능** : 골수에서 적혈구를 생성합니다.

(2) 뼈대의 구분

① **몸통 뼈대** : 머리뼈에서 꼬리뼈까지를 말하며 몸통 축을 형성하는 뼈로, 대표적으로 머리뼈, 턱뼈, 척추와 복장뼈가 있습니다.

② **사지 뼈대** : 몸에서 뻗어 나온 두 쌍의 다리 부분을 사지라고 하며 이 사지를 이루는 뼈대로, 앞다리와 뒷다리뼈, 어깨뼈, 뒷다리 이음 뼈가 있습니다.

③ **내장 뼈대** : 개와 고양이에게 있는 음경 조직 내의 음경뼈가 있습니다.

(3) 뼈의 모양에 따른 분류

① 4가지 대표적인 뼈

㉠ 긴 뼈
- 사지 뼈대를 구성하는 뼈로, 가장 기본적인 뼈의 모양을 하고 있습니다.
- 몸통의 골수 공간에 골수를 함유하고 있습니다.
- 대표적으로는 상완뼈(상완골)와 넓다리뼈(대퇴골)가 있습니다.

㉡ 짧은 뼈
- 치밀뼈와 해면 뼈 조직으로 구성되어 있으나 골수 공간이 없는 것이 긴 뼈와의 차이점입니다.
- 대표적으로는 앞발, 뒷발, 목뼈가 있습니다.

㉢ 납작 뼈
- 납작한 모양으로 생긴 뼈이며 골수 공간이 없습니다.
- 대표적으로는 머리뼈(두개골), 어깨뼈(견갑골), 갈비뼈(늑골)가 있습니다.

㉣ 불규칙 뼈
- 짧은 뼈와 유사하나 모양이 불규칙적이며 정중선(좌우대칭을 나누는 선)을 기준으로 쌍을 이루지 않는 뼈입니다.
- 대표적으로 척추뼈가 있습니다.

② 특수한 뼈

㉠ 종자뼈
- 씨앗 모양의 뼈로 힘줄이나 인대 안쪽에서 발생하며, 힘줄이 찢어지거나 닳는 것을 줄여주거나 방지하는 역할을 합니다.
- 대표적으로 무릎관절의 무릎뼈가 있습니다.

㉡ 공기뼈
- 굴 또는 강이라고 불리는 공기가 채워진 빈 공간을 가진 뼈로 뼈의 무게를 줄여주는 역할을 합니다.
- 대표적으로 위턱뼈(상악골), 이마뼈(전두골)가 있습니다.

© 내장 뼈
　　　　• 물렁한 조직 내에서 발달하며 다른 뼈와 연결되지 않습니다.
　　　　• 대표적으로 음경뼈가 있습니다.

(4) 긴 뼈의 구조

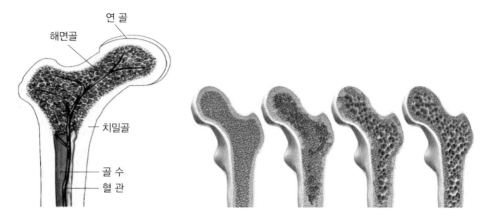

① 치밀뼈(치밀골)
　　㉠ 뼈의 조직 밀도가 치밀한 뼈로 단단함과 강도에 절대적인 영향을 줍니다.
　　㉡ 체중과 외부의 압박에 대한 저항성을 가지며 신체 움직임의 지지점 역할과 외부의 충격으로부터
　　　　보호하는 역할을 하며, 뼈 표면에 치밀뼈의 조직이 가장 많습니다.
② 해면뼈(해면골)
　　㉠ 모양이 스펀지(해면) 모양과 같다고 해서 붙여진 이름으로, 스펀지처럼 조직이 연결은 되어 있으
　　　　나 조직 사이에 빈틈이 있습니다.
　　㉡ 꽉 차지 않고 비어있는 공간이므로 뼈의 무게를 줄여주며 조혈작용을 하는 골수의 저장고 역할을
　　　　합니다.
　　㉢ 그 외 골다공증일 때에도 그림처럼 해면 조직이 엉성해져 빈 공간이 많아집니다.

(5) 뼈의 색상

　　기본적으로 뼈는 흰색으로 알려졌지만, 사실 상아색과 회색입니다. 특히 화장 후 해면뼈의 색상이 진한
오렌지색 및 갈색 또는 회색으로 보이는 부분이 많고, 겉 부분인 치밀뼈의 색상이 흰색처럼 보이게 됩
니다. 그러므로 화장 절차가 종료된 유골을 분골하였을 때는 연한 미색으로 보이며 갈색 또는 회색처럼
보이기도 합니다. 유골은 화장 시 노출되는 온도 및 시간에 따라 색상이 변화합니다. 2시간 화장된다는
기준으로 봤을 때 약 200℃에서는 오렌지색, 300℃에서는 검은색, 600℃에서는 회색으로 확인됩니다.
이는 화장을 진행할 때 표층 부분이 먼저 연소되고 안쪽 뼈의 위치에 따라 온도 및 시간이 달리 화장이
진행된 유골의 색상이 부분마다 다르게 나타날 수 있습니다. 대표적으로 화장이 진행되면서 먼저 노출
된 이빨의 색상이 회색 또는 검은색으로 많이 나타납니다.

이렇게 뼈대계통, 뼈의 구조, 뼈의 색상은 화장 후 수습과정에서 반려동물의 뼈를 수·분골하는 과정에서 직접 확인할 수 있습니다. 또한, 이러한 부분을 해부학적으로 이해하지 못하는 반려인과 해당 가족이 질의하였을 때에 정확히 답변할 수 있어야 합니다.

사례

대부분이 생각하는 유골의 색상은 흰색일 거예요. 일반적으로 유골을 직접 접하는 일이 없이 TV와 각종 매체의 사진으로 보이는 유골의 색상을 인지하는 경우가 다반사죠. 영화나 드라마 등에서 산골을 하는 장면을 살펴보면 유골함에서 흰색의 골분을 꺼내 뿌려주는 장면을 볼 수 있어요. 그렇지만 실질적으로 화장 절차가 종료된 유골의 모습과 분골이 진행된 골분의 형태는 앞서 설명한 바와 같이 흰 색상을 띠고 있는 것이 아닌, 연한 베이지색 또는 회색의 형태와 가까워요. 유골 수습과정 즉, 수골과 분골의 과정을 참관하는 보호자가 가장 많이 하는 질문 중 하나는 "유골의 색상은 하얀색이 아닌가요?"라는 질문을 많이 받는데, 보호자에게 충분한 설명과 안내를 하지만, 처음 경험하는 보호자로서는 잘 이해를 하지 못하는 경우도 있어요. 그런 경우에는 화장 절차가 종료된 반려동물의 유골을 보호자의 참관하에 수습하고 수골 과정 중 실제 유골의 단면을 보호자에게 확인시켜주기도 해요. 그 시점에서 해면 뼈 색상이 정확히 확인될 수 있고 시각적으로도 객관성 있게 보이기 때문에 정확한 확인 방법 중 하나입니다.

2 근육 계통

기본적으로 근육은 계속 사용하고 운동을 할수록 비대해지며, 반대로 사용하지 않으면 위축됩니다. 대표적으로 위축되는 사항은 질병이나 부상, 석고붕대를 사용한 경우입니다. 사망 후 진행되는 경직의 경우는 근육의 에너지원인 ATP가 생성되지 않아 근육이 수축하기 때문입니다. 이렇게 수축이 진행된 상태는 수축이라고 표현하기보다는 근육이 짧아지면서 굳는 상태를 말합니다.

(1) 골격근육

대부분 뼈대에 부착하고 있는 근육을 말합니다. 골격근육은 머리 근육, 몸통 근육, 앞다리 근육, 뒷다리 근육으로 구분합니다. 그중 반려동물장례지도사가 알아야 하는 부분에 대하여 알아보겠습니다.

① 앞다리 근육
  ㉠ 외재성 근육 무리
   • 등세모근(승모근) : 앞다리를 내밀어 앞쪽으로 위치시키는 작용을 합니다.
   • 가슴근(흉근) : 앞다리를 몸통 쪽으로 모아주는 작용을 합니다.
   • 넓은등근(광배근) : 앞다리를 뒤로 당겨주는 작용을 합니다.
  ㉡ 내재성 근육 무리
   • 가시위근(극상근) : 어깨를 펴고 어깨관절을 안정시키는 작용을 합니다.
   • 가시아래근(극하근) : 어깨를 굽히고 어깨관절을 안정시키는 작용을 합니다.

ⓒ 팔꿈치 근육
- 상완세갈래근(상완삼두근) : 앞다리굽이관절을 펴는 작용을 합니다.
- 상완두갈래근(상완이두근) : 앞다리굽이관절을 굽히는 작용을 합니다.
ⓔ 실질적으로 경직을 푸는 마사지를 진행하는 부위는 바로 어깨 근육과 팔꿈치 근육입니다. 경직을 풀 때는 근육의 방향으로 마사지를 진행해야 합니다.
② 뒷다리 근육
ⓐ 넙다리 근육
- 볼기근 : 엉덩이관절을 펴고 넙다리를 바깥쪽으로 회전시키는 작용을 합니다.
- 넙다리두갈래근(대퇴이두근) : 엉덩이를 펴고 무릎관절을 굽히며 발뒤꿈치관절을 펴는 작용을 합니다.
- 넙다리네갈래근(대퇴사두근) : 무릎관절을 펴는 작용을 합니다.
ⓑ 뒷다리 하부 근육
- 장딴지근(비복근) : 뒷발꿈치관절을 펴고 무릎을 굽히는 작용을 합니다.
ⓒ 장딴지근과 넙다리두갈래근을 마사지해야 뒷다리 경직이 풀립니다. 또한, 뒷다리는 엉덩이 근육과 연결이 되어있어 비교적 오랜 시간 마사지를 진행해야 경직이 풀립니다.

3 눈

반려동물장례지도사로 근무하면서 제일 많이 듣는 질문은 바로 "우리 아이가 눈을 못 감고 갔어요. 어떻게 하죠?" 또는 "눈을 계속 감겨주는데 감질 않아요."일 것입니다.

눈을 감고 뜨는 것은 눈꺼풀 근육으로 인하여 이루어집니다. 이 눈꺼풀 근육은 자신의 의지로 움직이는 수의근입니다. 자신의 의지로 조절을 할 수 있어 잠을 잘 때는 스스로 눈을 감을 수 있지만 이를 조절하는 신경계의 작용이 진행되지 않는 사망 시에는 눈을 감을 수 없습니다. 다른 예로 반려동물의 마취를 진행할 때 눈꺼풀 근육이 움직이지 않는 것으로 마취의 깊이를 평가하는 기준으로 삼기도 합니다.

안구의 뒤쪽 근육이 사후경직을 통해 수축이 진행되면 더욱 눈을 감기기가 어렵습니다. 그렇기에 일부에서는 식물성 접착 본드를 사용하여 눈을 감기는 예도 있습니다.

4 봉합

봉합은 외과에 있어 기본적인 수술기술의 한 가지이며 수술이나 외상으로 조직에 결손이 생겨 꿰매 치유를 촉진하는 처치방법입니다. 봉합법에는 '결절 봉합'과 '연속 봉합' 두 가지가 있으며 결절 봉합이 가장 많이 사용됩니다. 결절 봉합 방법은 한 땀 한 땀 잇대어 실을 끊어가며 봉합을 하는 것을 말하고, 연속 봉합 방법은 실을 끊지 않고 봉합하는 것을 말합니다.

반려동물장례지도사로서 봉합 방법을 숙지해야 하는 이유는 사고 등으로 외상을 입은 반려동물의 염습절차시 상처 부위가 최대한 온전한 모습으로 보일 수 있도록 하고자 하는 것입니다. 반려동물 장례 중 염습절차의 봉합은 외과적 의미가 아니며, 장례 절차 시 사망한 반려동물의 훼손된 모습을 반려인과 해당 가족에게 최대한 시각적으로 회피시키는 데 목적이 있습니다. 이는 반려인과 해당 가족을 위해 장례 절차의 잔상과 심적인 보호를 위해 꼭 필요한 과정입니다.

(1) 결절 봉합

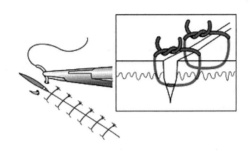

① 모든 봉합의 기본형으로 봉합의 코가 하나씩 독립적으로 매듭을 짓는 봉합법입니다.
② 피부 봉합에 많이 사용되며 하나의 봉합이 끊어지더라도 다른 봉합에는 영향을 미치지 않지만, 봉합 하는 과정에서 시간이 많이 소요됩니다.

(2) 연속 봉합

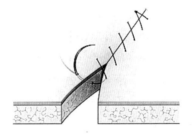

① 첫 매듭 후 연속적으로 봉합을 하고 마지막에 매듭을 만드는 봉합법으로 장기 또는 복막에 많이 사용합니다.
② 결절 봉합과 달리 시간이 많이 단축되지만, 조직 내 잔류한 봉합사의 양이 많습니다.

반려동물장례지도사로 일하면서 사고사로 사망한 반려동물을 접하게 되는 경우가 많이 있어요. 대부분 사고로 사망한 반려동물은 동물병원에서 기초적인 사고 부위의 수습이 된 상태로 장례식장에 오지만, 보호자의 부득이한 사정으로 반려동물이 사고를 당한 시점에서 동물병원을 방문하지 못하고 사고 부위의 수습이 전혀 되지 않은 상태로 장례식장에 도착하는 때도 있습니다.

2020년 초여름, 서울 도심 한복판에서 사고를 당한 반려동물을 수습 후 사망한 반려동물을 장례식장까지 운구하여 장례 절차를 진행한 경험이 있어요. 반려견이 교통사고를 당해 사망한 상태로 서울 도심 한복판 도로에 누워있는 상황이었죠. 안타깝게도 반려동물이 리드줄을 한 상태에서 도심 산책을 하던 중 돌발상황에 보호자가 반려견의 리드줄을 놓치면서 발생한 교통사고 상황이었어요. 대부분 반려견은 교통사고를 당해도 외상이 발생하는 경우가 드물어요. 하지만 당시 사망한 반려견은 복부 부분의 표피가 크게 찢어져 있었고, 내부 장기도 돌출돼있는 상황이고, 주위에는 반려견의 출혈로 인해 도로의 한 차선 대부분이 혈흔으로 얼룩진 상태였어요. 현장에 도착한 장례지도사는 가장 먼저 보호자에게 사망한 반려동물의 수습과정을 설명하였고, 보호자의 동의를 구했습니다. 사망한 반려동물을 더 이상의 출혈이 발생하지 않도록 임시로 지혈한 상태에서 상처 부위가 더 넓어지지 않도록 조심히 운구할 차량으로 안치하였고 도로에 얼룩진 다량의 혈흔은 물을 이용해 흔적을 정리했습니다. 그 후 장례식장에 도착했고 염습절차에서 상처 부위의 봉합을 진행했어요. 사망한 반려견의 상처는 표피의 적지 않은 부위가 찢겨있는 상황이었고, 2시간이 조금 넘는 시간 동안 봉합 수습을 진행 후 다행히 상처 부위의 봉합을 잘 마무리한 상태에서 염습절차는 마무리가 되었답니다.

반려동물의 상처 봉합은 사고 부위에 따라 힘든 경우도 있어요. 위 내용처럼 장기가 상처 부위 밖으로 돌출된 경우에는 장기를 다시 몸 안쪽으로 차례차례 자리를 잡아 넣어주어야 해요. 이때 출혈로 인한 어려움이 있고 상처 부위의 복부 팽창으로 인해 장기를 몸 안쪽에 고정하면서 차례대로 상처 부위를 동시에 봉합하는 과정이 필요하고, 상처 부위가 넓어 연속 봉합보다는 결절 봉합으로 수습했기 때문에 봉합 과정의 시간도 길어 어려움이 있었어요.

Part

03

장례학 개론

전통상장제의례

CHAPTER 1

반려동물의 장례는 대부분 사람 장례에 관한 내용으로 이루어져 있습니다. 따라서 전통 장례의 내용을 보면 많은 부분이 비슷하다는 점을 알 수 있습니다. 전통 장례는 「주자가례」에서 내려오는 것으로, 이러한 부분에 대해서 알아보겠습니다.

1 전통 장례의 식순

초종 – 습 – 소렴 – 대렴 – 성복 – 조문 – 문상 – 치장 – 천구 – 발인 – 급묘 – 반곡 – 우제 – 졸곡 – 부제 – 소상 – 대상 – 담제 – 길제

2 전통 장례 식순 설명

(1) 초종(初終)

① 갓 돌아갔을 때 죽음을 맞는 절차입니다.
② **장례준비** : 임종 준비, 초혼, 수시, 상례 시의 역할 분담, 관의 준비, 부고 등이 포함됩니다.
③ **속굉** : 사망을 확인하기 위해서는 시신의 코 위에 솜을 놓아 호흡 여부 확인합니다.
④ **고복/초혼** : 죽은 사람이 평시에 입던 홑두루마기나 적삼의 옷깃을 왼쪽에 메고 지붕에 올라가 사자의 생시 칭호로 북쪽으로 향하며 고인의 이름을 3번 부른 후 내려옵니다.
⑤ **수시/설치철족** : 시신의 이를 고이고, 발을 나란히 묶어 시신을 바르게 합니다.

(2) 습(襲)

① 옷으로 시신을 싸는 일로, 시신을 깨끗이 하는 것으로 먼저 목욕을 시킵니다.
② **반함** : 시신의 입에다 쌀이나 진주, 돈을 물립니다.
③ **영좌설치** : 영좌(靈座)를 설치하고 혼백(魂帛)을 마련합니다.

(3) 소렴(小斂, 小殮)

① 작은 이불로 시신을 싸고 끈으로 묶는 절차로, 운명한 다음 날 시신의 몸을 베로 싸서 묶어 관에 넣을 수 있도록 준비하는 의례입니다.

② 염(殮, 斂) : '염한다', '거둔다', '감춘다'라는 의미입니다.

(4) 대렴(大斂)

① 큰 이불로 시신을 싸고 묶는 절차입니다.

② 대렴은 문자 그대로 작게 염한 소렴을 크게 하는 것을 말하는 것으로, 소렴한 다음 날, 즉 돌아가신 지 사흘째 되는 날 진행합니다.

(5) 성복(成服)

① 상복 입는 절차로 성복 후에 비로소 조례가 이루어집니다.

② 대렴한 다음 날, 즉 돌아가신지 나흘째 되는 날에 상복을 갖춰 입습니다.

③ 상복을 입는 기간은 혈연관계의 친소에 따라 참최(斬衰)는 3년, 자최(齊衰)는 3년, 자최장기(齊衰杖朞), 자최부장기(齊衰不杖朞)는 1년, 대공(大功)은 9개월, 소공(小功)은 5개월, 시마(緦麻)는 3개월, 심상(心喪)은 3년 등으로 되어있습니다. 참최, 자최, 대공, 소공, 시마를 오복이라 하며 상복도 재료가 다릅니다.

(6) 조문(弔問)

조문을 합니다.

(7) 문상(聞喪)

초상이 났음을 듣습니다.

(8) 치장(治葬)

장사지낼 터를 조성하는 것으로, 기일에 앞서 장지를 선택하고 광을 만드는 일을 말합니다.

(9) 천구(遷柩)

① 영구를 옮기는 것을 뜻합니다.

② 발인 전날 아침에 조전을 올리면서 영구를 옮기고 조상에게 인사하는 절차입니다.

(10) 발인(發引, 發靷)

① 사자가 묘지로 향하는 것으로, 영구를 상여에 싣고 묘소로 향하는 절차입니다.

② 순서 : 방상씨 → 명정 → 영여 → 만장 → 공포 → 운아삽 → 상여 → 상주 → 복인 → 무복지친 → 조객

(11) 급묘(及墓)

상여가 묘소에 도착하여 장사지내기 위한 절차입니다.

(12) 반곡(反哭)

신주를 모시고 집으로 돌아와 곡을 하는 것을 말합니다.

(13) 우제(虞祭)

① 돌아가신 이의 혼령을 편안하게 해드리기 위해 지내는 제사를 말합니다.
② 우(虞)는 '편안하다', '쉬게 한다'라는 뜻으로, 망자의 육신은 장사를 지내고 정령을 맞이하여 집에서 죽은 이의 넋을 제사하여 편안하게 하는 것을 뜻합니다.
③ 우제는 초우, 재우, 삼우가 있습니다.
　　㉠ 강일 : 갑(甲)·병(丙)·무(戊)·경(庚)·임(壬)
　　㉡ 유일 : 을(乙)·정(丁)·기(己)·신(辛)·계(癸)

(14) 졸곡(卒哭)

① 무시곡(無時哭)을 마친다는 뜻으로 아침과 저녁 이외의 곡을 그칩니다.
② 초상이 나면 장례식을 마치고 우제가 끝날 때까지는 때와 장소를 가리지 않고 슬픈 감정이 일면 소리 내어 슬피 울어야 합니다.
③ 삼우제를 지낸 후 강일을 만나며 졸곡합니다.

(15) 부제(祔祭)

① 부제사(祔祭祀)는 졸곡 다음 날 지내는 것으로 사자를 이미 가묘에 모신 그의 조(祖)에게 부(祔)하는 절차(조상에게 넋을 합사한다는 뜻)입니다.
② 마침내 죽은 이의 넋이 조령(祖靈)으로 합쳐져서 제사를 지내는 의례로 장례 절차에서 부제까지가 흉례(凶禮)가 되고, 부제를 마치면 다음 의례는 모두 길례(吉禮)가 됩니다.
③ 이 행사에 따라 모든 장례와 관련되어 이어진 행사가 끝남을 인정받게 됩니다.

(16) 소상(小祥)

① 기년(朞年)을 맞아 고인을 추모하는 제사로 돌아가신 지 만 1년 뒤인 초기일에 거행합니다.
② 초상으로부터 윤달은 계산하지 않고 13개월이 되는 날입니다.

(17) 대상(大祥)

① 돌아가신 지 2년째에 고인을 추모하는 제사인 대상을 지냅니다.
② 초상부터 여기까지 윤달은 세지 않고 모두 25개월, 두 번째 기일로서 제사를 지내며, 3년의 상은 25개월로 끝이 납니다.

(18) 담제(禪祭)

① 평상시 상태로 돌아가기를 기원하는 제사로 삼년상을 무사히 마쳤다는 의미로 지내는 제사입니다.

② 담은 담담하니 평안하다는 뜻으로 상복을 벗고 평상생활로 돌아오는 의례(탈상)입니다.

(19) 길제(吉祭, 士虞禮)

신주의 대(代)를 바꾸는 절차로 상기가 끝나 예법에 따라 신주를 사당에 옮기는 의례입니다.

현대 장례의 이해와 절차

2
CHAPTER

현대에는 장례 절차가 간소화되고 생략되었습니다. 반려동물의 장례는 대부분 사람 장례에 관한 내용으로 이루어져 있으므로 사람의 현대 장례에 대한 내용을 알아보겠습니다.

1 현대 장례의 식순

임종 - 안치 및 수시 - 장례 상담 - 빈소 설치 - 부고 - 문상 - 염습 - 성복 - 발인 - 화장 및 매장/장지 - 탈상

2 현대 장례 식순 설명

(1) 임 종

마지막 숨을 거두는 상태를 말합니다.

(2) 안치 및 수시

사망 확인 후 시신을 장례식장으로 이송하고, 수시절차를 진행하며 안치실에 안치합니다.

(3) 장례 상담

장례식장에서의 빈소의 위치와 크기를 결정하고 장례 일정 및 장례 방법을 상담하고 결정합니다.
① 빈소상담
② 장례용품상담(관, 수의, 상복 등)
③ 영정사진 제작
④ 상복대여
⑤ 제단장식, 제물
⑥ 장의차량
⑦ 부 고
⑧ 장례식장 도우미

⑨ 화장예약

⑩ 장 지

(4) 빈소 설치

장례 상담이 끝난 후 영정사진과 제단 장식 설치가 끝나고 상복을 다 갖춰 입으면 빈소 설치가 끝납니다. 제단 장식의 크기에 따라 다르지만 대략 3시간에서 4시간 소요됩니다.

(5) 부고

대부분 빈소를 설치하는 동안 부고를 진행합니다.

(6) 문상

'삼일장'으로 장이 짧아진 관계로 바로 문상을 진행합니다.

(7) 염습

사망한 지 24시간이 지난 후 염습절차를 진행합니다.

(8) 성복

염습절차 후 정식으로 상복을 입는 절차로 남자는 완장, 여자는 머리에 리본을 착용합니다. 이때 착용한 복장은 모두 탈상 때까지 착용합니다.

(9) 발인

'영구'가 상가를 떠나는 절차입니다. 이 전까지 유가족은 장례식장의 비용을 정산하고 장례식장을 떠날 준비를 합니다.

(10) 화장 및 매장/장지

운구차를 이용하여 장지(화장, 매장지)로 이동하여 장사를 지냅니다. 현대에는 화장률이 높아졌기 때문에 화장을 진행한 후 봉안당 및 자연장에 안치합니다.

(11) 탈상

장례가 끝나고 상복을 벗는 것으로 장례를 마친다는 의미를 가지고 있습니다.

3
CHAPTER

반려동물 장례의 이해와 절차

1 반려동물 장례의 식순

예약 – 접수 – 염습 – 추모 – 화장 – 유골함 봉안/봉안당 안치/추모 보석 제작

2 반려동물 장례 식순 설명

(1) 예 약

장례식 이용 및 화장 절차를 위한 예약을 합니다.

(2) 접 수

반려인과 해당 가족의 반려동물 정보 확인 및 장례서비스를 선택합니다.

(3) 염 습

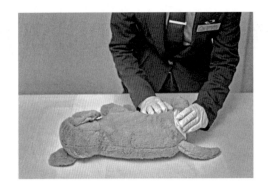

사망한 반려동물의 수습 및 상태 체크 이후 수의 입복, 입관 절차를 진행합니다.

(4) 추 모

책임 보호자와 해당 가족의 추모식을 진행합니다.

(5) 화 장

반려동물의 화장 절차를 진행합니다.

(6) 유골함 봉안/봉안당 안치/추모 보석 제작

① 유골함 봉안

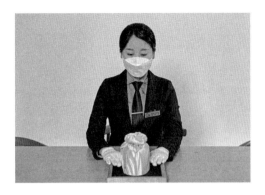

화장 절차가 종료된 반려동물의 유골을 수습한 후 골분 상태에서 유골함에 봉안하는 절차입니다.

② 봉안당 안치

봉안당에 안치하는 절차입니다.

③ 추모 보석 제작

화장 절차가 종료된 반려동물의 유골을 수습한 후 추모 보석을 제작할 수도 있습니다.

3 전통 및 현대 장례와의 유사점

(1) 속 굉

① 위에서 언급한 것과 같이 속굉은 전통방식의 사망 확인 절차입니다. 시신의 코 위에 솜을 올려두고 솜이 움직이지 않으면 사망한 것으로 판정합니다.

② 이러한 방식은 반려동물의 장례에서도 마찬가지로 사망 확인을 위한 방법으로 사용됩니다.

(2) 설치철족

① 시신의 이를 고이고 발을 묶는 절차는 수시의 단계에 해당합니다. 전통 장례에서 설치란 입이 다물어지지 않게 치아를 고여 두는 것입니다. 이는 추후 진행하는 반함을 할 때에 좀 더 용이하게 하기 위한 방법입니다.

② 여기서 반려동물 장례와 비슷한 부분은 바로 설치입니다. 반려동물 장례 중 사후 기초수습의 부분에서 진행하는 방법과 동일하지만, 반려동물의 혀가 떨어지면서 혀가 물리는 일이 없도록 하는 것으로 진행하는 의미는 다릅니다.

4 현대 장례와의 유사점

(1) 빈소설치

반려동물과 보호자가 마지막으로 인사하는 장소는 추모실 또는 고별실이라 불립니다. 사람 빈소처럼 가운데 반려동물의 사진이 있고 보호자가 준비한 꽃바구니 등을 둡니다.

(2) 화장 및 매장/장지

반려동물의 장례는 모두 화장 · 건조장으로 진행되며 화장을 진행한 후 봉안당에 안치합니다.

Part

04

장례 상담

보호자 상담

CHAPTER 1

1 장례 상담

죽음은 인간이든 동물이든 피할 수 없는 숙명입니다. 사람들은 죽음이 자신의 주변에는 일어나지 않을 거라는 생각을 하며 살아갑니다. 죽음이란 세상의 존재가 소멸하는 시간이며 그 존재가 무로 돌아가는 시간입니다. 이러한 죽음의 순간은 주변인에게 많은 상념과 감정을 불러일으킵니다. 죽음이 일어난 현실은 과거로 돌릴 수 없어 강도 높은 충격을 경험하게 됩니다. 반려동물장례지도사는 죽음이 일어난 시점에 누구보다 가깝게 존재하는 인물이며 숨 쉬던 한 생명의 죽음을 직면한 가족들의 슬픔과 고통을 가장 먼저 접하게 됩니다. 반려동물장례지도사는 단순한 사체의 위생 처리를 하는 인물로 존재하는 것이 아니라 숨을 거둔 반려동물의 존엄을 유지하여 존중하며 반려가족의 마음까지 돌볼 수 있는 존재입니다. 또한, 해당 가족의 마음을 담아 마지막 길에 최대한 실무적인 전문성을 갖춰 도와야 합니다. 더 나아가 반려가족과 반려동물의 애착관계를 분리하고 다시금 나중을 추억하는 첫걸음을 내딛게 도울 수 있어야 합니다. 장례 상담의 과정에서는 전체적인 장례 절차를 비롯한 실무적인 차원과 심리적인 부분을 적절하게 사용하여 해당 가족을 응대하며 안내하는 것이 목적입니다.

2 상담방법의 이해

(1) 죽음과 반려인의 심리

여기서 말하는 모든 죽음과 사별의 유형, 심리는 모두 사람을 기준으로 합니다.

(2) 죽음의 종류

① **자연사** : 고령(高齡)으로 세포 및 조직, 기관의 변화가 일어나며 신체가 자연히 쇠퇴해 사망한 것을 말합니다.

② **병사** : 기존 또는 새롭게 생긴 병(病)이 원인이 되어 사망한 경우에 해당하며, 세포, 조직, 기관의 변화로 인한 부분이기 때문에 자연사에 포함합니다.

③ **사고사** : 사람의 의사가 전혀 개입되지 않는 죽음을 의미하며, 자연재해와 재해 관련 사고로 구분합니다.

　㉠ 자연재해 : 홍수, 낙뢰 등으로 사망한 것

　㉡ 재해 관련 사고 : 산업재해, 교통사고, 의료사고 등

④ **뇌사** : 뇌의 사망을 의미합니다. 뇌의 조직이 파괴되어 그 기능을 못 하는 상태로, 어떤 치료도 진행할 수 없는 상태를 말하며 식물인간 상태와는 구분합니다.

⑤ **안락사** : 안락사는 '존엄한 죽음', '품위 있는 죽음', '고통이 없는 죽음' 등을 뜻하는 것으로, '아름다운 죽음'이란 뜻의 Euthanasia(유스네시아)라는 그리스어에서 유래되었습니다.

(3) 사람에 비례한 반려동물의 죽음과 비슷한 사별의 유형

사별의 유형에는 부모와의 사별, 배우자와의 사별, 자녀와의 사별 등이 있습니다. 그중 반려동물의 죽음과 관련된 사별의 유형은 사람의 기준에서 어린 자녀와의 사별과 가장 유사합니다. 자녀의 죽음은 부모에게 치명적인 고통을 안길 수 있습니다. 부모가 자녀보다 오래 사는 것은 자연의 법칙을 어기는 것이기 때문에 부모로서는 이런 종류의 죽음을 받아들이기 힘듭니다. 더욱이 사고사나 갑작스러운 질병으로 인한 죽음은 더욱 힘듭니다. 또한, 보호자의 과실 등으로 사망한 경우는 막대한 죄책감을 느끼게 됩니다. 반려동물의 경우는 하위 단위로 여겨지며 자식 또는 가족으로 많이 불리게 됩니다. 생각해보면 반려동물의 보호자를 지칭할 때 '엄마', '아빠' 등이 가장 많습니다.

(4) 반려동물과 이별 후 반려인의 심리 표현

반려인은 죽음을 경험한 후 광범위하게 심리를 표현합니다. 반려동물장례지도사는 이러한 과정의 심리 표현을 이해해야 합니다. 또한, 심리 표현을 숙지하고 추후 병리적으로 발전될 수 있는 반려인을 살펴봐야 하며, 더욱 전문적인 치료를 받을 수 있도록 안내할 수 있어야 합니다. 미국의 심리학자 J. 윌리엄 워든(William Worden)은 사람이 사별했을 때 나타나는 반응 표현으로 감정 영역, 인지 영역, 신체 감각 영역, 행동 영역의 네 가지를 제시했습니다.

① **감정 반응 영역**

> 충격 → 멍하고 얼얼함 → 슬픔 → 분노 → 죄책감 → 불안 → 피로감 → 무기력감 → 안도감 → 해방감 → 외로움 → 그리움

㉠ 충격 : 대부분의 죽음이 발생했을 때 일어나며 갑작스러운 죽음, 예정된 죽음이라고 하더라도 충격이 나타날 수 있습니다.

㉡ 멍함과 얼얼함 : 닥쳐온 감정의 홍수로부터 자신을 보호하기 위한 것입니다.

㉢ 슬픔 : 가장 평범하게 나타나는 반응이고 울음으로 표현합니다.

㉣ 분노 : 두 가지로 나뉠 수 있는데 첫 번째는 죽음을 막을 수 없다는 좌절감으로 인한 분노이고, 두 번째는 퇴행적 경험입니다. 여기서 퇴행적 경험은 '나를 두고 갔다'라는 비난의 표현이 상징적입니다. 이러한 두 가지 분노는 가족, 의사, 장례지도사에게 분출되기도 하지만 제일 잘못된 방식은 자기 자신에게 분노하는 것이며, 심각한 우울증과 자살 행동으로 발전할 수 있습니다.

ⓜ 죄책감 : 반려동물을 생전에 잘 보살피지 못했거나 검진을 통하여 병을 좀 더 빨리 알지 못했다는 것에 대해서 발생합니다.

ⓗ 불안 : 안절부절, 하품, 침을 삼키는 등의 표현이 있습니다.

ⓢ 피로감 : 피로감을 호소하며 힘들어 할 수도 있으며, 이는 무관심하거나 냉담한 것으로 오해될 수 있지만, 이러한 피로감이 일정 기간을 넘을 경우 우울증의 징후일 수 있습니다.

ⓞ 무기력감 : 불안과 상관관계가 있습니다.

ⓩ 안도감 : 장기간 투병을 멈춘 것에 대한 안도감이 들며 이러한 안도감은 죄의식을 동반합니다.

ⓒ 해방감 : 죽음 이후에 발생하는 자연적이고 긍정적인 감정이지만 이러한 감정 때문에 불편함을 느낄 수 있습니다.

ⓖ 외로움 : 친밀하고 일상관계를 함께했던 사람에게서 나타나는 감정으로 사회적 도움으로 외로움을 덜어줄 순 있지만, 애착 관계의 단절로 인한 실질적 외로움은 완화하지 못합니다.

ⓣ 그리움 : 상실에 대한 일반적인 반응이며 애도의 과정이 끝나갈 때는 그리움의 정도가 감소합니다.

② 인지 반응 영역

부인 → 혼돈 → 몰두 → 현존감 → 환각

ⓖ 부인(否認) : 죽음을 믿으려 하지 않는 무의식적인 행동이며 이러한 반응은 애도의 과정을 방해하는 핵심적인 요소입니다.

ⓛ 혼돈 : 인지적 판단 및 심리적 역동과 신체적 감각 등이 정상인 상태가 아니므로 평범한 사안도 적절하게 정리하는 데에 어려움을 느낍니다.

ⓒ 몰두 : 사망한 반려동물에 대한 생각에 사로잡혀 다시 살아날 수 있다는 강박적 생각에 매달려있는 것을 말합니다.

ⓔ 현존감 : 시간과 공간을 초월하여 현재에 존재할 것으로 생각하는 것에서 나타나는 것으로 예를 들어 '나를 지켜봐 주고 있다'라는 느낌을 받는 것을 말합니다.

ⓜ 환각 : 시각적, 청각적인 형태로 일어날 수 있으며 심각한 현상은 아닙니다. 애도 과업의 차원에서 보면 상실을 수용하게 되는 경험이기도 하며, 일시적으로 나타나는 현상은 단절감으로 힘들어하는 당사자에게 재연결감을 제공하기 때문에 도움이 됩니다.

③ 신체 감각 반응 영역

ⓖ 윗배의 허전함

ⓛ 가슴이 답답하면서 쪼이는 느낌

ⓒ 목이 갑갑하고 입안이 마름

ⓔ 소음에 과민한 반응

ⓜ 비자아감

ⓗ 숨이 막히고 가쁨

ⓢ 에너지가 부족하고 근육이 약해짐

이러한 현상은 정상적인 반응이며, 시간이 지나면 없어지는 현상입니다. 하지만 이러한 현상으로 급하게 병원을 가거나 할 수 있으므로 미리 파악하고 대처하면 좋을 것입니다.

④ 행동 반응 영역

> 울음 → 얼빠진 행동 → 한숨 쉬기 → 식욕 장애 → 수면장애 → 꿈 → 소리쳐 부름 → 과잉행동 →
> 사회적 철수 → 회상 피하기 → 특정 장소 방문 → 유품 지니기

중요하게 보아야 하는 점은 바로 '쉬지 않는 과잉행동'부터입니다.

㉠ 과잉행동 : 이별 대상자의 부재를 심리적으로 견디지 못하고 과잉행동을 함으로써 심리적 불안을
해소하고 편안함을 얻으려 할 수 있습니다.

㉡ 사회적 철수 : 죽음을 감당하면서 죄책감으로 인한 주변인 보기를 꺼릴 수 있습니다.

㉢ 회상 피하기 : 죽음을 통한 고통스러운 감정, 죄책감 등을 유발하는 사물 및 장소를 피하기도 하
지만 이러한 부분은 애도의 마지막 시점에 다시 접촉할 수 있습니다. 너무 급한 방법으로 벗어나
려 할 때는 어려운 상황으로 바뀔 수 있습니다.

㉣ 특정 장소 방문 : 이별 대상자에 대한 기억을 영영 잃어버릴 수 있다는 두려움 때문에 이어지는
행동입니다.

㉤ 유품 지니기 : 이별 대상자의 물건을 주변에 두고 기억하지 않으면 마음이 편치 않기 때문에 이어
지는 과정으로, 마찬가지로 애도의 막바지가 되면 유품의 필요성이 감소할 수 있습니다.

3 애도(哀悼)

애도는 죽음을 슬퍼하고 애석하게 여기는 것으로 애석(哀惜)이란 슬퍼하고 아까워 함을 뜻하고 있습니다.
애도는 사별의 심리를 표현하게 하는 과정을 말하는 것으로, 이러한 애도의 반응이 연장될 때 우울함으로
변화합니다. 애도의 과정은 자신의 감정을 다른 사람에게 표현하여 슬픔과 고통을 없애는 사회적 표현과 행
동입니다. 대표적인 애도의 방법은 '장례식', '추모 의식', '49재', '1주기' 등이 있습니다.

> 사례
>
> 장례 접수 서식에 보호자는 자신의 종교를 선택할 수 있고, 반려동물장례지도사는 보호자와 가족들이 선택한 종교에 따라
> 종교용품 준비를 합니다. 이때 종교가 없는 사람들은 선택란을 공란으로 남겨둡니다. 간혹 종교가 없지만 공란으로 남겨
> 두지 않고 불교를 선택하는 사람들이 있는데, 이는 불교의 대표적인 정서인 윤회를 바라는 마음에서 비롯됩니다. 반려동
> 물이 사망한 후 다음 생애에 사람으로 태어나길 바라는 마음과 불교의 윤회 사상의 교설을 바탕으로 보호자들은 평소에
> 믿지 않는 종교지만 불교를 선택하는 경우가 있어요.
> 이런 관점으로 담당하는 지도사에게 많이 물어보는 것은, 반려동물의 49재 날짜 적용과 49재를 어떻게 지내야 하는지에
> 대한 거예요. '49제'로 알고 있는 분들이 많지만, '49재'가 옳은 것으로, 제사 제(第)를 사용하는 것이 아니라 재계할 재(齋)
> 를 사용하고, 이는 '정진하다.'라는 뜻이에요. 불교의 윤회 사상으로 49일 동안 죽은 이의 영혼을 위해 후손들이 정성을 다
> 해 재(정진)를 올리면 후손의 영향을 받아 다시 인간으로 태어난다는 의미를 부여해 49재를 지내요. 이때 49재 날짜의 적
> 용은 사망한 날이 첫날이 되며 사망한 지 49일째 되는 날을 49재로 정해요.

(1) 애도의 과정과 과업

J. 윌리엄 워든은 애도에 대하여 네 가지 과업을 선별하였으며 이 과업은 순서에 따라 이루어지지는 않지만, 일정한 질서가 있다고 말했습니다. 또한, 애도는 과정이며 상태가 아니라고 했습니다.

오스트리아의 심리학자이자 신경정신과 의사인 지그문트 프로이트(Sigmund Freud)는 애도를 '사별의 슬픔을 없애는 작업'이라고 명칭하였으며 여기서 '작업'이란 추후 살아갈 세상에서 망자의 생각과 상실의 경험을 재구성하고 확인하는 인지적 작업이라고 하였습니다. 또한, 애도의 감정은 사랑하는 이를 잃어버린 데 따른 자연스러운 반응이며 아무리 격심하다고 하더라도 치료를 요구하진 않습니다. 충분히 깊이 슬퍼하고 나면 아픔은 없어지고 다시 일상생활로 복귀할 수 있습니다.

① 죽음을 받아들임

애도하려는 첫 번째 과업은 죽음이 일어난 사실을 받아들이고 현실을 직면하고 수용하는 것입니다. 상식적으로 일어난 죽음은 사실이며 현실을 수용하는 것은 쉬운 일이지만 가족의 입장에서는 차마 일어나지 않아야 할 일이 발생한 것이기 때문에 죽음의 현실을 받아들이기 어렵습니다. 가족들은 현실로부터 자신을 보호하기 위해 본능에 따라 상실을 거부하는 것입니다. 상실의 현실을 수용하는 법은 인지적 수용, 정서적 수용 두 가지 다 이루어져야 하지만 정서적 수용 부분을 많이 간과하고 있습니다. 죽음을 인지적으로 파악하더라도 감정이 그 죽음을 받아들이기에는 적절한 절차와 과정이 필요합니다. 장례식 절차가 죽음을 현실적으로 수용하게 되는 계기가 됩니다.

② 사별의 고통을 겪어내기

죽음을 현실적으로 받아들인 다음에 진행해야 하는 작업입니다. 먼저 죽음을 받아들이지 않고 고통을 겪다 보면 애매한 슬픔과 고통은 정상을 벗어난 행동의 형태로 나타나게 됩니다. 정신과 의사인 파커스(Parkes)도 사별의 슬픔을 마치기 위해 고통을 겪어내는 것이 필요하지만 이러한 고통을 지속해서 회피시키거나 억압하는 것은 애도의 과정을 연장하게 할 수 있다고 경고합니다. 애착 관계에 있던 이의 죽음을 적정한 고통을 겪지 않고 놓아버리는 것은 거의 불가능합니다. 고통을 겪는 이에게 회피시키거나 억압하는 행동과 말의 예를 들어보겠습니다. "산 사람은 살아야지." 이러한 말은 고통을 덜어주기 위하여 주변인들에게서 빈번하게 이뤄집니다. 인류학자 제프리 고러(Geoffrey Gorer)는 "사별의 슬픔에 마음이 무너진 것을 병적이며 건전하지 못하고 비윤리적이라고 하는 것은 낙인을 찍는 것이다."라며 주의를 당부했습니다.

일부 가족들은 고통스러운 생각을 일부러 회피하기도 합니다. 생각 회피, 여행, 알코올 의존 등은 이러한 과정(사별의 고통을 겪어내기)을 방해하는 것입니다. 영국의 심리학자이자 정신과 의사인 볼비(Bowlby)는 사별의 슬픔을 회피하는 일부 사람들은 우울증의 형태로 탈이 날 것이라고 하였습니다. 사별의 고통을 겪어내는 것은 사별의 슬픔과 고통을 촉진하여 평생 우울증 등의 고통에 빠지지 않도록 하는 것입니다.

③ 환경에 적응하기

㉠ 외적 적응 : 사별의 슬픔과 고통을 겪어나가면 반려동물이 없는 환경에 적응하게 됩니다. 하지만 이러한 환경에서 사는 것이 어떤 삶인지를 자각하는 데 상당한 시간이 걸립니다. 비어있는 집에 혼자 살아가는 것 등 이러한 외적 적응은 3개월에서 4개월이 지나면 자각을 시작합니다.

안심Touch

      ⓒ 내적 적용 : 사별로 인한 자기감, 자기 존중감, 자기 유효감에 대해서 생각해봐야 합니다. 일부 사
          별을 한 사별자들에게 사별은 중요한 대상을 잃어버리고 자기 자신 또한 상실하게 되는 느낌을
          받는 것이라고 하였습니다. 이러한 자신을 온전한 자신으로 인식하고 느끼게 하는 것, 즉 반려동
          물과 자기 자신을 분리하여 생각하지 않게 되는 것이 애도의 최종단계라고 할 수 있습니다. 사별
          로 인한 부정적인 이미지는 시간이 지나면 긍정적인 이미지로 바뀌게 되고 애도의 과업을 진행할
          수록 반려동물이 없는 새로운 세상을 살아가는 방법을 배우게 됩니다.

      ⓒ 실존적 적용 : 사별로 인한 보호자는 그 당시의 삶에 방향감각을 상실하게 됩니다. 이때 그 방향
          감각을 회복시켜줄 조력자를 찾게 됩니다. 이 조력자를 통해서 삶에 대한 어느 정도의 통제력을
          가지고 정상화 될 수 있게 변화하려 합니다.

④ 새로운 삶을 살아가기

    지그문트 프로이트(Sigmund Freud)는 애도를 수행하는 것은 정교한 정신적 과업이고 그 기능은 사별한
이의 희망, 기억을 떼어내는 것이라고 하였습니다. 애도의 과정은 반려동물과 죽음으로부터의 특별한 감
정을 제거하는 것이 아니며 반려동물을 위한 자신의 공간을 찾고 세상에서 사별한 반려동물을 배제하지
않고 연결되어 있도록 하는 것입니다. 중요한 것은 기억하는 방법을 찾는 것이 필요하다는 것입니다. 터
키의 정신과 의사이자 미국 버지니아 대학의 정신과 명예 교수인 볼칸(Vamík D. Volkan)은 매일 일상
생활에서 과장된 강도로 사별의 슬픔을 느끼지 않을 때 비로소 애도하는 것이 끝난다고 하였습니다.
    네 가지 과정 중 네 번째 '새로운 삶을 살아가기' 과정이 어려운 이유는 새로운 삶을 살기 위해 사회
적 철퇴와 회복하기 위한 노력을 할 때 깨닫게 됩니다. 이 새로운 삶을 살아가기라는 단계는 사랑을
쏟을 다른 이가 생겨도 덜 추모한다는 뜻이 아니라는 사실을 깨닫는 것입니다. 이러한 과정은 동시
에 진행될 수도 있으며 여러 번 다시 진행될 수도 있습니다. 애도하는 과정과 작업은 유동적이고 가
변적인 과정임을 알 수 있습니다.

(2) 애도의 실패 요인

    애도의 과정은 여러 가지 영향을 주는 요소가 있으며, 심리 유형, 강도, 지속시간 등에 따라 다릅니다.
관계요소, 정황 요인, 역사적 요인, 성격 요인, 사회적 요인 등 이러한 요소에 따라 잘못된 애도의 과정
으로 빠지게 될 수 있습니다. 여기서 반려동물의 죽음과 관계가 깊은 요인은 바로 사회적 요인으로, 애
도의 과정은 사회적 과정이라고 볼 수 있습니다. 사회에서 상실에 대한 반응을 통해 지지받는 환경이
중요합니다. 하지만 J. 윌리엄 워든은 이러한 사회적 지지가 없을 때는 복잡한 애도의 반응을 일으키며
애도의 작업을 방해한다고 하였습니다.

사례

> 반려동물상실증후군(펫로스증후군)에서 애도의 실패 요인을 살펴보면 반려인들의 가장 많은 실패 요인이 '사회적 요인'이
> 에요. 특히, 해당 반려인의 주변 사람으로 반려동물과 같이 생활하지 않는 사람들의 위로 방식이 반려동물을 상실한 당사
> 자에 대한 반응을 인정하지 못 하는 경우가 있어요. "곧 잊힐 거야.", "반려동물 좋은 곳으로 갔을 거야.", "또 키우면 되
> 지." 등 이러한 이야기로 인해 가족을 잃은 사별의 고통을 억압하는 말들이 바로 애도를 실패하게 하는 주변인의 반응과
> 행동이에요.

4 상담기법과 대화 방법의 실제

상담(相談)이란 대화, 대화를 통한 상호작용 등을 의미합니다. 상담은 크게 고객상담과 심리상담으로 구분할 수 있고, 고객상담, 인생상담, 우울증 및 심리상담 등 많은 부분이 포함됩니다.

반려동물 장례의 상담은 고객상담과 심리상담을 같이 어우르는 구별이 어려운 영역이며, 이용하는 고객(반려인)에게 장례서비스의 구매를 촉구하고 보호자의 고민 등 추후 삶으로 돌아가는 적응의 문제까지 포함하고 있습니다. 고객상담은 구매를 촉구하고 그 상황에 따른 불만을 응대하는 것이고, 심리상담은 고민과 적응 문제를 해결하기 위한 상담입니다.

(1) 상담의 실제

상담에는 세 가지 구성요소가 있습니다. 내담자, 상담자, 대면 관계입니다. 장례지도사는 개인과 가족, 집단 전체에 대한 안내, 교육, 상담, 치유 등을 넘나들며 대면해야 합니다. 비록 반려동물장례지도사는 반려인과 그 가족을 만나는 시간이 현저히 짧습니다. 하지만 반려동물의 죽음과 그 충격으로 인해 개인의 가치관, 습관 등으로 기존 양식에 벗어난 행동을 하는 경우가 많습니다. 또한, 애착 대상과 자신의 실존적 문제 등에 접해있어 심리적 무장해제 상태가 됩니다. 이 시기는 매우 민감한 시기이며 반려인의 입장에서 상처받기 쉬운 순간입니다. 반려동물장례지도사는 의사소통의 도구, 기본 심리, 상호작용을 이해하고 숙련되어야 합니다. 반려동물의 장례는 길게는 하루, 짧으면 두 시간 안에 모든 절차가 종료되므로 상담의 필요성이 중요하다 할 수 있습니다. 따라서 반려동물의 장례 절차 시 가장 중요한 기점은 모든 상담의 첫 단추를 잘 끼우는 것으로 이는 장례 절차와 애도의 과정에 큰 영향을 끼칩니다.

(2) 상담의 전제

① 반려인은 반려동물의 사망의 인정을 어려워합니다.

반려인이 반려동물의 사망을 수용하는 것은 사실상 어렵기에 장례지도사는 반려인이 반려동물의 죽음을 인지할 수 있도록 돕는 역할을 해야 합니다. 이것은 반려동물의 사망 확인 체크로 할 수 있습니다. 많은 반려인이 사망 사실이 맞는지 동물병원에서 확인하지 않고 장례와 화장 절차를 진행한 것에 대해서 걱정과 후회를 합니다. 따라서 장례 절차 진행 전 사망 확인을 통해 죽음의 사실을 해당 반려인과 그 가족에게 확인시켜주어 반려동물의 죽음을 인지할 수 있도록 그 역할을 다해야 합니다.

② 반려인은 슬픔 외에도 분노, 죄책감, 불안 등의 감정을 품을 수 있음을 인지해야 합니다.

③ 반려인은 정신적, 육체적으로 다양한 심리가 나타날 수 있습니다.

④ 반려인이 반려동물의 죽음을 수용하고 인지하는데 지속적인 지지가 필요합니다.

반려동물장례식장을 이용하는 반려인의 정서를 살펴보면 가족의 슬픔 외에도 분노, 죄책감, 불안 등의 감정이 있음을 인지해야 해요. 사회적인 현상인 1인 가구의 증가로 인해 반려동물을 1인 체재에서 케어하고 유일한 가족으로 돌보다가 반려동물이 사망한 경우 큰 슬픔과 상실감이 보호자 자신에게 죄책감으로 이어지는 경우를 자주 볼 수 있어요. 이런 경우 보호자의 죄책감으로 인해 장례 절차의 세부 식순이 생략되거나 지연되는 상황이 발생할 수 있고, 모든 절차가 종료된 시점에서 해당 보호자가 선택한 장례 절차에 대하여 후회할 수도 있으며, 전체 절차를 진행한 담당 지도사의 수행 역할이 실패의 요인이 될 수도 있어요. 보호자와 가족이 장례에 임함에 있어서 충분히 슬퍼하고 애도할 수 있는 과정을 만들어주는 것 또한, 전체 절차를 수행하며 담당하는 지도사의 책임과 역할이에요.

(3) 상담의 기법

① **경청 · 수용** : 반려인의 입장에서 수용하고 같이 아파하는 마음, 반려인의 입장을 사려하는 마음을 가져야 합니다. 또한, 같은 얘기나 행동을 반복해서 표현하더라도 이상하거나 혹은 귀찮게 여기지 말아야 하며 항상 새로 듣는 것처럼 경청하며 존중해야 합니다.

② **반응 공감 · 지지** : 반려인의 불쾌한 말, 태도, 행동을 경험하더라도 충격이나 영향을 받지 말고 경청, 반응, 공감을 해야 합니다. 또한, 진심으로 위로하고 반려인의 입장에서 지지해야 합니다.

③ **배려와 안내** : 반려동물의 장례는 대부분의 장례 절차가 처음으로 겪는 경험이고 지식이 별로 없는 경우가 다반사이기 때문에 이를 안내하며 필요한 것을 알아내고 챙겨주며 배려해야 합니다.

④ **문제해결** : 다양하게 해결해야 하는 문제가 생각보다 많습니다. 현실적인 문제, 종교적 · 심리적 요인 등 다양한 문제를 해결할 수 있도록 문제해결의 도움을 드려야 합니다. 또한, 가장 힘들어하는 책임 보호자를 파악해야 하며 해당 가족이 충분한 대화와 논의를 할 수 있도록 유도해야 합니다. 그리고 최대한 전체 가족의 합의로 모든 결정이 이루어질 수 있도록 해야 합니다.

(4) 상담의 이해

반려동물장례지도사로서 진행할 수 있는 상담은 여러 가지 상황을 포함하고 있습니다.

① 정보제공 및 설명

대부분 사람들은 반려동물 장례에 경험이 없어 생소해 하는 경우가 있습니다. 또한, 장례식장마다 장례의 서비스 및 품목이 상이하고, 상품과 서비스가 다양하고 복잡해져서 반려인 혼자 정보를 찾고 결정하는 것이 어려워졌습니다. 그러므로 전반적인 상담에서 정확한 정보제공이 필요합니다. 반려동물장례지도사는 상담을 진행할 때 반려인이 궁금해하는 것을 충분히 이해할 수 있는 방식으로 전달해야 합니다. 전문가만이 사용하는 단어로 설명하면, 이해가 어려워 두세 번 질문할 수도 있으므로 경황이 없는 가운데 반려인에게 이해하기 쉽게 자세히 설명하는 것이 장례지도사로서 중요한 역할입니다.

장례 절차는 모두에게 익숙지 않은 문화예요. 그러므로 장례식장을 이용하는 사람들과 반려인의 입장에서는 염습, 수의 입복, 관의 입관 등 글자의 뜻과 내용의 인지에서 많은 부분이 이해하기 어려울 수 있어요. 지도사 대부분은 처음으로 담당 지도사의 역할로 절차를 진행하게 되었을 때, 보호자에게 반려동물장례지도사로서 전문적인 모습을 보이기 위해 직무에 전문적인 용어를 사용해 표현하는 때도 있지만, 당연히 전문지식이 없는 사람들에게는 낯설고 위화감이 느껴질 수밖에 없습니다. 또한, 장례식장을 이용하는 사람들은 심적으로 불안한 상태로 절차와 관련된 모든 내용을 담당 지도사의 설명으로 인지하게 되어요. 이때, 보호자와 가족을 충분히 배려해야 하며 설명을 하는 과정에서 되도록 전문적인 용어를 자제하고, 최대한 보호자의 관점에서 충분히 이해할 수 있는 단어를 선택하여 이해시키는 것이 중요해요.

② 불만 응대

불만 응대는 불만에 대한 수용, 사과 그리고 보상에 대한 타협이 포함되어 있습니다. 하지만 이러한 불만을 어루만질 수 있다면 장례지도사로서의 신뢰를 증가시키는 기회로 만들 수 있습니다. 반려인의 불만이 표출된 상태에서는 먼저 불만을 수용하고 반려인의 입장을 살펴야 합니다. 불쾌함, 염려됨 등을 먼저 알아준 다음 반려인을 진정시킵니다. 다음으로 상황에 따른 정확한 사과와 보상에 대한 타협을 해야 합니다.

2
CHAPTER

장례 상담 · 절차

1 장례 상담의 종류

장례 상담 중 '장례 사전상담'과 '장례 진행상담'에 대해서 알아보겠습니다. 반려동물 장례식장은 업무의 특성을 고려하여 항상 최상의 서비스를 제공하는 것을 우선하여야 합니다. 반려동물 장례식장의 업무는 사망한 반려동물을 대상으로 합니다. 하지만 반려인과 반려가족의 성향은 각각 다양합니다. 이러한 성향에 대하여 반려동물 장례식장의 모든 직원은 이를 염두에 두고 서비스를 제공해야 합니다. 장례식장에서 발생하는 가장 중요한 업무의 하나는 화장 절차 및 유골수습 이후 반려인에게 인도되는 과정에서 오류가 없어야 한다는 것입니다. 이는 해당 반려동물 장례식장의 브랜드 이미지로 연결되므로 장례서비스 제공 과정에서 가장 중요합니다.

(1) 장례 사전상담

대부분 반려동물의 사망이 임박했을 때의 상담입니다. 사망 시점에서 해야 할 일, 장례 절차, 장례 비용, 장례식장 위치 등을 사전상담을 통해 알아보는 것입니다. 문의 전화가 왔을 때 관련 정보의 원하는 부분을 잘 상담하여 정확하게 알려주는 게 첫 번째입니다. 요즘 반려인은 그러한 상황에 대하여 미리 준비하고 대처하고 싶어 하므로, 이런 사전상담에서는 차근차근히 반려동물 장례식장의 절차가 어떻게 이뤄지는지 이해하기 쉽게 설명해야 합니다. 사전상담은 유선 전화로 이뤄지는 것이 대부분으로 통화 시 목소리의 높낮이, 대화의 속도, 억양, 정확한 발음 등을 가장 우선으로 하여 유선 상담 시 최대한 신뢰 있는 대화를 이끌어 가는 것이 좋습니다. 또한, 반려동물이 사망했을 경우 즉시 해당 장례식장으로 연락할 수 있는 직통번호를 안내하는 것이 옳은 방법입니다.

(2) 장례 예약상담

반려동물의 사망 직후 장례식장의 이용을 위한 예약이 진행될 때의 상담을 의미합니다. 해당 반려인도 경황이 없고 매우 슬퍼하며 흥분되어 있으므로 상담의 진행에 있어 주의를 기울여야 합니다. 직접 전화를 한 반려인의 감정 상태에 따라 상담이 어렵다고 판단될 경우는 옆에 다른 가족이 있는지 확인한 후 다른 가족과 상담을 유도하여 장례 일정 등의 안내를 하고, 정확한 내용으로 가족들이 충분히 예약 일정을 확인할 수 있도록 해야 합니다. 또한, 너무 급하게 절차가 진행되지 않도록 안내하는 것도 중요합니다. "보호자님의 소중한 가족입니다. 충분한 애도의 시간을 갖고 절차를 진행해 주셔도 됩니다." 그 외에도 예약 상담 시 누락될 수 있는 부분이 있으므로 예약 상담 점검표를 사전에 준비하여 예약을 요청하는 가족들의 필요한 정보를 파악하는 것이 중요합니다.

(3) 장례 진행상담

사전상담과 예약 상담을 통해서 미리 알고 있는 내용, 즉 반려동물의 이름, 품종, 체중 등을 알고 상담을 진행하는 것이 수월합니다. 유선 상담이 아닌 첫 대면상담으로 진행하는 것이므로 담당 지도사의 목소리, 억양, 몸짓 등은 조금 더 친절하고 진중하며 반려인의 입장에서 충분히 이해하기 쉽게 설명해야 합니다. 장례 진행 상담에서는 장례의 전반적인 안내 및 절차의 순서, 장례 구성 용품 상담 등이 이뤄집니다. 이러한 부분은 추후 장례 절차의 비용과도 직접적인 관련이 있으므로 보호자와 가족들의 인지가 중요하며 발생하는 전체 비용의 사전 안내와 고지의 의무가 준수되어야 합니다.

2 장례 상담의 진행

(1) 장례 사전상담(유선상담)

① 유선 전화의 벨이 두 번 이상 울리기 전에 받아야 하고, 상담 시 내용을 요약할 수 있는 메모를 준비해야 합니다.

② 장례식장의 상호명칭 안내

"반려동물 장례식장 ○○○○○입니다."

③ 상담 내용 확인

장례 사전상담 or 장례 예약상담

④ 상담 결정 확인

㉠ 예약 가능한 시간을 확인 후 안내합니다.

㉡ 요청 사항(차량 서비스 등)을 확인합니다.

㉢ 장례 가능한 시간이 없을 때 요청 시간의 가까운 시간을 안내합니다.

㉣ 확정 내용을 안내하기 어려운 사항의 경우 정확한 일정을 확인한 후 유선 상담이 진행된 전화번호로 다시 연락을 드린다고 안내합니다.

⑤ 상담 종료 안내

㉠ "추가 문의 사항은 없으신가요?"

㉡ 예약 요청 내용을 최종적으로 안내합니다.

⑥ 상담 종료

㉠ 수신 종료는 상대방이 먼저 유선 전화를 끊을 때까지 대기합니다.

㉡ 전화가 온 번호로 장례식장 예약 안내 문자 및 예약 사이트 링크를 전달합니다.

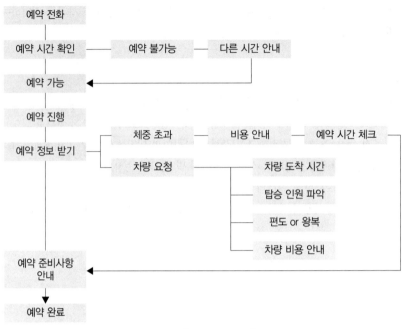

[예약상담 도식도]

(2) 장례 절차 상담(장례식장에서 반려인 대면상담)

① 장례식장의 접수처로 이동해 보호자의 자리를 안내합니다.

② 정중하게 담당 장례지도사를 고지합니다.

"금일 ○○아이(반려동물) 장례 절차 진행의 도움을 드릴 ○○○ 장례지도사입니다."

③ 반려동물과 보호자의 정보 기재에 대해 안내합니다.

④ 요청하는 종교 확인 및 동물등록번호의 유무를 확인합니다.

⑤ 장례 절차의 전반적인 과정을 식순의 순서와 함께 안내합니다.

접수 → 염습 절차 → 추모 절차 → 화장 절차 → 유골확인 절차 → 유골함 봉안 절차 → 절차 종료

⑥ 장례서비스의 선택 사항을 안내합니다.

㉠ 반려인이 유골함으로 인도받는 장례

㉡ 반려동물 추모 보석(스톤) 제작 장례

㉢ 봉안당(납골당) 안치 장례

⑦ 장례서비스 외 추가 구성된 장례용품의 품목(상세설명) 및 가격 등을 안내합니다.

㉠ 수의

㉡ 관

㉢ 유골함

⑧ 사전상담 시 안내한 반려동물의 물품 및 영정사진을 확인합니다.

⑨ 장례 절차의 전체 비용을 총 합하여 최종 확인 후 안내합니다.

⑩ 장례 접수 서식(계약서)에 정보 기재 누락 여부 확인 후 보호자의 최종 서명을 받습니다.

3 장례용품 상담

사람의 장례의 경우는 영정사진, 제단 장식, 상복, 수의 등 기본적으로 진행되는 장례용품들이 있습니다. 하지만 반려동물 장례에서는 기본적인 절차에 추가로 적용되는 장례용품이 없는 때도 있습니다. 이런 부분은 반려인과 해당 가족의 개인적인 가치관에 따른 것으로 강요를 할 수 없습니다. 장례 절차가 종료된 후 장례용품의 선택 여부로 반려인과 가족들의 불만 사항이 될 수 있으므로 장례용품의 이해와 필요성에 대해 충분히 인지시켜야 합니다. 장례지도사는 선택되는 용품에 따라 비용이 발생한다는 것을 반려인과 가족에게 절차의 시작 전 안내하여 고지의무를 준수해야 합니다.

(1) 장례용품 상담 시 주의사항

① 반려인의 요청 내용을 경청합니다.
② 장례용품의 상담 시 반려인의 반응을 살펴보며 상담합니다.
③ 반려인의 질문과 이야기는 우선 경청하며 부정하지 않아야 합니다.
④ 상담 시 전문적인 용어 또는 가르치는 듯한 어조는 피해야 합니다.
⑤ 반려인과 가족의 연령, 성격, 반응 등에 따라 어조와 화법을 구분합니다.
⑥ 타 장례 상품과 장례식장을 폄훼하지 않아야 합니다.
⑦ 용품의 판매를 목적으로 같은 내용을 지속해서 재차 안내하지 않아야 합니다.

(2) 수의와 수의의 종류

① 수의의 유래

㉠ 우리나라의 전통적인 수의(壽衣)는 생전 입던 옷 가운데 가장 좋은 옷을 뜻합니다.
㉡ 수의라는 용어는 일제 강점기 때 생겨난 말이며, 기존에는 습의(襲衣), 염의(斂衣)라 구분했습니다.
㉢ 습의는 평상복, 염의는 가장 좋은 옷을 의미하고, 기존에 입던 옷을 입는 것이 습의이고 염의는 남자의 경우 관복을 말합니다.

② 반려동물 수의의 종류

㉠ 여미는 수의

- 반려동물의 움직임을 최소화하여 형태 그대로 입복하는 수의입니다.
- 수의 전체를 펼친 상태에서 바닥 면에 반려동물을 올리고, 순서대로 수의를 덮은 후 마지막 리본으로 수의와 반려동물을 고정하는 형태입니다.
- 대부분 반려동물의 얼굴을 볼 수 있는 형태입니다.

ⓛ 여미지 않는 수의

- 반려동물의 전지(앞쪽 다리)를 끼워 입복하는 형태로 원피스 형태의 수의입니다.
- 리본의 여밈은 등 부분에 있고, 전지를 끼워 입복 시에 반려동물의 경직 여부를 확인해야 하며, 반려동물의 체격에 따라 수의를 접어주어 매무새를 잡을 수 있습니다.

ⓒ 기성 수의

- 예로부터 수의나 영정사진을 준비하면 오래 산다는 말이 있어 많은 반려인이 노령의 나이가 시작된 시점부터 호스피스 단계 및 반려동물이 아픈 시점까지 수의를 미리 준비하고 있습니다.
- 이때 가장 많이 준비하는 수의가 바로 여미지 않는 수의 형태의 기성 수의로 원피스 형태의 수의와 그 외 품목인 발싸개, 모자 등이 있습니다.

 사례

'기성 수의'는 수의를 만든 업체에서 입복하는 방식과 수의의 품목과 명칭을 명시하지만, 때로는 입복하는 방법이 정확하지 않거나, 반려동물의 체격에 따라 입복하지 못하는 경우도 있어요. 예를 들어 반려동물의 등 쪽 리본 여밈을 가리는 등 가리개의 대부분이 반려동물의 체격에 맞지 않고 끈이 너무 짧아 복부 부분이 너무 쪼여진 상태로 수의를 입복하면 수의의 형태 모습이 잘 맞지 않아요. 또한, 보호자가 기성 수의로 준비하지 않고, '유기농 신생아 싸개'(큰 사각형 형태의 천)를 준비하는 사례도 있지만, 반려동물은 신생아처럼 꽉 싸매는 형태로 입복할 수 없으므로 흐트러짐이 있고 수의 형태의 모습이 연출되기 어려워요. 레이스와 싸개보의 무늬의 방향, 반려동물의 체격에 따라 입복하는 방법이 다양하므로 입복을 시키는 담당 지도사의 다양한 경험이 필요해요.

수의는 매듭을 짓지 않고 고를 만들어 제작해요. 우리나라의 전통적인 사상을 보면 수의는 매듭을 짓지 않아야 한다고 합니다. 기본적으로 수의를 제작할 때에 매듭이 없는 이유는 수의에 매듭을 만들면 가족이 화통하지 못하고, 이승과 저승의 끈을 풀어 영혼이 이승으로 넘어오지 못하게 하는 뜻이 있어요. 그 외에도 다시 살아날 수 있다는 믿음으로 매듭을 짓지 않는 의미도 있어요.

(3) 관과 관의 종류

① 관(棺)

    ㉠ 장례를 진행할 때 무덤이나 묘지에 묻을 시신을 담는 궤를 뜻합니다.

    ㉡ 관(棺)이란 나무(木)로 만든 집(官)이란 뜻으로 만들어진 글자로, 사망하게 되면 망자의 집을 만들어준다는 의미로 관을 사용하고 있습니다.

    ㉢ 주로 나무로 제작하고 나무의 결과 색을 살리는 경우가 많지만, 전통적으로 옻칠을 하여 검게 만드는 예도 있습니다.

    ㉣ 관은 만드는 재료에 따라 목관, 석관, 옹관 등이 있지만 고대에서 현대까지 목관을 많이 사용합니다.

② 관의 종류

    ㉠ 나무로 제작한 관으로 나무의 종류에 따라 여러 가지가 있습니다.

    ㉡ 매장용 관은 토양에 잘 배합될 수 있도록 하는 것이 좋지만 시신이 흙으로 돌아가기까지 벌레와 곤충, 나무뿌리가 침범하지 않게 막아주어야 합니다.

    ㉢ 화장 시 소나무관 또는 향나무관를 사용하면 화장의 시간이 오래 걸려 대부분 오동나무관만 사용하고 있습니다.

    ㉣ 오동나무관

        • 매장 시 토양에 잘 배합되며 화장 시 연소가 잘 되는 장점이 있어 가장 많이 사용합니다.

        • 습기와 물에 강하며 건조해져도 틈이 생기지 않고 좀이 먹지 않아 매장용 관으로 널리 쓰입니다.

    ㉤ 솔송나무관

        • 단단하고 잘 썩지 않으며, 벌레가 생기지 않고 휘거나 갈라지지 않는 최고급 목재입니다.

        • 소나무는 십장생의 하나로 지조와 군자로 칭송받아 소나무관을 많이 준비합니다.

    ㉥ 향나무관

        최고급 자재로 은은한 향과 방충 · 방습효과가 탁월하여 매장용으로 많이 사용합니다.

 사례

최근 들어 기성 수의처럼 기성 관을 준비하기도 해요. 보호자가 직접 수작업으로 호두나무, 편백, 소나무 등의 나무로 직접 관을 만들어 오는 사례도 있어요.

(4) 유골함과 유골함의 종류

① 유골함

ㄱ 유골을 봉안하는 상자라는 뜻으로, 매장에서 화장으로 장법이 변화함에 따라 화장 후 유골을 담는 유골함이 필요해졌습니다.

ㄴ 유골을 집에 보존하지 않고 봉안당에 안치하기 위해서 유골함을 사용해야 합니다.

ㄷ 봉안당에 안치하지 않더라도 반려동물 장례에서는 필수적인 항목으로 이는 화장이 끝난 반려동물의 유골, 골분을 안전하게 데려가기 위함입니다.

ㄹ 유골은 온도와 습도에 영향을 많이 받으며, 습도에 직접 노출되면 유골분이 딱딱하게 굳어가면서 미생물이 생기는데, 이때가 유골이 변질된 시점입니다.

② 유골함의 종류

ㄱ 일반 유골함

• 일반적인 자기로 만들어진 유골함입니다.

• 온도와 습도 등의 관리가 가능하지 않으며 유골분을 안전하게 봉안하여 이동하기 위한 유골함입니다.

ㄴ 보존 기능성 유골함

• 진공 유골함으로 생각하는 경우가 많으나 진공 유골함은 유골함 내부를 진공하고 질소를 충전시켜 부패를 막는 것이고, 진공상태도 약 100일 후에는 풀립니다.

• 유골분은 습기에 약하며 습기에 노출되면 석회화라 불리는 유골분이 굳어가는 현상이 발생합니다. 굳은 유골분에서 작은 미생물이 생기면 변질 및 부패한 것으로 판단합니다. 또한, 습기관리를 하지 못하거나 침수된 유골함의 경우는 밀가루 반죽처럼 굳어있고 벌레와 곰팡이가 스는 경우가 있습니다. 보존 기능성 유골함은 이 습기가 관리되는 기능이 있는 유골함을 의미합니다.

ㄷ 매장 기능성 유골함

- 장사 등에 관한 법률에 의하면 기본적으로 자연장을 할 때 생분해성으로 제작된 유골함 또는 골분과 흙을 섞어 진행해야 합니다.
- 이때 반려동물의 유골분만 매장되는 부분보다 안전하게 유골함과 같이 매장하는 것을 선호하는 편이고, 기본적으로 매장 기능성 유골함은 흙인 황토로 만들어져 있어 습기관리가 가능해 보존 기능성이 있습니다.
- 현재 동물보호법상 자연장 및 매장은 위법사항이어서 집에서 보존한 후 추후 자연장을 진행하기 위해 보존 및 매장 기능성 유골함을 선택합니다.
- 매장 기능성 유골함에는 황토로 만들어진 황토 유골함과 옥수수 전분으로 만들어진 전분 유골함, 한지 및 나무 유골함이 있습니다. 나무 유골함의 경우 오동나무로 만들어진 잘 썩는 나무를 선택해야 합니다.

안심Touch

Part

05

장묘시설관리

1 장묘시설

CHAPTER

1 장묘시설관리

장사를 지내고 묘를 쓰는 일과 관련된 시설이며, 장례는 죽음에 의미를 부여하는 행위입니다. 반려동물의 사체를 처리하는 의례 절차에서 반려가족 및 장례서비스 종사자는 반려동물의 존엄성이 지켜질 수 있도록 예를 다하여야 합니다. 이에 필요한 시설이 장묘시설입니다. 즉, 장묘시설은 장례라는 사회적 기능을 담당하기 위한 필수적인 시설이며 기본적인 서비스를 제공하는 시설입니다. 현행 동물보호법 시행규칙(제36조 제1항)에 따른 동물장묘업은 동물 전용의 장례식장, 화장 또는 건조장 시설, 수분해시설, 봉안시설을 말합니다. 장묘시설은 단순한 사체처리의 장소가 아니라 보호자의 편익, 국민 보건향상, 올바른 장례문화를 정착시키는 데 이바지하여야 합니다. 지방자치단체가 공공복리 증진을 위해 설치한 경우 공설장묘시설, 민간이 설치한 시설은 사설장묘시설이라 합니다. 이러한 장묘시설에 대하여 알아보겠습니다.

2 장례식장

(1) 정 의

장례의식을 진행하는 장소이며 사체를 수습하는 과정에서 필요한 장소, 그리고 장례용품을 제공해주고 사체의 위생적 처리, 각 장례의 정보를 제공해주는 시설을 말합니다. 현재 운영되는 반려동물 장례식장 대부분이 사설로 운영됩니다. 동물보호법상 지방자치단체의 장은 공설동물장묘시설을 설치할 수 있고, 2021년 전북 임실군 오수면 금암리에 국내에서 처음으로 '오수 펫 추모공원'이라는 공설동물장묘시설이 설치되었습니다.

(2) 기 능

① 장례안내 및 상담

반려동물의 장례는 반려인의 입장에서 생소하기도 하고 많이 알려져 있지 않습니다. 따라서 갑작스러운 반려동물의 죽음으로 인해 장례를 치를 때 장례의 절차와 방법 등에 대해서 알지 못해 당황하게 됩니다. 장례안내 및 상담은 반려동물의 죽음에서 오는 충격, 두려움을 극복하고 장례를 시간 내에 원활하게 진행할 수 있도록 지원하는 역할을 합니다.

② 사체의 위생적 관리

　반려동물의 화장을 진행하기 전 사체를 수습, 염습 및 입복, 입관의 절차 과정을 진행합니다.

③ 장례의 장소와 용품 및 서비스 제공

　장례용품으로는 수의, 관 등의 물품과 화장에 따른 장례 구성 용품 및 유골함과 스톤 제작 서비스의 판매 그리고 추모실과 편의 시설 등을 제공합니다.

3 화장시설

(1) 정 의

　화장은 시체 또는 유골을 불에 태워 장사하는 것 또는 불을 이용하여 사체의 유기물을 무기물로 만드는 것을 말합니다. 화장의 소요 시간은 반려동물의 체격 및 체중에 따라 다르며 앞서 말한 바와 같이 대부분의 반려동물 장례식장은 사설로 이루어져 있어 화장 절차의 비용은 각각 상이합니다.

(2) 화장시설 관리

　800℃ 이상 고온의 화장시설에서 사체의 화장을 진행하는 화장시설은 최적의 상태로 운영해야 합니다. 정기 또는 일상점검을 시행하고 시설 정비의 이상이 발견될 시에는 되도록 이른 시일 내에 보수를 진행해 화장시설 운전 중에 화장이 중단되지 않도록 운영해야 합니다.

사례

「장사 등에 관한 법률」에 따라 사람 장례 절차 중 화장을 진행할 때에는 보건복지부에서 운영하는 화장예약 전용 사이트에서 화장 절차 예약을 진행할 수 있어요. 이는 태아와 망자, 개장한 개장 유골의 경우 모두 동일하고. 그중 태아의 경우는 별도로 장례 절차를 진행하지 않고 임시 관에 안치된 상태로 화장장으로 이동해요. 이러한 과정은 병원 또는 장례식장에서 가족에게 설명을 진행한 후 절차가 진행돼요.
간혹 반려동물 장례식장으로 태아의 장례 절차가 가능한지 문의하는 사람들이 있어요. 하지만 반려동물 장례식장에서는 사람을 위한 장례 절차와 화장 절차를 진행할 수 없도록 법령으로 규정되어 있어요. 이렇듯 반려동물장례지도사는 반려동물 장례뿐 아니라 사람의 장례 절차에 관한 지식과 기본적인 행정까지 포괄적으로 알고 있어야 해요.

4 건조장 시설

(1) 정 의

　건조장은 시체를 건조시키는 장사를 말하는 것으로 전자파(Microwave)를 이용한 방법을 가장 많이 사용합니다. 상온(20~40℃) 상태인 건조장 기계에 사체를 넣고 진공상태에서 전자파를 이용하여 체내의 수분을 제거하는 장법으로 수분을 제외한 사체의 형태 그대로 수습하여 봉안 후 보존하는 장법입니다.

(2) 건조장 시설 관리

상온에서 진행하고 진공상태에서 진행하는 건조장 시설에서는 건조과정 중 온도가 올라가지 않는지, 건조장 시설 내부에 피건조물, 즉 사체가 있는지 확인한 후 진행해야 합니다. 또한, 진공을 위한 문의 밀폐 여부도 항상 확인해야 합니다.

5 동물수분해장시설

수분해장 방식은 '레조메이터'라 불리는 첨단장비에서 사체를 강알칼리용액(pH 12 이상)의 반응으로 녹여 유골만 수습하는 방식으로 대기오염의 물질을 적게 배출하는 것으로 알려져 있습니다. 물과 강알칼리용액을 섞은 용액을 반려동물이 잠길 만큼 넣은 후 150~170℃로 가열하면 유기물은 없어지고 유골만 남게 됩니다. 이때 사용된 용액이 섞인 물은 하수구로 버려집니다.

6 봉안시설

(1) 정 의

화장한 유골을 안치하기 위한 장묘시설로 봉안당, 봉안담(벽), 봉안탑 등이 있습니다. 2005년 5월 '납골'을 '봉안'으로 하는 용어가 법률적으로 변경되었지만 납골당, 납골탑 등이 더 익숙한 명칭입니다. 봉안당은 하나의 건축물 내에 있는 개별 안치 위치의 단을 각각 선택하여 많은 반려인이 공동으로(건축물) 이용하는 시설입니다. 장례식장마다 사용료, 관리비, 위치와 단별에 따른 금액 및 사용 기간도 상이하며 기간이 만료되면 연장 신청이 가능한 조건이 대부분입니다.

(2) 봉안시설 관리

봉안시설은 유골을 보존하고 추모하는 공간으로 온도와 습도를 적절하게 조절하고 청결하게 관리해야 합니다. 또한, 출입관리로 보안을 철저하게 진행해야 합니다. 시설의 정기점검 및 주기적으로 해충 등의 침입을 막는 관리도 같이 진행해야 합니다.

7 자연장 시설

자연장은 화장한 유골의 골분을 수목, 화초나 잔디 등의 밑, 주변에 묻어 장사하는 것을 말합니다. 자연장지에 골분을 묻을 때는 생분해되는 친환경적인 유골함에 담아 묻거나 유골분과 흙을 섞어 묻어야 합니다. 비용은 장례식장마다 상이하며 나무의 수종에 따라 비용이 차등 적용됩니다. 아직 반려동물 장례에서는 동물장묘업에 등록되어있지 않지만 선호도가 높아짐에 따라 추가될 것으로 예상합니다.

장례식장의 설치 및 운영관리

2
CHAPTER

1 동물장묘업 등록

(1) 동물장묘업 정의

동물 전용 장례식장, 동물의 사체 또는 유골을 불에 태우는 방법으로 처리하는 시설 또는 건조·멸균분쇄의 방법으로 처리하는 시설, 화학 용액을 사용해 동물의 사체를 녹이고 유골만 수습하는 방법으로 처리하는 시설, 동물 전용의 봉안시설을 말합니다. 이 세 가지의 부분만 동물장묘업에 명시가 되어있어 매장, 수목장, 자연장, 산골은 동물장묘업의 구분에서 제외되어 있습니다.

(2) 동물장묘업 설치 제한 구역

① 다음 지역에는 묘지, 화장시설, 봉안시설 또는 자연장지를 설치 및 조성을 할 수 없습니다(「장사 등에 관한 법률」 제17조).

> • 「국토의 계획 및 이용에 관한 법률」 제36조 제1항 제1호 라목에 따른 녹지지역 중 대통령령으로 정하는 지역
> • 「수도법」 제7조 제1항에 따른 상수원 보호구역
> • 「문화재보호법」 제27조 및 제70조 제3항에 따른 보호구역
> • 그 밖에 대통령령으로 정하는 지역

> 장사법 제17조 제4호 그 밖에 대통령령으로 정하는 지역
> 1. 주거지역, 상업지역, 공업지역 3가지 중 겹치는 지역은 제외
>   울산광역시 울산·미포 및 온산국가산업단지, 전라남도 여수시 여천국가산업단지 및 확장단지
> 2. 수변구역 또는 특별대책지역
>   상수원으로 이용되는 댐 주변(예 팔당댐~의암댐)
> 3. 접도구역
> 4. 하천구역
> 5. 농업진흥구역

6. 산림보호구역

　　7. 사방지(산사태방지, 해변모래날림방지 작업지역)

　　8. 백두대간보호지역

　　9. 군사기지, 군사시설 보호구역

　　10. 붕괴나 침수의 우려가 있는 지역

② 이 외에도 20호 이상의 인가 밀집지역, 학교, 공중이 수시로 접하는 시설 및 장소에서 300m가 떨어지지 않은 지역에는 장묘시설을 설치할 수 없습니다.

(3) 동물장묘업 등록요건

① 영업장은 독립된 건물이거나 다른 용도로 사용되는 시설과 같은 건물에 있을 경우 해당 시설과 분리(벽이나 층 등으로 나누어진 경우)되어야 합니다.

② 채광, 환기가 잘 되고, 온도, 습도조절이 가능해야 하며, 청결유지와 위생관리에 필요한 급수 시설 및 배수시설을 갖추어야 합니다. 또한, 바닥은 청소와 소독을 쉽게 할 수 있고 동물들이 다칠 우려가 없는 재질이어야 합니다. 설치류, 해충의 침입을 막는 설비를 하고, 소독약과 소독장비를 갖추고 정기적으로 소독을 실시해야 합니다.

③ 장례 준비실과 분향실을 갖춰야 합니다.

④ 동물화장시설의 화장로와 동물건조장시설의 건조 · 멸균분쇄시설은 동물의 사체 또는 유골을 완전히 연소하거나 건조하여 멸균분쇄할 수 있는 구조여야 하고, 다른 시설과 격리되어야 합니다.

⑤ 화장로와 건조 · 멸균분쇄시설에는 연소, 건조 및 멸균분쇄로 생기는 소음 · 매연 · 분진 및 악취를 막을 수 있는 방지시설을 설치해야 합니다.

⑥ 화장로와 건조 · 멸균분쇄시설의 작업내용을 확인할 수 있는 영상정보 처리기기를 사각지대의 발생이 최소화될 수 있도록 설치해야 합니다.

⑦ 냉동시설 등 동물의 사체를 위생적으로 보관할 수 있는 설비를 갖춰야 합니다.

⑧ 동물 전용의 봉안시설은 유골을 안전하게 보관할 수 있어야 하고, 유골을 개별적으로 확인할 수 있도록 표지판이 붙어 있어야 합니다.

⑨ 규정한 사항 외에 동물장묘업 시설기준에 관한 세부사항은 농림축산식품부장관이 정하여 고시하고, 해당 지역의 특성을 고려하여 화장로의 개수 등 동물장묘업의 시설기준을 정할 수 있습니다.

(4) 동물장묘업 등록 및 접수 절차

신청서 작성	접 수	첨부 서류 확인 및 검토	현장조사 및 시설조사	결 재	등록증 발급
신청인		시장 · 군수 · 구청장			

(5) 동물장묘업 등록 시 필요서류

① 인력 현황에 관한 서류

② 사업계획서

③ 시설기준을 갖추었음을 증명하는 서류가 있는 경우 그 서류

④ 동물 사체에 대한 처리 후 잔재에 대한 처리계획서(동물화장시설 또는 동물건조장시설을 설치한 경우만 해당)

2 동물장묘업 영업자 준수사항

(1) 영업자 공통 준수사항

① 영업장 내부에 영업 등록(허가)증과 요금표를 게시해야 합니다.

② 영업장 및 동물운송차량에 4시간 이상 머무는 동물에 대해서는 항상 깨끗한 물과 사료를 공급하고 물과 사료를 주는 용기는 청결하게 유지해야 합니다.

③ 소방시설을 화재안전기준에 적합하게 설치 또는 유지 · 관리해야 합니다.

④ 영상정보처리기기를 설치 · 운영하는 경우에는 개인정보보호법 등 관련 법령을 준수해야 합니다.

(2) 동물장묘업자 개별 준수사항

① 동물의 소유자와 사전에 합의한 방식대로 동물의 사체를 처리해야 합니다.

② 동물의 사체를 처리한 경우에는 동물의 소유자 등에게 다음의 서식에 따라 작성된 장례확인서를 발급해 주어야 합니다. 다만, 동물장묘업자는 필요하면 서식에 기재사항을 추가하거나 기재사항의 순서를 변경하는 등의 방법으로 서식을 수정해서 사용할 수 있습니다(서식1 참고).

③ 동물화장시설 또는 동물건조장시설을 운영하는 경우 「대기환경보전법」 등 관련 법령에 따른 기준에 적합하도록 운영해야 합니다.

④ 「환경분야 시험 · 검사 등에 관한 법률」 제16조에 따른 측정 대행 업자에게 동물화장시설에서 나오는 배기가스 등 오염물질을 6개월마다 1회 이상 측정받고 그 결과를 지체 없이 시장 · 군수 · 구청장에게 제출해야 합니다.

⑤ 동물화장시설 또는 동물건조장시설이 별표9에 따른 기준에 적합하게 유지 · 관리되고 있는지 여부를 확인하기 위해 농림축산식품부장관이 정하여 고시하는 정기검사를 동물화장시설은 3년마다 1회 이상, 동물건조장시설은 6개월마다 1회 이상 실시하고, 그 결과를 지체 없이 시장 · 군수 · 구청장에게 제출해야 합니다.

⑥ 동물의 사체를 처리한 경우에는 등록대상동물의 소유자에게 등록사항의 변경신고 절차를 알려주어야 합니다(서식2 참고).

⑦ 동물장묘업자는 신문, 방송, 인터넷 등을 통해 영업을 홍보하려는 때에는 영업증록증을 함께 게시해야 합니다.

⑧ 별지 제30호 서식의 영업자 실적 보고서를 다음 연도 1월 말일까지 시장 · 군수 · 구청장에게 제출해야 합니다.

업 체 명

영업등록번호 : 0000000000

장례(화장, 건조장, 수분해장) 확인서

■ 장례 의뢰인 정보

성 명		님	동물등록번호	
주 소			동물병원	
전화번호			이메일	

■ 반려동물 정보

동물 소유자 성명		전화번호	
주 소		이메일	
이름(나이)	(살)	동물등록번호	
생년월일		몸무게	
망년월일		품 종	
잔재의 처리방법			

위 반려동물은 0000.00.00. 반려동물 장례식장 "ㅇㅇㅇㅇㅇ"에서 장례(화장, 건조장, 수분해장)를 진행하였음을 증명합니다.

0000년 00월 00일

반려동물 장례식장 ㅇㅇㅇㅇㅇ 　　　　　　　　　　　　대표 　　　　(서명)

반려동물 등록변경신고(사망신고)

1. 인터넷으로 하는 방법

STEP 1
https://www.animal.go.kr
홈페이지에 접속해 회원가입 후
로그인을 합니다.

STEP 2
'회원정보 수정'을 클릭하면
가입 화면이 나옵니다.

STEP 3
비밀번호와 주민등록번호를 다시
입력하고 수정을 클릭합니다.

STEP 4
화면 하단에 반려동물정보의
소유란을 사망으로 체크하고
경위서를 작성합니다.

2. 직접 방문하는 방법

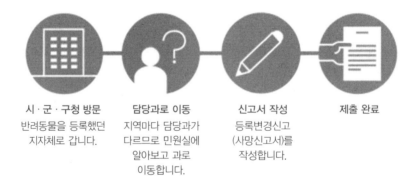

시 · 군 · 구청 방문
반려동물을 등록했던
지자체로 갑니다.

담당과로 이동
지역마다 담당과가
다르므로 민원실에
알아보고 과로
이동합니다.

신고서 작성
등록변경신고
(사망신고서)를
작성합니다.

제출 완료

*보호자가 주소를 이전했을 경우 반려동물과 함께 했다면 현 시 · 군 · 구청을 방문합니다.

3 CHAPTER
장례식장 실무

1 반려동물 장례서비스의 범위

장례식장은 업무의 특성상 항상 최상의 서비스를 제공해야 합니다. 반려동물 장례식장의 운영 주체는 반려동물입니다. 하지만 그 운영 주체에 따라오는 반려인, 해당 가족도 중요한 요소이며 장례서비스를 받는 중요한 주체입니다. 반려동물장례지도사와 종사자는 장례식장 운영의 가장 중요한 요소인 서비스를 받는 운영 주체를 파악하는 것이 중요합니다.

(1) 상담

① 기본적인 장례 사전상담 외 대면상담을 기반으로 하며 장례서비스의 결정부터 용품의 결정 등 장례 전반에 관한 절차가 이뤄지는 장례서비스의 시작단계입니다.

② 상담하는 담당 지도사는 가족들이 정신적으로 최소한의 안정감을 유지할 수 있도록 반려인과 해당 가족의 입장에서 상담해야 하며, 동물등록 여부에 따른 후속 조치까지 안내할 수 있어야 합니다.

③ 장례를 진행한 많은 반려인이 상담 과정에서 비싼 용품을 강요받는 등의 불만이 발생하므로 이에 유의가 필요합니다.

반려동물 장례 진행 내용
- 운구 이동 및 장례식장 도착
- 접수 및 장례 상담
- 염습절차 진행
- 추모절차 진행
- 화장절차 진행
- 유골확인절차 진행
- 유골함 인도절차 진행
- 봉안당 안치절차 진행
- 반려동물 추모 보석 제작 진행

(2) 용품 상담

① 장례의 용품에는 수의와 관, 유골함 등이 있으며 반려인과 해당 가족이 요구하는 장례서비스에 맞게 직접 용품을 보면서 비교하고 선택하는 상담 절차입니다.

② 각각의 장례용품의 규격, 재료, 가격을 표시해야 하며 무조건 비싼 것을 강요하지 않고, 절차의 시작 전 선택되는 용품에 따라 비용이 발생함을 반려인과 가족에게 안내하여 고지의무를 준수해야 합니다.

2 반려동물장례지도사의 직무

반려동물장례지도사의 직무 범위는 반려동물의 장례 절차 범위에 속하며 모든 업무를 파악하고 실행할 수 있는 역할이 요구됩니다.

(1) 안 내

① **사망 확인**
   ㉠ 주요 업무
   - 사체 확인
   - 폐사진단서 확인
   ㉡ 지 식
   - 생물학적 사망 확인법
   - 사망 서류 인지
② **장례 상담**
   ㉠ 주요 업무
   - 장례서비스 선택
   - 장례 진행 상담
   ㉡ 지 식
   장례 일정 및 진행 과정에 대한 사항
③ **장례 절차 및 방법 안내**
   염습 및 입관
④ **용품 상담**
   ㉠ 주요 업무
   - 관, 수의, 유골함의 종류 및 재질 상담
   - 기타 장례용품 안내
   - 계약서 작성
   ㉡ 지 식
   - 장례용품의 종류 및 품질 판별력
   - 각종 장례용품의 용도 및 기능, 업체 및 시장현황
   - 계약에 관한 기본법률 지식

(2) 사체 및 유골의 관리

① 위생처리 및 관리

  ㉠ 주요 업무

   • 폐사진단서 확인

   • 각 장비 및 냉장시설 소독 살균

   • 사체 등을 통한 질병 감염방지

  ㉡ 지 식

   • 전염병 관리, 미생물학, 병리학 등

   • 위생 관계법규

② 염습 및 입관

  ㉠ 주요 업무

   반려동물의 생애 모습 그대로 염습 및 입관 진행

  ㉡ 지 식

   • 경직 현상의 발생과 소멸

   • 위생 관계법규

③ 화장 진행 및 관리

  ㉠ 주요 업무

   • 화장 진행

   • 화장기의 관리 및 보수

   • 유골수습

  ㉡ 지 식

   • 화장시설 기계 작동 방법

   • 동물해부생리학

④ 봉안당 안치 및 관리

  ㉠ 주요 업무

   • 봉안당 관리(온·습도 조절, 청결확인, 보안 관리)

   • 봉안당 입·퇴실 확인

   • 안치 기간 확인

  ㉡ 지 식

   유골의 보존 온·습도

⑤ 반려동물 추모 보석 제작 및 관리

  ㉠ 주요 업무

   • 추모 보석 제작

   • 추모 보석 제작 장비 관리 및 점검

   • 제작 관련 장비 관리 및 점검

  ㉡ 지 식

   추모 보석 제작의 원리

안심Touch

⑥ 장례 행정 및 사후 관리

    ㉠ 주요 업무

        • 반려동물 등록변경 신고 안내

        • 사망 관계법규 안내

    ㉡ 지 식

        • 심리상담 기초 지식

        • 행정절차 및 각종 서식

        • 반려동물 보험 등 장례 관계 서식

Part

06

염습과 추모

수시의 절차 및 방법

1
CHAPTER

기존의 '수시'란 '시신을 바르게 한다.'라는 뜻입니다. 사후경직이 오기 전 굽어 있던 부분이 그대로 굳게 되면 추후 수의를 입복을 하는 과정에 어려움이 있어 바로 잡아주는 것입니다. 따라서 앞서 설명한 '사후 기초수습' 단계가 바로 기존에 알고 있던 수시의 단계라고 이해하면 됩니다. 하지만 가족들의 애도 시간 없이 바로 장례를 진행하는 경우는 장례식장에서 수시와 염습을 동시에 진행합니다. 반려동물 장례의 수시는 바로 염습 전 반려동물의 사망 확인 절차와 올바른 자세, 염습을 시작하기 전 사망한 반려동물의 특이사항을 확인하는 과정입니다.

1 반려동물의 사망 확인

반려동물이 병원에서 케어를 받고 사망하는 경우보다는 가정에서 호스피스의 단계 이후 사망하는 경우가 많습니다. 또한, 폐사진단서의 발급이 의무사항이 아니기 때문에 반려동물의 사망 확인 여부를 재차 확인하는 반려인이 많습니다. 다음은 일차적으로 반려동물의 사망을 확인하기 위한 방법으로 사용합니다.

(1) 사망 확인 방법

생리학적 죽음은 심폐의 정지, 호흡의 정지가 있으며 이는 반려동물의 사망을 확인하는 방법으로 사용하며 청진기 확인법, 호흡 확인법이 있습니다.

① 청진기 확인법

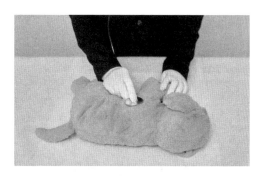

청진기로는 맥박과 호흡 두 가지 다 확인이 가능하므로 많이 사용합니다. 청진기는 체내에서 발생하는 심음, 호흡음, 동맥음, 장잡음, 혈관음 등을 확인할 수 있습니다. 먼저 청진기를 사용하여 맥음과 심장의 고동을 확인합니다. 청진기의 위치는 반려동물의 심장이 위치한 왼쪽 가슴 부분입니다. 그 부분에서 심장박동, 호흡음을 확인합니다. 또한, 다른 맥음을 확인하기 위해서 뒷다리와 몸통으로 연결되는 부위(허벅지 내측) 부분에서 동맥음을 확인합니다.

청진기를 이용해 사망 확인을 진행하는 경우 청진기로 확인할 수 있는 소리는 심음, 호흡음 등 여러 소리가 있지만, 실질적으로 전문의료인이 아닐 경우 심음 외 다른 소리의 확인은 어려운 부분이 있어요. 또한, 반려인이 청진음의 직접 확인을 요청하는 경우 심장 부위와 동맥이 뛰는 부위에서 심음과 맥박 음을 들을 수 있다고 설명해 드려야 합니다. 하지만 보호자가 직접 청진하는 경우 작은 움직임에도 소리가 담길 수 있고, 그 소리를 호흡음으로 오인하는 보호자도 있을 수 있으므로 보호자가 직접 청진을 요청하는 경우에는 사전에 충분한 설명과 안내를 통해 정확한 사망 확인이 진행될 수 있도록 해야 해요.

② 호흡확인

반려인의 가정과 장례식장에서 호흡 정지를 확인하는 방법으로는 첫 번째로 아이의 코와 입에서 숨을 쉬는 것을 확인, 두 번째로 실, 휴지, 솜 등을 코에 놓아두고 움직이지 않는 것을 확인하는 것입니다.

2 반려동물의 자세

사람의 경우 수시와 염습을 진행할 때에 올바른 자세는 기본적으로 잠을 자는 것처럼 하늘을 보고 누워 팔다리가 곧게 펴진 상태입니다. 반려동물은 사람처럼 올바르게 정해진 자세는 없지만 대부분 팔다리를 쭉 뻗은 자세로 옆으로 누운 모습이 올바른 자세로 보여집니다.

3 반려견, 반려묘의 사망 시 올바른 자세

해부학적으로 반려동물이 그대로 옆으로 누운 모습이 올바른 자세입니다. 사망 시 엎드려 있는 반려동물의 경우 사후경직이 오기 전에 올바른 자세를 취하는 것이 좋습니다. 단, 배 안에 복수가 있거나, 몸통에 비해 다리가 짧은 반려동물의 경우 엎드린 자세로 오는 경우도 있습니다. 이러한 반려동물은 옆으로 누운 자세로 강제로 변경하지 않는 것이 좋습니다.

4 염습 전 특이사항 확인

사망한 반려동물의 특이사항을 미리 파악한 상태에서 염습을 어떻게 진행할지에 대한 부분입니다. 특이사항은 정맥 주삿바늘, 수술의 흔적, 체외분비물의 여부 등을 확인하는 것을 말합니다.

안심Touch

염습의 절차 및 방법

2
CHAPTER

기존의 염습이란 시신을 깨끗이 목욕시키고 수의를 입히는 절차로, 수의 입복 단계입니다. 반려동물의 염습 과정 중 습은 사체를 깨끗이 하고 털을 빗질하는 등 최대한 생전의 모습 그대로 표현될 수 있도록 하는 과정이고, 염은 반려동물의 수의 입복 과정입니다.

1 습의 준비물

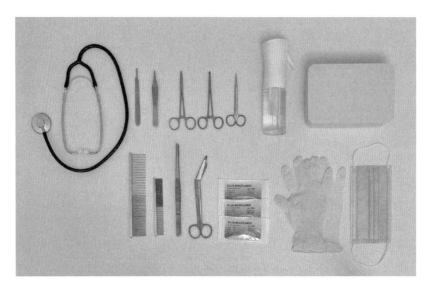

청진기, 봉합 핀셋, 봉합용 니들 홀더, 알코올 분무기, 위생 티슈, 반려동물 전용 스테인리스 빗, 의료용 핀셋, 의료용 봉합사, 라텍스 장갑, 위생마스크

2 특이사항 부분 수습

앞선 수시의 절차에서 알려드린 염습 전 특이사항이 확인된 부분을 제거하는 과정입니다.

(1) 테이핑

대부분은 아니지만, 동물병원에서 진료를 받고 사망한 반려동물은 다리에 의료용 테이핑이 되어있는 경우가 있습니다. 이러한 부분을 습의 단계에서 수습(제거)해야 합니다. 수습하는 방법은 두 가지로 테이핑을 풀어서 제거하는 방법과 가위로 잘라 제거하는 방법이 있습니다. 테이핑이 여유 공간이 없이 되어있을 경우 가위를 넣어 제거하는 방법은 어려우므로 대부분 테이핑을 반대 방향으로 풀어서 제거하는 방법을 선택합니다. 이때 중요한 점은 반려동물의 털이 탈락하지 않도록 하는 점입니다. 먼저 테이핑의 끝 선을 찾아서 감겨있는 순서로 제거한 다음 반려동물의 털, 상처 부위에 가까워졌을 때 털이 탈락하지 않도록 털의 (결)방향으로 테이핑을 제거해야 합니다. 이때 테이핑의 접착력이 강해 털이 탈락할 경우에는 천연오일을 사용하여 접착력을 완화시킨 후 수습하는 방법이 있습니다.

(2) 체외 구멍의 솜 또는 거즈

반려동물의 사후 변화에 따라 체외분비물이 흘러나오게 됩니다. 이러한 체외 구멍에 탈지면이나 솜 등으로 입, 코, 귀, 항문 등을 막아 오는 경우가 있습니다. 막혀있는 솜을 제거할 경우 이차적인 부상이 있을 수 있고, 솜을 제거하면서 흐르지 못했던 체외분비물이 나오는 경우도 있으므로 주의해서 솜 또는 거즈를 수습(제거)해야 합니다.

(3) 주삿바늘

주삿바늘은 보통 피하 주삿바늘과 정맥 주삿바늘이 있습니다. 피하 주삿바늘의 경우 쉽게 제거되지만 정맥 주삿바늘의 경우 테이핑과 같이 되어있을 수 있습니다. 마찬가지로 반려동물의 털이 빠지지 않도록 주의하며 테이핑을 제거한 후 바늘을 제거합니다. 바늘을 제거하는 방향은 바늘이 들어간 반대 방향으로 천천히 빼면 쉽게 제거됩니다. 또한, 정맥 주삿바늘의 특성상 바늘이 쉽게 휘어지는 특성이 있어 테이핑을 제거하면서 같이 제거하는 때도 있습니다.

(4) 패치류

흔한 경우는 아니지만, 마약성 진통 패치, 외상 패치 등을 부착한 상태로 오는 반려동물의 경우 찾아서 수습(제거)합니다. 진통 패치의 경우 접착력이 강하지는 않지만, 털이 없는 상태에 부착해 잘 떨어지지 않는 경우가 있습니다. 이때는 테이핑 제거 방법과 마찬가지로 천연오일을 사용하여 접착력을 약화시킨 후 수습합니다.

(5) 수술의 흔적

대부분 수술 흔적은 복부 부분의 개복 수술로 인한 봉합의 흔적이 많습니다. 개복 수술의 봉합법은 봉합사를 이용해서 봉합하는 방법과 스킨 스테이플러를 통해 봉합하는 방법이 있습니다. 봉합의 부위는 알코올 솜으로 소독하고 체외에 묻어있는 소독약품(요오드류)을 닦아주는 정도로만 습을 진행하고, 스킨 스테이플러로 수술 부위가 봉합된 경우 추가 수습 절차를 진행하지 않으며 그 상태 그대로 유지합니다. 봉합된 부분 외에서 혈이 흐르는 경우가 있어 조심스럽게 습을 진행해야 합니다.

염습 절차를 진행할 때 지도사가 가장 먼저 확인해야 하는 것이 바로 특이사항의 여부입니다. 기본적으로 위에 설명한 특이사항 이외에도 비강튜브나 위관튜브 등이 삽입되어있는 경우를 마주할 수 있어요. 이런 사항은 동물병원에서는 수술로 제거하는데, 염습 절차의 과정에서는 체내에 있는 부분을 제외한 체외에 보이는 부분까지만 제거하는 것이 가장 올바른 방법이에요. 염습은 안전하게 이차적인 부상이 없도록 진행해야 해요.

3 습의 순서와 방법

(1) 습의 순서

① 안쪽(누운 면 쪽) → 바깥쪽
② 후지 → 전지 → 몸통(배 → 가슴 → 등) → 얼굴 → 체외분비물

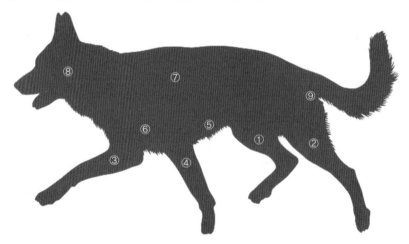

③ 세부 순서
　㉠ 다리 부분 : 허벅지 → 종아리 → 발 → 발바닥 → 발톱
　㉡ 머리 부분 : 코 → 입(혀 → 치아) → 볼 → 이마 → 귀 → 눈(눈꼽 → 감겨주기)

(2) 습의 방법

① 사람의 습과는 차이가 있습니다. 습이라고 해서 반려동물을 씻기거나 한지로 여미지는 않습니다. 일차적으로 사망 확인 절차 이후 최소한의 손길로 염습을 진행합니다. 물론 반려인이 요청할 경우 전체 빠짐없이 습의 절차를 진행합니다.
② 차를 타고 이동하였기 때문에 체내에 있던 뇨와 변, 혈과 복수 등이 흐를 수 있으므로 그 부분까지 확인하고 수습해야 합니다.

③ 털이 젖지 않도록 알코올 또는 정제수를 적당히 사용하고, 털이 너무 젖어있는 경우는 면 수건을 통해 털을 충분히 말립니다.

④ 아픈 아이들의 경우 오랜 시간 목욕을 하지 못한 경우가 있습니다. 이런 경우는 털이 너무 엉켜있거나 노화로 인해 빗질해도 털이 빠지는 경우가 많습니다. 이러한 부분을 제외하고는 꼼꼼히 빗질해줍니다.

⑤ 피부와 털의 소독약품과 혈, 복수 등으로 인한 착색을 제거하는 것은 매우 어렵지만, 소독약품의 경우는 알코올로, 혈의 경우는 정제수로 닦는 것이 착색제거에 가장 좋은 방법입니다.

사례

젊었을 때에는 사람 장례 회사(상조 및 장례식장)에서 근무했어요. 염습을 진행하는데 남은 가족들이 고인의 마지막을 좋게 기억하시기 위해 시신 메이크업을 진행합니다. 남자분의 경우 면도도 진행하고 왁스도 발라드리고, 여자분의 경우 화장품으로 메이크업도 진행한 후 마지막으로 성별에 맞는 향수를 꼭 뿌려드렸어요. 향수를 뿌린 이유는 삼베 수의에서 나는 냄새와 체외분비물의 냄새를 가리기 위해서였습니다.

호기로운 마음으로 반려동물 장례식장으로 이직을 하였고 염습을 진행하는 과정이었어요. 습을 진행하는 과정에서 체외분비물을 닦아주고 충분히 빗질을 진행하는데 한가지 마음에 걸리는 부분이 있었습니다. 바로 반려동물의 입 주변에 털이 반대쪽과는 다르게 입을 가리는 부분이었어요. 저는 사람 장례 시에 면도도 진행했고 원하시면 머리 커트 후 왁스로 스타일을 냈기에 그때의 기억으로 자연스럽게 가위를 들었습니다. 순간 옆에 계시던 선임지도사분께서 "너 혹시 아기 털 자르려고 하는 거냐?"고 물어보셨고, 저는 "네"라고 당당하게 대답했어요. 선임지도사분께서 "보호자들은 아이가 어떤 모습이든 그 아이를 사랑해주는 사람이다. 이제 다시는 보지 못하는데 그 털 한 가닥 한 가닥이 소중한 사람이다."라고 말해주셨어요. 그때는 반려인의 마음을 잘 이해하지 못하던 때로, 반려동물의 마지막 모습이 예뻐 보이게 커트 후 빗질하는 게 왜 잘못된 것인지를 이해하는 데 시간이 조금 걸렸고, 그날부터 조금씩 반려인을 이해하는 반려동물장례지도사가 되어갔다고 생각합니다.

4 염(렴)의 순서와 방법

(1) 반려동물의 염

사람의 경우 기본적으로 염이란 소렴과 대렴으로 나눠집니다. 소렴은 수의를 입복하는 절차, 대렴은 멧베 등을 이용하여 단단히 동여매는 절차입니다. 하지만 반려동물의 경우 단단히 동여매며 염을 진행하기보다는 반려동물의 생전 모습 그대로 습을 하고 수의를 입복하는 소렴절차에서 끝나는 것이 더 올바르다고 판단합니다. 또 수의를 입복하지 않는 경우도 있습니다.

(2) 수의의 종류에 따른 입복 방법

① 여미는 수의

㉠ 수의의 상태를 확인합니다(청결 상태 및 제작 마감의 상태).

㉡ 바닥 면을 기준으로 수의를 펼칩니다.

㉢ 반려동물을 바닥 면에 조심스럽게 눕힙니다.

㉣ 수의 안쪽 반려동물을 고정하는 띠를 여밉니다.

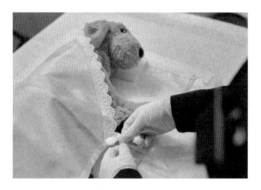

㉤ 입복 순서대로 수의를 덮습니다.

㉥ 수의를 고정하는 띠를 이용하여 리본을 여밉니다.

㉦ 수의 입복이 완료된 반려동물의 상태를 한 번 더 확인합니다.

② 입복하는 수의

    ㉠ 수의의 상태를 확인합니다(청결 상태 및 제작 마감의 상태).

    ㉡ 수의의 리본을 풀고 반려동물에게 입복하기 쉽게 접혀있는 면을 펼칩니다.

    ㉢ 반려동물의 바닥 면의 전지(앞다리)를 수의에 끼웁니다.

    ㉣ 바깥쪽 전지(앞다리)를 수의에 끼웁니다.

    ㉤ 반려동물을 조심히 안아준 상태로 수의를 반대편으로 넘깁니다.

    ㉥ 반려동물의 다리가 불편하지 않게 수의의 매무새를 잡습니다.

    ㉦ 등 쪽 부분의 띠를 확인하여 리본으로 여민 후 매무시를 한 번 더 확인합니다.

    ㉧ 발싸개를 전지(앞다리) 부분에 먼저 씌웁니다.

    ㉨ 전지(앞다리) 부분 수의가 발싸개 안에 들어가게 한 뒤 띠를 이용해 리본을 여밉니다.

    ㉩ 나머지 발도 발싸개를 입복합니다.

    ㉪ 모자는 반려동물의 머리를 조심히 든 상태에서 귀를 고정하여 씌웁니다.

5 입관의 순서와 방법

입관은 염습을 끝낸 사체를 관 속으로 안치하는 절차입니다. 관은 크게 매장용과 화장용 관이 있지만, 반려동물 장례의 경우 대부분 화장 절차로 진행되다 보니 두꺼운 매장용 관은 사용하지 않습니다. 관의 소재에는 향나무, 소나무, 편백나무 등이 있고, 이 나무들은 예로부터 매장용 관으로 사용되었으며, 화장 시 긴 시간이 소요됩니다. 또한, 관을 사용하지 않더라도 추모의 예식을 진행하기 위해 임시 운구함에 입관 절차를 진행합니다. 단, 임시 운구함은 종이 또는 합성수지 소재로 제작이 되었기 때문에 화장 절차 이후 불순물 또는 유골이 협착될 수 있어 화장 절차 시에는 되도록 함께 화장하지 않습니다.

(1) 입관 시 준비물

한지, 관, 베개

(2) 입관 진행 방법

① 입관을 준비하기 위해 관의 상태 확인합니다(더러움, 찍힘 등).
② 관의 천판(관 상짝)을 해체한 다음 관의 내부를 확인하고 청결 상태를 점검합니다.
③ 관의 바닥 면에 한지를 깔아서 정돈합니다.

㉠ 한지는 반려동물의 머리 부분이 향하는 쪽의 한지가 위쪽 방향으로 향하게 정돈합니다.
㉡ 한지는 접어서 바닥에 깔아주는데, 접힌 면이 반려동물의 등 쪽 방향으로 향하게 정돈합니다.

④ 관의 위치는 염습절차가 끝난 반려동물보다 낮은 곳에 두어 안치를 준비합니다.

⑤ 입관을 위해 반려동물의 머리, 목, 허리를 주의하며 안습니다. 이때 반려동물이 체격이 크고 키가 클 때에는 2명의 지도사가 함께 진행합니다.

⑥ 입관 시에는 반려동물의 다리를 관 안쪽으로 먼저 진입시키며 배, 등, 엉덩이, 머리 순으로 관의 바닥에 충격이 없도록 안전하게 안치합니다.

⑦ 입관이 완료된 반려동물이 편안한 자세를 유지할 수 있도록 정돈하고, 흐트러진 부분(털, 수의의 매무새 등)이 있는지 확인하고 한 번 더 정돈합니다.

⑧ 반려동물의 얼굴 부분에 한지로 준비한 베개를 받칩니다.

⑨ 수의를 입복하지 않는 반려동물은 얼굴이 확인될 수 있도록 한지를 덮어 정돈합니다.

안심Touch

추모의 절차 및 방법

추모(追慕)란 죽은 이를 그리며 생각한다는 뜻으로 의미로는 추도, 추념 등이 있습니다. 반려동물의 추모 절차는 화장 전 반려인과 가족이 최종적으로 반려동물의 형태를 마주하여 애도를 표현하는 가장 중요한 절차입니다.

1 추모실 기본 준비사항

추모실의 가장 중요한 준비사항은 격실의 청결 상태입니다. 추모실은 반려동물과 가족들만의 독립적인 공간이면서 장례를 치루기 위한 가족을 맞이하는 공간이므로 반려동물장례지도사는 항상 추모실의 청결 상태를 유지하고 준비과정에서 정확한 확인을 해야 합니다.

(1) 필수 준비사항

　　① 반려동물의 추모 제단
　　② 반려동물의 사진 또는 영상
　　③ **종교 용품**
　　　　㉠ 기독교 용품

ⓒ 천주교 용품

ⓔ 불교용품

④ 향과 초
⑤ 국화꽃

(2) 추가 준비사항

① 꽃 가위
② 반려동물의 털 보존용 밀봉 주머니
③ 발톱 깎기
④ 종이 그릇
⑤ 과도
⑥ 예비 간식

안심Touch

2 추모 용품의 위치

(1) 가운데
① 반려동물 안치 제단
② 반려동물의 추모 영상 또는 사진

(2) 우측
① 사료 및 간식
② 국화꽃
③ 꽃바구니 등

(3) 좌측
① 향로와 향
② 종교용품
③ 초
④ 반려동물의 장난감, 옷 등

3 추모의 순서와 방식

(1) 추모의 순서
① 추모실 입장
② 제단에 안치된 반려동물의 확인
③ 향 피우기
  향을 피우는 것은 종교와 무관하기 때문에 추모의 의미부여

④ 영정사진 및 반려동물의 사진을 보며 추억하기

    반려동물의 사진은 생애주기별 사진 또는 가족과 함께한 사진 등

⑤ 사료 및 간식을 함께 화장할 그릇에 배분하기

⑥ 꽃장식

    관 안에 꽃장식을 하는 경우

⑦ 편지 읽어주기 또는 편지 쓰기

⑧ 평소 하지 못했던 말해주기

⑨ 추모 절차의 마지막 식순으로 헌화하며 인사말 건네기

    ※ 종교예식은 반려인과 해당 가족들이 개별적으로 추모실에서 예식을 진행할 수 있습니다.

(2) 추모의 방식

추모는 절차와 방법이 아닌 반려인과 가족들이 독립적인 애도의 시간을 갖는 과정입니다. 장례 절차마다 추모의 방식은 모두 상이합니다. 그중 가장 중요한 부분은 담당하는 반려동물장례지도사가 추모실의 준비에서부터 추모 절차가 종료되는 시점까지 해당 가족들의 독립적인 추모 의식이 존중될 수 있도록 여러 가지 사항을 점검하며 안정된 추모 의식이 진행될 수 있도록 모든 사항을 세심하게 점검하는 것입니다.

사례

반려동물 장례에서 추모 절차에 참석하는 사람은 사망한 반려동물의 책임 보호자와 해당 가족 보호자 또는 해당 가족의 지인들이에요. 가족 중에서 종교를 가졌다면 종교의식을 직접 진행하기도 해요. 예를 들면 찬송가 및 연도(천주교식 장례 방법으로 연옥에 있는 이를 기리기 위한 기도)를 진행합니다. 또 한번은 불교 종교를 기반으로 장례 절차 진행 중 승려분이 직접 오셔서 사람 장례에서 진행되는 것처럼 사망한 반려동물을 위해 목탁을 치면서 염불을 하시고, 보호자와 가족에게 위로를 표현하신 사례도 있습니다.

Part

07

장법

1 화장 절차 의전

CHAPTER

1 운구의 이동 순서

반려동물 – 장례지도사 – 책임 보호자 – 반려가족 – 추모객

(1) 반려동물 : 입관된 경우 관, 입관이 되지 않은 경우는 임시 운구함

(2) 장례지도사 : 반려동물을 안고 이동

(3) 책임 보호자 : 반려동물의 가장 가까운 보호자

(4) 반려가족 : 반려동물의 가장 가까운 보호자의 가족

(5) 추모객 : 가족을 제외한 방문객

2 화장 절차의 순서

이관 운구 → 하관 운구 → 화도 운구 → 참관 의전 → 대기실 안내

(1) 이관 운구

① **천판(관 상짝) 시건 확인** : 추모실 절차에서 최종 헌화절차 마무리 후 천판을 닫습니다.

② **이관 동선 확인 및 안내** : 운구의 이동 순서를 설명하고 이동 방향을 안내합니다.

③ **이관 운구** : 입관된 관을 담당 장례지도사가 직접 안고 화장이 진행될 화장 참관실로 이동합니다.

(2) 하관 운구

① **1차 하관** : 화장 참관실로 장례지도사가 관을 안고 이동한 후 참관실 유리 사이로 반려동물을 확인할 수 있도록 화장로 앞에 준비되어있는 화장 준비 제단에 하관합니다.

② **천판 개관** : 참관실 밖(화장로 앞)에 있는 보조지도사는 입관된 관의 천판을 개관합니다.

③ **반려동물 확인** : 책임 보호자는 반려동물의 모습을 한 번 더 확인하고 마지막 인사시간을 가집니다.

④ **천판 입관** : 책임 보호자의 반려동물 확인 절차가 종료되면 보조지도사는 다시 천 판을 닫아 입관합니다.

(3) 화도 운구

① **화도 운구** : 보조지도사는 관을 안고 화장로 앞으로 이동합니다.

② **2차 하관** : 보조지도사는 화장로 화도 위로 관을 조심스럽게 하관하고, 하관이 완료된 상태(천판의 고정 상태)를 한 번 더 확인합니다.

③ **화장로 폐문** : 보조지도사는 화장로의 화도를 닫습니다.

④ 화장로 작동 및 점등 : 보조지도사는 화장시설을 작동시켜 화장 표시등을 점등시킵니다.

(4) 참관 의전

책임 보호자 및 해당 가족이 화장 절차(이관 운구, 하관 운구, 화도 운구)의 과정에 대하여 담당 장례지도사의 설명과 안내사항을 듣고 참관실에서 잠시 애도의 시간을 갖는 과정입니다.

(5) 대기실 안내

① 대기실 이동 : 담당 장례지도사는 책임 보호자와 해당 가족을 인솔하여 함께 화장 후 대기실로 이동합니다.

② 화장 관련 설명 : 대기실에 도착하면 담당 장례지도사는 화장 관련 내용을 안내합니다[화장 절차의 소요 시간, 다음 절차 안내, 건물 내 장소(화장실 등)].

3 화장 절차 시 주의사항

(1) 장례지도사 시점

① 이관 운구

운구의 순서와 이동 동선에 맞추어 보호자가 잘 이동하는지, 동선의 흐트러짐이 없는지 확인합니다.

② 하관 운구

㉠ 하관 시 충격 없이 하관되는지와 유리 사이로 반려동물의 확인이 가능한 위치에 하관이 되었는지를 확인합니다.

㉡ 책임 보호자 시점에서 반려동물의 최종 확인 시 안전사고가 발생하지 않도록 안내합니다.

㉢ 책임 보호자의 반려동물 확인이 종료되면 담당 장례지도사는 화장 절차 의전의 동의를 구합니다.

③ 화도 운구

㉠ 천판 입관이 잘 고정되었는지 확인합니다.

㉡ 2차 하관 시 안전하게 하관 및 안치가 되었는지 확인합니다.

㉢ 다시 한번 책임 보호자에게 화장 진행의 동의를 구한 후 화장로 폐문을 지시합니다.

㉣ 책임 보호자와 가족에게 화장의 시작을 알리는 점등에 대해 정확히 확인시킵니다.

④ 참관 의전

참관 의전이 진행되면 책임 보호자 및 해당 가족의 감정 상태와 안전을 확인합니다.

⑤ 대기실 안내

㉠ 대기실로 이동하기 전 책임 보호자 및 해당 가족의 사전 이동이 없도록 안내합니다.

㉡ 대기실로 이동하여 착석이 완료된 상황에서 감정 상태를 확인한 후 화장 관련 설명을 합니다.

㉢ 안내 내용 중 고지의무가 준수되었는지 한 번 더 확인합니다.

(2) 보조지도사 시점

① 이관 운구

㉠ 장례지도사와 보호자가 이동하기 전까지 화장로의 상태를 확인하고 정자세를 유지합니다.

㉡ 이관 운구의 이동이 확인되면 정중하게 인사합니다.

② 하관 운구

㉠ 담당 장례지도사와 마주하여 함께 관(임시 운구함)을 화장 준비 제단 위로 하관합니다.

㉡ 관의 천판을 열고 책임 보호자가 반려동물의 최종 확인이 잘 진행될 수 있도록 합니다.

㉢ 천판 개관 후 정자세를 유지합니다.

㉣ 천판 개관 및 천판을 닫는 경우 전체 입관 상태의 고정 여부를 주의 깊게 확인합니다.

③ 화도 운구

㉠ 정자세로 인사한 후 관(임시 운구함)을 조심스럽게 안고 화장로 앞으로 이동합니다.

㉡ 2차 하관 시에 충격이 없도록 하관합니다.

㉢ 하관 시 화도의 중앙을 기준으로 하관합니다.

② 하관이 완료된 상태(천판의 고정 상태)를 한 번 더 확인합니다.

⑩ 부장품(간식, 사료 등)을 확인하여 관의 옆 부분에 함께 놓습니다.

⑭ 책임 보호자 및 해당 가족의 확인이 완료되면 천천히 화장로의 화도를 폐문하고 참관실 방향으로 공수 인사 후 퇴장합니다.

4 화장시설

반려동물 장례식장은 화장 및 건조장 시설, 수분해장 시설을 설치할 수 있습니다. 그중 화장시설과 화장시설의 작동 방법을 숙지해야 하며 그 원리 또한 정확히 인지해야 합니다.

(1) 화장시설의 세부 명칭 및 기능

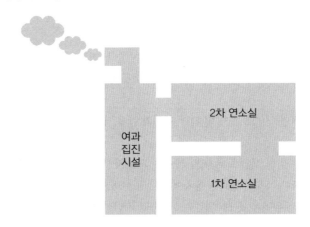

| 반려동물 사체 화장 진행 → 1차 연소(반려동물) → 2차 연소(1차 연소 물질) → 여과 집진 시설에서 여과 |

① 1차 연소실

　㉠ 반려동물을 화장하는 화장로입니다.

　㉡ 1차 연소실에서 개방되는 문(화도)을 열고 화장 절차 및 유골확인을 진행합니다.

　㉢ 1차 연소실에서 출력되는 화력으로 반려동물을 화장하며 온도는 800~850℃가 유지됩니다.

② 2차 연소실

　1차 연소실에서 반려동물 및 관, 부장품 등 화장을 진행할 때 발생하는 1차 연소 물질 및 연기를 화력으로 한 번 더 연소시키는 역할을 합니다.

③ 여과 집진 시설

　㉠ 여과란 가스나 액체 중에 있는 고체 입자를 분리하는 것으로 화장의 과정에서 발생하는 연기 및 분진 등을 여과하는 시설입니다.

　㉡ 분진이 발생하는 연소시설의 경우 꼭 설치해야 합니다.

(2) 화장시설 작동

① 화장시설 작동 컨트롤 박스

② **화장시설 작동 방법**

> 화장로 화도 폐문 → 여과 집진기 가동 → 화장로 메인 팬 가동 → 2차 연소실 점화 → 1차 연소실 점화 → 1차, 2차 연소실 자동화 → 1차 연소실 소화 → 2차 연소실 소화 → 화장로 냉각 → 화장로 개방

㉠ 화장로 화도 폐문 : 화장시설이 작동되기 전 화장로의 화도를 닫아야 합니다.

㉡ 여과 집진기 가동 : 여과 집진기를 첫 번째로 작동시킵니다.

㉢ 화장로 메인 팬 가동 : 연소 물질이 1차에서 2차, 집진 시설로 이동할 수 있게 메인 팬을 작동시킵니다.

㉣ 2차 연소실 점화 : 1차에서 발생한 연소 물질이 2차 연소실에서 연소될 수 있도록 점화시킵니다.

㉤ 1차 연소실 점화 : 반려동물의 화장이 시작될 수 있도록 1차 연소실을 점화시킵니다.

㉥ 1차, 2차 연소실 자동화 : 1차와 2차의 온도가 정확히 유지될 수 있도록 자동화를 시킵니다.

㉦ 1차 연소실 소화 : 반려동물의 화장이 종료되면 1차 연소실을 소화시킵니다.

㉧ 2차 연소실 소화 : 1차 연소실 소화 이후 2차 연소실을 소화시킵니다.

㉨ 화장로 냉각 : 화장로의 화도 개문이 가능한 기점인 400℃ 이하가 될 때까지 자연 냉각시킵니다.

㉩ 화장로 개방 : 1차 연소실 온도가 400℃ 이하로 내려가면 화장로 화도를 개방합니다.

유골의 수습

2
CHAPTER

1 유골확인

화장이 종료된 후 화장로 화도 문을 개방하여 유골 형태 그대로의 모습을 책임 보호자와 해당 가족들이 가장 먼저 확인할 수 있도록 하는 식순입니다. 화장종료 여부와 개별 화장의 여부를 확인하는 방법으로 진행되며, 책임 보호자와 해당 가족들의 정서와 성향(참관하여 시각적으로 판단해야 하는 사유로 인해)에 따라 유골확인 절차를 참여하지 못하는 경우 담당 장례지도사가 책임 보호자에게 위임받아 대리 참관으로 유골확인 절차를 진행합니다.

(1) 유골확인 절차 준비물

고글(보안경), 방진 마스크, 방열 장갑

(2) 유골확인 절차

> 화장종료 → 화장로 화도 개방 → 유골확인 참관 → 대기실 이동

① 화장종료

    ⊙ 화장로 운전 소화 및 화장 표시등 소등 : 화장종료 후 화장로의 온도가 400℃ 이하로 냉각 중이며 화장 표시등이 소등되는 과정입니다.

    ⓛ 화장종료 안내 : 담당 장례지도사는 대기실에서 대기 중인 책임 보호자 및 해당 가족에게 화장의 종료를 알립니다.

    ⓒ 참관실 이동 : 책임 보호자 및 해당 가족을 참관실로 이동시킵니다.

② 화장로 화도 개방

    보호자의 유골확인 절차를 위해 닫혀있던 화장로 화도를 개방합니다.

③ 유골확인 참관

    ⊙ 참관 의전 : 개방된 화도 위의 반려동물의 유골을 확인하는 과정입니다.

    ⓛ 유골 설명 : 반려동물의 유골의 방향 및 화장종료 상태의 특이사항에 대하여 설명합니다(유골 및 개별 화장 여부 설명, 수골과 분골 과정 설명, 다음 절차 안내).

④ 대기실 이동

    유골수습 절차의 수골과 분골이 진행되는 시간 동안 다시 대기실로 안내합니다.

(3) 유골확인 절차 시 주의사항

① 장례지도사 시점

　㉠ 화장종료

　　• 유골확인 절차 시작 전 반드시 화장시설의 1차, 2차 연소실의 점화상태를 소화상태로 작동시켰
　　　는지 확인합니다.

　　• 책임 보호자와 해당 가족에게 유골확인 절차 참관 여부를 확인합니다. 대리 참관 또는 가족 중
　　　대표 보호자 한 명만 참관할 수 있음도 설명합니다.

　　• 누락된 짐을 확인한 후 참관실로 안내합니다.

　㉡ 화장로 개방

　　• 개방하는 화장로 화도가 해당 반려동물의 화장로가 맞는지 한 번 더 확인합니다.

　　• 화장로 화도의 개방 시 유골확인을 참관하는 책임 보호자와 해당 가족의 감정 상태를 확인합니다.

　㉢ 유골확인 참관

　　책임 보호자 및 해당 가족에게 화장 절차가 종료된 모습을 확인시킨 후 유골에 관해 설명합니다.

　㉣ 대기실 안내

　　수골과 분골 절차가 진행되는 과정과 소요 시간을 설명한 후 다시 대기실로 안내합니다.

② 보조지도사 시점

　㉠ 화장종료

　　• 유골확인 절차 시작 전 반드시 화장시설의 1차, 2차 연소실의 점화상태를 소화상태로 작동시켰
　　　는지 확인합니다.

　　• 책임 보호자와 해당 가족이 참관실로 도착하기 전까지 공수 자세를 유지합니다.

　㉡ 화장로 개방

　　• 개방하는 화장로 화도가 해당 반려동물의 화장로가 맞는지 한 번 더 확인합니다.

　　• 천천히 화장로 화도를 개방합니다.

　㉢ 유골확인 참관

　　책임 보호자 및 해당 가족이 유골확인 참관을 할 때 시야에 간섭이 없도록 하며 공수 자세를 유지
　　합니다.

 사례

화장 절차 종료 후 유골확인 참관 절차에서 보호자가 지도사에게 유골확인과 관련한 질문을 하는 경우가 간혹 있어요. '반
려동물의 유골의 방향이 바뀐 것 같다', '다리의 방향이 왼쪽에 있었는데 반대 위치로 보인다' 등 유골의 움직임에 대한 질
문들로, 이는 화장 시에 발생하는 근육의 수축 현상과 관련이 있어요. 화장 시 근육이 열과 화점에 의해 부피가 감소하는
데, 이때 복부의 표피와 근육의 수축으로 옆으로 뻗어있던 다리가 점차 위로 세워져요. 이러한 현상이 심하면 누워있던 자
세에서 다리 한쪽이 반대 방향으로 넘어가는 경우도 생겨요. 특히 복부에 근육이 많거나 복부의 표피가 등 쪽보다 널리
분포된 중·대형 강아지와 고양이에게 많이 일어납니다. 그 외에도 화점이 복부에 먼저 닿는 등 여러 경우가 있으므로 이
런 지식을 숙지하여 충분한 설명과 안내를 통해 정확한 유골확인이 진행될 수 있도록 해야 합니다.

화장 절차 종료 후 유골확인 참관 절차에서 반려동물의 유골 일부를 분골하지 않은 상태로 보존을 원하는 보호자도 있어요. 이때, 가장 많이 요청하는 부분은 반려동물의 이빨입니다. 하지만, 이빨은 화장 절차 종료 후 시점에서 확인해 보면 안쪽의 비어있는 공간으로 인해 유골의 수습 시에도 부서지는 경우가 많고, 잇몸뼈 안쪽에 이빨의 뿌리가 들어가 있어 이빨만 완전히 분리하기는 어려워요. 이는 유골 상태의 보존을 준비하는 과정에서 주의해야 할 사항입니다.

2 수골과 분골의 과정

(1) 수골(收骨)

화장 후 남은 뼈(유골)를 거둔다(수습한다)는 뜻입니다. 말 그대로 화장이 끝난 반려동물의 유골을 수습하는 과정을 수골이라고 명칭합니다. 화장이 종료된 유골은 수분이 일시적으로 고열에서 건조된 상태로 형태가 쉽게 깨지거나 움직임에 따라 무너지는 경향이 있습니다. 이러한 부분을 유의하여 수골을 진행합니다.

① 수골 과정의 준비물

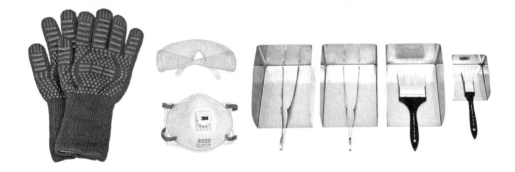

고글(보안경), 방진 마스크, 방열 장갑, 수골 핀셋, 수골 붓, 수골 트레이

② 수골 과정 순서

   ㉠ 1차 유골확인 : 수골을 어떻게 진행할지에 대해서 예상하고 유골의 분포를 확인합니다.

   ㉡ 핀셋 수골 : 핀셋으로 큰 유골(두개골, 다리, 척추)을 조심히 수습하여 수골 트레이에 담습니다.

   ㉢ 2차 유골확인 : 핀셋 수골을 종료한 후 유골의 분포를 다시 확인합니다.

   ㉣ 붓 수골 : 잔여 유골을 붓으로 빠짐없이 수습합니다.

   ㉤ 3차 유골확인 : 핀셋 수골과 붓 수골을 종료 후 남김없이 수골하였는지 다시 한번 확인합니다.

   ㉥ 수골 종료

(2) 분골(粉骨)

뼈를 가루로 만든다는 뜻입니다. 수골 과정에서 수습한 유골을 골분형태로 만드는 것을 말하며, 기계를 사용해 분골할 경우 유실되는 유골이 많아 쇠 절구와 쇠 공이로 하는 것이 올바른 방식입니다.

① 분골 과정의 준비물

고글(보안경), 방진 마스크, 쇠 절구와 쇠공이, 고무판, 합화지, 밀봉 주머니, 밀봉기, 한지

② 분골 과정 순서

㉠ 유골 합화 : 수습된 유골을 쇠 절구 안으로 합화합니다.

㉡ 분골 진행 : 분골 과정 중 유실되는 유골이 없도록 주의하여 분골을 진행합니다.

ⓒ 분골 종료

ⓔ 골분 합화 : 분골 종료 후 쇠공이(절구) 안쪽에 위치한 골분을 합화지(유골이 골분이 되었을 때 밀봉 주머니로 담기는 과정에서 사용되는 용지) 위로 합화시킵니다.

ⓜ 밀봉 진행 : 합화지 위에 있는 골분은 밀봉 주머니에 담은 후 밀봉기로 밀봉을 진행합니다.

(3) 수·분골의 참관

① 수 · 분골 참관의 이유

책임 보호자 및 해당 가족이 유골수습 과정을 확인하기 위해 참관을 진행합니다. 책임 보호자의 요청의 따라 수골의 참관까지만 진행되는 경우도 있습니다.

② 수 · 분골 참관을 위한 준비 방법

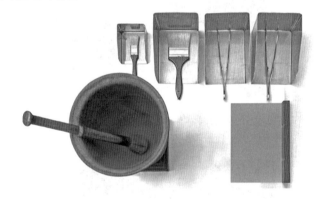

수 · 분골 참관의 준비물은 '유골확인, 수골, 분골의 과정'의 준비 상태와 동일합니다. 참관 트레이를 기준으로 '동, 서, 남, 북' 기준으로 설명하겠습니다.

ⓐ 참관 트레이 북쪽에는 수골 트레이, 수골 핀셋, 수골 붓을 준비합니다(담는 방향이 보조지도사를 향하도록 준비).

ⓑ 참관 트레이 남서쪽에는 분골을 진행하기 위한 고무판, 쇠 절구와 쇠 공이를 합하여 준비합니다.

ⓒ 참관 트레이 남동쪽에는 분골 후 골분을 담을 합화지를 준비합니다.

ⓓ 참관 트레이 외 보조 트레이에는 밀봉기와 밀봉 주머니를 준비합니다.

③ 수 · 분골 참관 진행 방법

화도 개방		보조지도사2는 화장로 화도 개방 후 반대편에서 공수 자세 유지
수골 준비		보조지도사1이 보조지도사2에게 수골 트레이와 핀셋을 각각 넘김
핀셋 수골		보조지도사1과 2가 조심스럽게 유골의 수골 절차 진행
붓 수골		보조지도사2는 붓으로 남은 유골을 빠짐없이 수습

화도 폐문		보조지도사1이 확인 후 보조지도사2는 화장로 화도 폐문
유골 합화		보조지도사1은 수골 트레이에 있는 유골을 붓으로 빠짐없이 쇠 절구에 합화
분골 진행		보조지도사2는 작은 수골 트레이와 붓을 들고 보조지도사1 옆에서 대기
분골 종료		보조지도사1이 분골이 끝나면 쇠 공이를 보조지도사2에게 넘김
골분 합화		보조지도사1은 쇠 절구를 책임 보호자와 해당 가족을 마주 보는 방향으로 기울여 합화지 위에 골분을 합화

밀봉 진행		보조지도사1은 합화된 골분을 밀봉 주머니에 담음
수·분골 참관 종료	 	보조지도사1과 2는 함께 공수 자세로 인사 (수·분골 절차 마무리)한 후 보조지도사1은 밀봉이 완료된 유골을 장례지도사에게 인계

(4) 수·분골 참관 진행 시 주의사항

① 장례지도사 시점

수·분골 참관 시 장례지도사는 전체 과정을 책임 보호자 및 해당 가족에게 설명하며 안정적으로 유골의 수습부터 분골 과정까지 진행하는 역할을 합니다.

㉠ 화도 개방

- 개방하는 화장로 화도가 해당 반려동물의 화장로가 맞는지 한 번 더 확인합니다.
- 화장로 화도의 개방 시 유골확인을 참관하는 책임 보호자와 해당 가족의 감정 상태를 확인합니다.
- 책임 보호자 및 해당 가족에게 수·분골 참관의 전체 과정을 진중하게 설명합니다.

㉡ 수골 준비

수골의 진행 방식을 한 번 더 책임 보호자와 해당 가족이 이해할 수 있도록 진중히 안내합니다.

㉢ 핀셋 수골

핀셋으로 수골된 반려동물의 유골을 수골 참관 트레이 위에 안치하며 수습된 유골을 책임 보호자와 해당 가족에게 확인시켜 드립니다.

ⓔ 붓 수골

보조지도사1, 2가 수골 붓으로 빠짐없이 수골을 진행하는지 책임 보호자와 해당 가족과 함께 확인합니다.

ⓜ 화도 폐문

책임 보호자와 해당 가족에게 수골 절차 종료 안내 후 화도 폐문과 분골 과정을 진중히 설명합니다.

ⓗ 유골 합화

- 수골 절차를 통해 수습된 유골을 쇠 절구 안쪽으로 합화를 설명합니다.
- 유골 합화 과정에서 쇠 절구로 유골 합화가 정확히 이뤄지는지 확인합니다.

ⓢ 분골 진행

- 분골 절차 시 발생할 수 있는 특이사항 중 '유골의 튐'(분골 과정에서 작은 유골 조각이 튀는 현상)을 예시 내용으로 책임 보호자와 해당 가족에게 설명합니다.
- 분골 과정 동안 책임 보호자 및 해당 가족의 감정 상태를 확인합니다.

ⓞ 분골 종료

책임 보호자와 해당 가족에게 분골 과정의 종료를 고지 안내 후 다음 절차(골분 합화)를 설명합니다.

ⓩ 골분 합화

쇠 절구 안의 골분이 합화지 위로 안착(쇠 절구에 골분을 합화지로 이동)하는 과정을 확인합니다.

ⓒ 밀봉 진행

책임 보호자와 해당 가족에게 골분의 밀봉 목적을 설명합니다.

ⓚ 수 · 분골 참관 종료

밀봉된 유골을 인계받아 책임 보호자와 해당 가족에게 수 · 분골 절차 참관 종료를 고지 후 함께 대기실로 이동합니다.

② **보조지도사1 시점**

수 · 분골 참관 시 보조지도사1은 수골과 분골을 실질적으로 이행하며 담당하는 역할을 합니다.

㉠ 화도 개방

- 개방하는 화장로 화도가 해당 반려동물의 화장로가 맞는지 한 번 더 확인합니다.
- 수골 절차 진행 전 유골의 분포를 확인하고 수습 진행 과정을 예상합니다.

㉡ 수골 준비

수골 핀셋과 수골 트레이를 보조지도사2에게 넘겨주며 수골 진행의 전반적인 방향을 알립니다.

- "두개골을 수습하는 동안 잠시 대기 부탁드립니다."
- "두개골이 제 방향에서 멀리 있어 보조지도사2가 수습 후 인도 부탁드립니다."

㉢ 핀셋 수골

- 수골 진행으로 인해 반려동물의 두개골(머리뼈)의 형태가 깨짐 현상이 생기지 않도록 조심스럽게 수습합니다.
- 수습된 두개골은 되도록 수골 참관 트레이에 단일화해 조심스럽게 안치해 참관실에서 확인이 이루어질 수 있도록 합니다.
- 보조지도사2가 수습한 유골(수골 트레이)을 인계받아 수골 참관 트레이에 안치합니다.

ⓔ 붓 수골
  • 수골 과정의 순서에서 설명한 붓 수골의 방법으로 수골을 진행합니다.
  • 수골 붓으로 수골된 유골도 같이 수골 참관 트레이에 조심스럽게 안치해 참관실에서 확인이 이루어질 수 있도록 합니다.
ⓜ 화도 폐문
  수골 절차 종료를 장례지도사에게 알린 후 보조지도사2에게 화장로 화도 폐문을 지시합니다.
ⓗ 유골 합화
  수골 트레이를 쇠 절구 안쪽으로 조심스럽게 기울여 유골을 합화합니다.
ⓢ 분골 진행
  분골 진행 시 쇠 공이 진행 방향에 따라 쇠 절구 안쪽에서 유골의 튐 현상을 주의하여 진행합니다.
ⓞ 분골 종료
  분골 절차가 종료된 것을 장례지도사에게 알립니다.
ⓩ 골분 합화
  • 분골 절차 마무리 후 쇠 절구 안의 골분을 합화지 위로 안착 이동시킵니다.
  • 쇠 절구 안의 골분이 합화지 위로 안착(쇠 절구의 골분을 합화지로 이동)하는 과정을 확인합니다.
ⓧ 밀봉 진행
  • 합화지 위에 있는 골분을 빠짐없이 밀봉 주머니 안으로 이동시킵니다.
  • 한 번 더 합화지 위에 유골분이 있는지 확인한 후 밀봉을 진행합니다.
ⓚ 수 · 분골 참관 종료
  보조지도사1은 공수 자세로 인사(수 · 분골 절차 마무리)한 후 밀봉이 완료된 유골을 장례지도사에게 인계합니다.

③ 보조지도사2 시점
  수 · 분골 참관 시 보조지도사2는 보조지도사1의 수골과 분골 절차의 보조 역할을 합니다.
  ㉠ 화도 개방
  • 개방하는 화장로 화도가 해당 반려동물의 화장로가 맞는지 한 번 더 확인합니다.
  • 수골 절차 진행 전 유골의 분포를 확인하고 수습 진행 여부를 예상합니다.
  ㉡ 수골 준비
  수골 핀셋과 수골 트레이를 보조지도사1에게 인계받으며 수골 진행의 전반적인 방향 확인
  • "두개골을 수습하는 동안 잠시 대기 부탁드립니다."
  • "두개골이 제 방향에서 멀리 있어 보조지도사2가 수습 후 인도 부탁드립니다."
  ㉢ 핀셋 수골
  • 수골 진행으로 인해 반려동물의 유골의 형태에 깨짐 현상이 생기지 않도록 조심스럽게 수습합니다.
  • 수골 트레이를 보조지도사1에게 인계합니다.
  ㉣ 붓 수골
  붓으로 수골을 진행하며 전체 유골의 빠짐이 없이 수골되었는지 한 번 더 확인합니다.

ⓜ 화도 폐문

수골 절차 종료 후 보조지도사1의 지시를 확인하고 화장로 화도를 폐문합니다.

ⓗ 유골 합화

• 유골이 합화 후 나오는 비워진 수골 트레이를 인계받아 정리합니다.

• 유골 합화 과정에서 쇠 절구로 유골 합화가 정확히 이뤄지는지 확인합니다.

ⓢ 분골 진행

• 수골 트레이와 붓을 들고 보조지도사1 옆에서 대기하면서 분골이 진행되는 동안 유골의 튐 현상을 주의 깊게 확인합니다.

• 유골의 튐 현상이 확인된 경우 준비한 수골 트레이와 붓으로 조심히 수골하여 쇠 절구 안으로 다시 합화시킵니다.

ⓞ 분골 종료

분골이 종료되면 들고 있던 붓과 트레이를 정리하고 쇠 공이를 인계받을 준비를 합니다.

ⓩ 밀봉 진행

밀봉 주머니와 밀봉기를 준비합니다.

ⓧ 수·분골 참관 종료

보조지도사2는 보조지도사1과 함께 공수 자세로 인사합니다(수·분골 절차 마무리).

3
CHAPTER

유골함 봉안과 봉안당 및 자연장

1 유골함 봉안 절차

분골 상태 확인 → 밀봉 상태 확인 → 유골함 확인 → 유골 봉안 → 마감 의전

(1) 분골 상태 확인

① **분골 확인** : 수 · 분골 절차의 과정을 참관하지 않은 책임 보호자와 해당 가족에게 확인시키는 절차입니다.
② **입자확인** : 분골 기계를 사용하지 않고 쇠 절구와 쇠 공이를 이용하여 장례지도사가 분골 이후 관찰되는 골분 입자의 차이를 설명합니다.

(2) 밀봉 상태 확인

분골 절차 종료 후 골분을 밀봉한 목적을 설명하고 책임 보호자와 해당 가족에게 밀봉 상태를 확인시킵니다.

(3) 유골함 확인

책임 보호자와 해당 가족에게 유골함의 내·외부 상태를 확인시킵니다.

(4) 유골 봉안

① **상측 열기** : 유골을 안치하기 위해 유골함의 상측(뚜껑)을 열어줍니다.

② **내부 확인** : 유골함의 내부를 장례지도사가 한 번 더 확인합니다.

③ **밀봉 주머니 이동** : 밀봉 주머니를 조심히 양손으로 유골함의 입구까지 이동시킵니다.

④ **밀봉 주머니 안치** : 밀봉 주머니가 최대한 접히지 않도록 조심하며 유골함의 바닥 면까지 조심히 안치합니다.

⑤ **밀봉 주머니 안치 재확인** : 유골함 내 밀봉 주머니가 잘 안치되었는지 확인합니다.

⑥ **상측 닫기** : 안치 재확인을 마치고 유골함의 상측을 닫습니다.

※ 각 유골함별 포함된 용품에 따라 안치방법이 상이합니다. 그 부품의 여부와 상관없이 위와 동일한 절차로 진행됩니다.
   예 2중 상측 유골함, 유골 수의 포함 유골함 등

(5) 마감 의전

봉안된 유골함을 보다 안전하게 이동하기 위해 '유골함 보(유골함 감싸주는 보자기)'로 여밉니다.

유골함을 인도하는 과정에서 주의해야 할 사항이 있어요. 그것은 바로 봉안된 유골함을 보호자에게 인도하는 시점에서 보호자가 안전하게 인도받을 수 있는 상황인지 담당 지도사로서 미리 체크하는 것이에요. 사람 유골함에 비하면 반려동물 유골함은 크기가 작고, 유골함을 보호자에게 인도하는 과정에서 실수가 발생했을 때 유골함의 파손으로 인해 밀봉된 유골의 손실이 있을 수 있어요. 손실된 유골은 다시 밀봉할 수 없을 정도로 미세한 입자이기 때문에 담당 지도사의 실수로 인해 돌이킬 수 없는 상황이 발생하고, 큰 문제가 될 수 있습니다. 이런 변수 사항에 대해서도 미리 예견해서 절차의 종료 시점까지 항상 주의해야 해요.

2 봉안당의 절차 및 방법

(1) 봉안시설

봉안당(奉安堂), 납골당(納骨堂)으로 불리며, 매장하지 않고 화장한 유골을 유골함에 봉안하여 독립된 봉안 위치에 안치하는 시설입니다.

(2) 봉안시설의 종류

① 분묘의 형태로 만들어진 봉안묘, 건축물인 봉안당, 탑의 형태로 된 봉안탑, 벽과 담의 형태로 된 봉안담이 있습니다.
② 반려동물의 봉안시설은 대부분 건축물인 봉안당이며 우리나라에서는 대부분 반려동물 장례식장 시설 내부에 위치해 있습니다. 장례식장마다 안치 · 약정기간 및 관리비 등이 상이합니다.
③ 독립적인 반려동물 전용 봉안시설(봉안당)은 아직 없습니다.

(3) 봉안당 안치절차

봉안당 위치확인 → 봉안당 계약서 작성 → 봉안당 청결 상태 확인 → 유골함 안치 → 봉안당 이용 설명 → 봉안 안치절차 종료

① **봉안당 위치확인** : 유골함을 안치할 봉안당의 봉안 위치를 확인합니다.
② **봉안당 계약서 작성**
　㉠ 계약 및 약관 설명 : 봉안당에 유골함을 안치하기 전 계약 기간 및 비용에 대해 안내합니다.
　㉡ 계약서 작성 : 봉안당 계약 체결 이후 계약서는 해당 장례식장과 책임 보호자 각각 한 부씩 발급 후 보관합니다.
③ **봉안당 청결 상태 확인** : 봉안당에 안치하기 전 청결 상태를 확인 후 봉안당을 재정비합니다.

④ 유골함 안치

　　㉠ 안치 여부 확인 : 유골함을 책임 보호자의 직접 안치 또는 장례지도사의 대리 안치의 여부를 확인
　　　합니다.

　　㉡ 유골함 이동 : 유골함을 조심히 안고 봉안당 위치로 이동합니다.

　　㉢ 유골함 안치 : 유골함을 봉안당 바닥에 충격을 최소화하여 안치합니다.

⑤ 봉안당 이용 설명

　　봉안당 이용시간, 명패 등의 제작 기간, 이용수칙 등을 안내합니다.

> • "이용시간은 9시 00분~18시 00분입니다."
> • "생화 및 간식 등은 벌레가 생길 수 있어 자제 부탁드립니다."
> • "생화 및 간식이 있을 시에는 3일 안으로 회수 및 폐기 예정입니다."

⑥ 봉안 안치절차 종료

　　책임 보호자 및 해당 가족과 봉안당에 안치된 반려동물을 위해 애도의 시간을 드리며 봉안 안치절차
　　를 종료합니다.

3 자연장의 절차 및 방법

(1) 자연장

① 자연장(自然葬)이란 화장한 유골의 골분을 수목 · 화초 · 잔디 등의 밑이나 주변에 매장해 장사하는
　것을 말하며, 동물장묘업에는 아직 자연장이 적용되지 않습니다.

②「장사 등에 관한 법률」 제10조 자연장의 방법에서는 자연장을 하기 위해서 일단 골분상태, 즉 분골된
　상태여야 하며, 매장해 장사하는 방법에는 생화학적으로 분해가 가능한 용기로 준비되어야 한다고
　규정하고 있습니다.

③ 세부적으로는 지면으로부터 30cm 이상의 깊이에 골분을 매장하고, 유골함(생화학적 분해)을 사용하
　지 않을 경우 토양과 골분을 혼합하여 진행해야 하며, 다른 유품을 같이 매장해서는 안 됩니다.

(2) 자연장의 종류

① 자연장에는 수목장, 화초장, 잔디장이 있습니다.

② 수목장은 나무 한 그루 주변으로 10~50구 정도 안치하는 방법과 나무 한 그루를 구매하여 독립적으로 안치하는 것이 있고, 가격은 위치와 나무의 크기에 따라 상이합니다.

(3) 자연장 절차

① 유골함을 사용한 자연장

> 안치 위치확인 → 굴토(토양을 파는 행위) → 계약서 작성 → 추모 절차 → 유골함 안장 → 취토(의례 의식) → 평토(매장 위 토양을 평탄화하는 행위) → 이용안내 설명

㉠ 안치 위치확인

순서대로 안치되는 경우는 이 부분을 생략합니다. 자연장 안치의 위치는 장례식장마다 다르고, 책임 보호자 및 해당 가족이 원하는 위치로 정해야 할 때는 안치할 위치를 정하고 확인해야 합니다.

㉡ 굴 토

- 책임 보호자 및 해당 가족의 반려동물을 자연장할 위치에 구굴기를 이용하여 토양을 미리 굴토 합니다.
- 평균적인 수목장의 넓이(지름)는 15cm, 높이는 50cm이지만, 높이는 장례식장마다 상이하며 대체로 30~50cm 사이입니다.

㉢ 계약서 작성

- 계약 및 약관 설명 : 안치하기 전에 기간 및 비용에 관하여 책임 보호자 및 해당 가족에게 안내 합니다.
- 계약서 작성 : 계약 체결 이후 계약서는 해당 장례식장과 책임 보호자가 각각 한 부씩 보관합니다.

㉣ 추모 절차

- 자연장할 위치의 이동식 제단을 임시로 마련한 후 그 위에 유골함을 안치합니다.
- 안장 전 책임 보호자 및 해당 가족의 마지막 인사를 진행할 수 있도록 도움을 드립니다.

㉤ 유골함 안장

- 한지 하측 안장 : 유골함 안장 전에 장례지도사는 굴토된 땅의 바닥 면에 얇은 한지를 먼저 안장합니다.
- 유골함 안장 : 반려가족 중 대표 보호자님께서 안장하실지 확인 후 안장을 진행합니다.
- 한지 상측 안장 : 유골함 안장을 확인시켜드린 후 한지를 다시 덮습니다.

㉥ 취 토

- 유골함 안장 후 책임 보호자 및 해당 가족 모두 한 분씩 모종삽으로 흙을 취토합니다. 이때 취토의 순서는 운구의 순서와 동일하고, 한 삽의 흙을 세 번에 나눠 진행합니다.

Ⓢ 평 토

취토 절차 후 비어있는 공간에 장례지도사가 직접 토양을 평탄화하는 평토 작업을 진행합니다.

ⓞ 이용안내 설명

장례식장마다 자연장지 이용시간, 수목 표찰 및 명패의 제작 기간, 이용수칙 등을 안내합니다.

> "생화 및 간식은 자연장 추모실 등에서 이용해주시고 다른 생화 또는 수목을 설치할 수 없습니다."
> ※ 표찰의 경우 나무 표찰과 대리석(와비)이 있습니다. 대리석은 설치하는 비용이 따로 발생 하 며 장례식장마다 상이합니다.

② 유골함을 사용하지 않는 자연장

> 안치 위치확인 → 굴토 → 계약서 작성 → 추모 절차 → 골분 혼합 → 골분 안장 → 평토 → 이용안 내 설명

㉠ 안치 위치확인

순서대로 안치되는 경우는 이 부분을 생략합니다. 자연장 안치의 위치는 장례식장마다 다르고, 책 임 보호자 및 해당 가족이 원하는 위치로 정해야 할 때는 안치할 위치를 정하고 확인해야 합니다.

㉡ 굴 토

- 책임 보호자 및 해당 가족의 반려동물을 자연장할 위치에 구굴기를 이용하여 토양을 미리 굴토 합니다.
- 평균적인 수목장의 넓이(지름)는 15cm, 높이는 50cm이지만, 높이는 장례식장마다 상이하며 대체로 30~50cm 사이입니다.

㉢ 계약서 작성

- 계약 및 약관 설명 : 안치하기 전에 기간 및 비용에 관하여 책임 보호자 및 해당 가족에게 안내 합니다.
- 계약서 작성 : 계약 체결 이후 계약서는 해당 장례식장과 책임 보호자가 각각 한 부씩 보관합니다.

㉣ 추모 절차

- 자연장할 위치의 이동식 제단을 임시로 마련한 후 그 위에 유골함을 안치합니다.
- 안장 전 책임 보호자 및 해당 가족의 마지막 인사를 진행할 수 있도록 도움을 드립니다.

㉤ 골분 혼합

- 장례지도사는 안치 위치에 한지를 준비하여 토양과 골분을 혼합합니다.
- 사람의 경우 마사토(숙성된 상토)와 함께 혼합하는 경우도 있습니다.

㉥ 골분 안장

혼합된 골분을 책임 보호자 및 해당 가족 모두가 모종삽을 이용하여 굴토된 자리에 골분을 안장 합니다.

Ⓢ 평 토

취토 절차 후 비어있는 공간에 장례지도사가 직접 토양을 평탄화하는 평토 작업을 진행합니다.

◎ 이용안내 설명

장례식장마다 자연장지 이용시간, 수목 표찰 및 명패의 제작 기간, 이용수칙 등을 안내합니다.

> "생화 및 간식은 자연장 추모실 등에서 이용해주시고 다른 생화 또는 수목을 설치할 수 없습니다."
>
> ※ 표찰의 경우 나무 표찰과 대리석(와비)이 있습니다. 대리석은 설치하는 비용이 따로 발생하며 장례식장마다 상이합니다.

차량 서비스

사람의 경우 장례식장에서 운구 서비스라는 말을 많이 사용합니다. 운구(運柩)란 시신을 넣은 관을 운반하는 것을 말하기에 반려동물 장례식장에서는 운구 서비스보다는 차량 서비스라고 하는 것이 올바른 표현입니다. 이런 차량 서비스에는 반려동물과 보호자가 함께 탑승하여 장례식장으로 이동하는 차량 운구 서비스, 반려동물만 장례식장에 도착하여 장례를 진행하는 위탁 운구 장례서비스, 이미 매장한 반려동물의 화장을 위한 개장 파묘 운구 서비스가 있습니다.

1 차량 운구 서비스

차량 운구 서비스는 차량이 준비되지 않은 책임 보호자가 요청하는 서비스로 반려동물과 반려인의 탑승을 위한 승용차 및 승합차를 준비합니다. 장례식장까지 지역에 따른 거리별 금액이 상이하며 편도이용 및 왕복 이용이 가능합니다.

(1) 차량 운구 서비스 준비물

임시 운구함, 대형 반려동물 전용 사체낭(가방 형태), 기초 염습 도구, 보호자 편의용품

(2) 차량 운구 서비스 매뉴얼

① **차량 도착 지역 확인 및 도착시간 확인**
  ㉠ 주소지 확인 : 반려인의 차량 탑승 요청지를 확인합니다.
  ㉡ 도착시간 예상 및 체크 : 차량 도착시간을 예상합니다.

② **준비물 확인**
  차량 운구 서비스의 준비물을 확인합니다.

③ **예상 도착시간 유선 안내**
  장례지도사는 차량 출발 전 요청지의 예상 도착시간을 책임 보호자에게 안내합니다.

④ **도착시간 지연 시 다시 유선 안내**
  도로상황에 따라 도착시간이 지연될 경우, 책임 보호자에게 지연 시간을 안내합니다.

⑤ **도착 후 안내**
  차량 운구 서비스 요청지 및 도착 장소에서 책임 보호자를 확인하고 운구할 반려동물을 확인합니다.

⑥ 차량 탑승 안내

　　㉠ 이동 여부 확인 후 차량 탑승을 안내합니다.

　　㉡ 안전한 탑승을 위해 승차하는 좌석 쪽 문을 열어드린 후 보호자가 준비한 물품을 함께 픽업합니다.

　　㉢ 탑승이 완료되면 차량에 준비된 편의용품을 설명하고 차량 이동 예상 시간을 안내합니다.

⑦ 장례식장 복귀

　　장례식장 상황실에 예상 도착시간을 전달 후 장례식장으로 출발합니다.

(3) 차량 운구 서비스의 주의사항

① 보호자와 사망한 반려동물의 탑승이 안전하게 이뤄졌는지 가장 첫 번째로 확인합니다.

② 보호자 탑승 시 안전벨트 착용 및 안전 주의사항을 안내합니다.

③ 차량 이동 시 도로 상황에 따른 도착 지연 등을 탑승한 보호자와 가족에게 안내합니다.

2 위탁 운구 장례서비스

위탁 운구 장례서비스는 반려인 중 현대인을 중심으로 시간적인 요소가 충족되지 않은 직장인 또는 반려동물의 장례식을 참관할 수 없는 반려인, 해당 반려인과 가족의 특수한 상황으로 인해 장례식장에 방문하지 않고 반려동물장례식장으로 위탁 서비스를 요청하여 장례 절차를 진행하는 서비스입니다. 장례 절차의 방식과 식순은 같은 방법으로 진행되며, 장례 절차의 참관과 확인은 책임 보호자와 해당 가족의 부재로 담당하는 지도사가 전체 절차를 보호자에게 위탁받아 진행하는 서비스입니다. 위탁 운구 장례서비스가 종료되면 다시 책임 보호자 가정으로 방문하여 봉안된 유골함을 인도합니다.

(1) 위탁 운구 장례서비스 준비물

　　장례 접수카드, 임시 운구함, 기초 염습 도구, 대형 반려동물 전용 사체낭, 보호자 편의용품

(2) 위탁 운구 장례서비스 매뉴얼

① 차량 도착 지역 확인 및 도착시간 확인

　　㉠ 주소지 확인 : 반려인의 차량 탑승 요청지를 확인합니다.

　　㉡ 도착시간 예상 및 체크 : 차량 도착시간을 예상합니다.

② 준비물 확인

　　위탁 운구 장례서비스의 준비물을 확인합니다.

③ 예상 도착시간 유선 안내

　　장례지도사는 차량 출발 전 요청지의 예상 도착시간을 책임 보호자에게 안내합니다.

④ 도착시간 지연 시 다시 유선 안내

　　도로상황에 따라 도착시간이 지연될 경우, 책임 보호자에게 지연 시간을 안내합니다.

⑤ 도착 후 안내

　　㉠ 차량 운구 서비스 요청지 및 도착 장소에서 책임 보호자를 확인하고 운구할 반려동물을 확인합니다.

안심Touch

ⓛ 임시 운구함 안치를 위해 반려동물의 확인 및 기초 염습 절차를 진행합니다.

ⓒ 기초 염습 절차 종료 후 임시 운구함으로 안치합니다.

ⓔ 위탁 운구 장례서비스의 진행을 위해 반려동물과 책임 보호자의 정보를 장례 접수카드에 기록합니다.

ⓜ 책임 보호자에게 반려동물 장례서비스 및 장례 절차 과정을 안내합니다(절차 사진 촬영 등도 설명).

⑥ 운구 차량 임시안치 안내

임시 운구함 또는 반려동물을 운구 차량에 임시 안치합니다.

⑦ 장례식장 복귀

장례식장 상황실에 예상 도착시간을 전달 후 장례식장으로 출발합니다.

⑧ 장례식장 도착

ⓐ 도착 안내 : 장례식장 도착 후 책임 보호자에게 장례식장 도착을 유선으로 안내합니다.

ⓑ 진행 과정 설명 : 장례 절차의 식순 과정을 유선으로 안내합니다.

ⓒ 진행 동의 요청 : 장례 절차의 진행을 위해 진행 동의를 유선으로 요청합니다.

⑨ 장례 절차 진행

ⓐ 염습 촬영 : 반려동물의 염습절차를 촬영합니다.

ⓑ 추모 촬영 : 반려동물의 추모절차를 촬영합니다.

ⓒ 화장 동의 요청 : 화장 식순 진행 전 책임 보호자에게 화장 진행 동의를 요청합니다.

ⓓ 화장 촬영 : 반려동물의 화장 절차의 진행 과정을 촬영합니다.

염습 촬영				
1	2	3	4	5

추모 촬영				
6	7	8	9	10

화장 촬영				
11	12	13	14	15

⑩ 절차 종료
　　⊙ 장례 종료 고지 : 장례 절차 종료 후 책임 보호자에게 유선으로 전체 절차의 종료를 고지합니다.
　　ⓒ 사진전송 : 장례 절차가 종료되면 전체 절차의 사진 촬영본을 책임 보호자에게 전송합니다.
　　ⓒ 유골함 인도 : 장례 절차가 종료된 반려동물의 유골함을 책임 보호자가 요청한 요청지로 인도합니다.

(3) 위탁 운구 장례서비스 주의사항

① 사망한 반려동물의 차량 내 임시안치가 안전하게 이뤄졌는지 가장 첫 번째로 확인합니다.
② 차량 이동 시 도로 상황에 따른 도착시간 지연 및 특이사항 등을 책임 보호자에게 유선으로 실시간 안내합니다.

3 개장 파묘 서비스

개장(改葬)은 매장한 사체를 화장하는 것을 말합니다. 개장 파묘 서비스를 이용하는 반려인은 매장의 방법을 선택하였거나 반려동물 화장 방식으로 진행할 수 없는 상황으로 사유지 등에 매장 방식으로 진행하였다가 화장을 요청하는 경우에 해당합니다.

(1) 개장 파묘 서비스 준비물

임시 운구함 2개 이상, 대형 반려동물 전용 사체낭, 한지 20장 이상, 등산화 및 등산 장비, 큰 삽, 모종삽, 붓, 핀셋, 가위, 라텍스 장갑, 목장갑

(2) 개장 파묘 서비스 매뉴얼

① **개장 파묘 일정 확인**
책임 보호자가 요청하는 개장 파묘 일정을 확인합니다.

② **준비물 확인**
개장 파묘 일정 전날 개장 파묘 서비스의 준비물 상태를 확인합니다.

③ **개장 파묘 지역 확인 및 도착시간 체크**
　　⊙ 주소지 확인 : 개장 파묘 요청지를 확인합니다.
　　ⓒ 도착시간 예상 및 체크 : 개장 파묘 요청지 도착시간을 예상하여 확인합니다.

④ **예상 도착시간 유선 안내**
장례지도사는 차량 출발 전 요청지의 예상 도착시간을 책임 보호자에게 안내합니다.

⑤ **도착시간 지연 시 다시 유선 안내**
도로상황에 따라 도착시간이 지연될 경우, 책임 보호자에게 지연 시간을 안내합니다.

안심Touch

⑥ 개장 파묘 위치 확인

 ㉠ 개장 파묘 위치 확인 : 개장 파묘를 요청한 위치를 보호자와 소통하여 정확히 확인합니다.

 ㉡ 준비물 이동 및 파묘 준비 : 준비한 개장 파묘 준비물을 파묘 위치로 이동하여 파묘를 준비합니다.

⑦ 굴토 진행

 ㉠ 큰 삽으로 개장 파묘지의 상부의 흙과 돌을 가장자리 방향으로 걷어 내어 굴토를 시작합니다.

 ㉡ 반려동물의 매장 위치가 확인되면 모종삽으로 조심스럽게 반려동물의 표면에 묻어있는 흙을 걷어 냅니다.

⑧ 반려동물 파묘

 ㉠ 임시 수습

  • 파묘가 완료된 반려동물을 안치하기 위해 임시 수습을 시작합니다.

  • 임시 수습을 위한 대형 반려동물 전용 사체낭에 임시 안치하여 파묘가 완료된 반려동물의 수습 및 특이사항을 확인합니다.

 ㉡ 임시 운구함 안치 : 임시 수습이 완료된 반려동물은 임시 운구함에 안치합니다.

⑨ 장례식장 복귀

 ㉠ 개장 파묘 복구 : 개장 파묘 위치를 자연 상태 그대로 복구합니다.

 ㉡ 운구 출발 : 책임 보호자에게 장례식장까지의 예상 도착시간을 안내 후 차량 운구 서비스를 진행합니다.

(3) 개장 파묘 서비스의 주의사항

① 개장 파묘 시 매장된 반려동물이 상흔을 입지 않도록 조심스럽게 진행합니다.

② 장시간 매장되어 부패가 진행된 경우에도 대비하여야 합니다.

추모 보석 제작 서비스

5 CHAPTER

반려동물 추모 보석이란 반려동물의 장례 절차 이후 유골 단계에서, 유골함에 봉안하지 않거나 봉안된 유골을 조금 더 안전하고 반영구적인 보존을 목적으로 도입되었습니다. 우리나라 추모 보석의 종류로는 '반려석', '메모리얼 스톤', '루세떼' 등의 기술력이 적용되어 상용화되고 있습니다. 반려동물 추모 보석은 반려인을 위한 추모와 애도 문화에서 생성되었으며 각 반려동물 장례식장마다 기술력 및 특허 사항 등이 모두 상이합니다. 현재 우리나라의 추모 보석 제작방식은 반려동물의 화장 절차 이후 수습된 유골을 1,000~2,000℃ 온도로 '고열·고압(Plasma), 용융, 냉각'하여 사리 형태로 제작되며 유골 상태에서의 부패나 변형 없이 사리 형태로 반영구적 보존을 목적으로 하는 기술 방식입니다.

1 용어의 설명

(1) 용융(融解)

용융이란 고체가 열에 의해 녹아서 액체가 되는 현상입니다. 외부에서 열이 가해지면 고체 상태를 유지하고 있던 입자 사이의 인력(서로 잡아당기는 힘)이 약해지고, 입자 사이의 거리가 멀어지며, 서서히 입자 배열이 불규칙적으로 흐트러집니다. 예를 들어 얼음이 물로, 용광로의 철이 쇳물로, 양초가 녹아 촛농으로 변하는 것과 같이 상태 변화가 일어나는데, 이를 용융이라 합니다. 용융이 일어나는 온도는 물질마다 다릅니다.

(2) 고열·고압(플라즈마, Plasma)

플라즈마란 기체가 초고온 상태로 가열되어 전자와 양전하를 가진 이온으로 분리된 상태를 말합니다. 크게 온도에 따라 고온 플라즈마와 저온 플라즈마로 구분이 되며, 높은 열용량을 갖고 있어 공업 분야 등에서 열원으로 사용하고 있습니다. 추모 보석은 이렇게 발생되는 열로 유골을 용융하는 제작방식으로 국내에서 많이 사용하고 있습니다.

② 국내에 적용된 추모 보석

국내에서 진행하는 추모 보석의 제작방식은 '초고온, 고온, 저온' 용융을 통한 방식입니다. 초고온에서 진행하는 방식은 2,000℃ 이상의 초고온 열과 압력을 가해 제작하고, 고온은 1,500℃ 이상의 열과 압력을 가해 제작합니다. 저온은 약 1,000~1,100℃의 저온 용융방식(저온에서 용융의 활성화를 돕기 위해 화학적 촉매제의 효과로 적용된 저온 용융 기술력)입니다. '초고온과 고온'의 용융방식은 두 가지 모두 고압의 압력이 함께 적용되어 전체 유골 중 약 30~40%가 용융 시점에서 기체상태로 소실되지만, 그에 비해 '저온' 용융방식은 압력을 사용하지 않은 상태에서 제작되어 유골 소실이 없습니다. 이 부분이 초고온, 고온과 저온 용융 방식의 차이점입니다. 반려동물 장례식장마다 적용된 명칭은 상용화를 목적으로 다양하며 실제로 이 모든 방식의 반려동물 추모 보석은 1,000~2,000℃ 열을 가해서 용융, 냉각하는 제작 기술 방식입니다.

③ 국외의 다양한 추모 보석

유럽에서 많이 사용하는 방식은 HPHT(High Pressure, High Temperature) 공법입니다. 본질적 가치보다는 심미적 가치에 중점들 두며 유골 및 생체 원소 내부에 있는 탄소를 추출하여 다이아몬드를 제작하는 방식입니다. 대표적으로 영국의 '하트인 다이아몬드'와 스위스의 '알고르단자'가 있습니다. 국내의 용융방식과 비슷한 방식으로 제작되는 일본의 '리스키'도 있습니다.

④ 추모 보석 제작 방법

(1) HPHT(High Pressure, High Temperature) 공법 추모 보석 제작 방법

① 유골의 일부를 영국 또는 스위스 본사로 전달합니다.
② 유골 내에 있는 탄소만을 추출합니다.
③ 추출한 탄소 내 미량 잔류하는 이산화탄소 및 금속물질을 제거합니다(그레파이트).
④ ③의 과정을 거친 후 섭씨 2,500℃ 이상의 진공시설에서 시간이 흐르면 순도 99% 그레파이트가 됩니다.
⑤ 다이아몬드 결정 성장 장치로 이동합니다.
⑥ 이 결정 성장 장치를 HPHT 장비에 장착합니다(6만 기압, 섭씨 1,400℃의 환경에서 다이아몬드 구조로 변환).
⑦ 일정 시간이 지나면 결정 성장 장치와 HPHT 장치를 분리합니다.
⑧ 결정 성장 장치 중심부에 메모리얼 다이아몬드, 즉 추모 보석이 확인됩니다.
⑨ 세공과 연마작업을 거쳐 추모 보석 제작을 완료합니다.

(2) 루세떼 스톤 제작 방법

① 화장이 끝난 유골분의 세밀화 작업을 진행합니다.

② 세밀화 작업이 끝난 유골분 내 있는 불순물(철가루)을 제거합니다.

③ 불순물 제거가 끝난 유골분에 유골 보호제인 루센스를 혼합합니다.

④ 유골분과 루센스을 혼합한 상태에서 수분을 건조시킵니다.

⑤ 수분이 건조된 유골분 내 불순물을 제거합니다.

⑥ 건조된 유골분을 몰드에 소분합니다.

⑦ 몰드를 용융기에 넣어 용융을 진행합니다.

⑧ 1,005~1,020℃에서 40분 정도 용융을 진행합니다.

⑨ 용융과정이 끝나면 냉각을 통해 스톤의 모형을 잡습니다.

⑩ 냉각과정까지 마무리되면 정제수로 세척해 마무리합니다.

(3) 메모리얼 스톤 제작 방법

① 화장이 끝난 유골을 용융기로 이동시킵니다.

② 도가니 형식 및 구분된 형식에 유골을 올려둡니다.

③ 고압과 고열을 이용하여 유골분을 용융합니다.

④ 용융이 되어 액체상태가 되면 보석 틀에 액체를 부어 모양을 잡은 후 냉각합니다.

⑤ 냉각이 끝나고 형태가 굳어진 추모 보석을 정제수로 세척해 마무리합니다.

안심Touch

Part

08

공중보건학

1 공중보건학의 정의 및 개념

CHAPTER

1 공중보건학의 정의

(1) 세계보건기구(WHO)

질병을 예방하고 건강을 유지·증진함으로써 육체적·정신적 능력을 발휘할 수 있게 하기 위한 과학적 지식을 사회의 조직적 노력으로 사람들에게 적용하는 기술이다.

(2) 윈슬로우(C. E. A. Winslow)

조직된 지역사회의 노력을 통하여 질병을 예방하고 수명을 연장하며 신체적·정신적 효율을 증진하는 기술이며 과학이다.

(3) 디즈레일리(Disraeli)

공중보건이란 인간의 행복과 국력의 기본이다. 공중보건에 관한 관심은 정치가로서 제일 중요한 임무이다.

2 공중보건학의 개념

(1) 공중보건학의 대상

공중보건의 최소산업 단위 및 대상은 지역사회와 지역사회 주민이며 점차 확대하여 전 국민을 대상으로 합니다. 이때 지역사회란 행정단위를 의미하는 것이 아니라 주민들이 공통관심사에 협조하고 참여할 수 있는 범위를 말합니다.

(2) 공중보건학의 목적

① 질병의 예방
② 수명의 연장
③ 건강 및 효율성의 증진

(3) 공중보건학의 범위

① **환경 보건 분야** : 환경위생, 식품위생, 환경보전, 산업보건
② **질병 관리 분야** : 역학, 감염병 관리, 기생충 질병 관리, 성인병 관리
③ **보건 관리 분야** : 보건행정, 보건영양, 인구보건, 가족보건, 모자보건, 학교보건, 보건교육, 정신보건, 보건통계

(4) 공중보건 행정의 수단

① **보건행정** : 다양한 보건문제를 시대적 흐름에 따라 해결할 제도나 장치를 개발하고 보건 관계법규를 진행하는 필수적 수단입니다.
② **보건 관계법규** : 강력한 통제를 통한 법규가 있어야 하며 이 법규는 보건행정을 통해 이루어집니다.
③ **보건교육** : 가장 효과적인 공중보건사업이고 비용이 저렴하며 파급효과가 큽니다.

(5) 공중보건학의 관련 학문

① **위생학** : 환경위생학을 뜻하며 환경을 중심으로 질병의 예방, 건강의 유지 · 증진에 관한 학문입니다.
② **예방의학** : 개인을 질병으로부터 예방하고 해로운 환경의 요소를 제거함으로써 건강의 유지 · 증진하기 위해 학문적 기초 위에 연구하는 학문입니다.
③ **사회의학** : 생물로서의 인간이 아닌 사회적 존재로서 인간을 중시하여 연구하는 학문으로 사회 환경, 경제 · 심리 · 문화적 요인을 포함하는 광범위한 학문입니다.
④ **지역사회학** : 지역사회를 기반으로한 역학 및 생태학적 접근방법으로 지역주민에게 제공되는 포괄적 의료를 말하며, 건강은 지역사회의 책임이라는 것을 기본철학으로 포함합니다.
⑤ **건설의학** : 질병의 치료 및 예방보다는 현 건강상태를 최고로 증진하는 데 역점을 둔 학문이며, 적극적인 건강의 관리 방법을 연구하는 학문입니다.

3 공중보건학의 발전과정

(1) 고대기(기원 전~500년)

① 히포크라테스(Hippocrates)가 장기설, 4액체설(혈액, 점액, 황담즙, 흑담즙)을 주장했습니다.
② 장기설은 사람과 환경과의 부조화가 질병을 발생시킨다고 하는 설로, 나쁜 공기 때문에 질병이 발생한다는 것입니다.
③ 그리스에서는 환경위생보다는 개인위생에 치중하였고 위생적인 생활을 통하여 감염병을 예방했습니다.

(2) 중세기(암흑기 : 501년~1500년)

① 사회·정치·문화적으로 암흑기의 시대이며 종교적 사상이 지배적이었습니다.

② 생활양식의 비위생 등으로 감염병이 범세계적으로 유행(Pandemic)하였으며, 콜레라, 페스트가 대표적입니다.

③ 1383년 마르세유에서 최초의 검역법이 만들어져 검역소를 설치했습니다.

(3) 여명기(요람기 : 1501년~1850년)

① 사회개혁론자가 활약했고, 산업혁명으로 새로운 질병의 개념이 생겼습니다.

② 라마치니(Ramazzini)는 근로자의 질병이라는 책을 저술하고 산업보건학의 기초를 확립했습니다.

③ 프랭크(Frank)는 공중·산업 보건의 아버지라 불리며 「전의사 경찰체계」라는 최초의 공중보건학책을 저술했습니다.

④ 제너(Jenner)는 우두종두법(1798년)을 실행하여 예방접종의 대중화가 가능해졌습니다.

⑤ 스웨덴에서는 세계 최초로 국세조사(인구통계조사)를 실시했습니다.

⑥ 채드윅(Chadwick)은 영국 근로자의 위생 상태에 관한 조사 보고서를 만들어 정부에 보고했습니다.

(4) 근대기(확립기 1851년~1900년)

① 예방의학이 발전하고 예방백신이 개발된 시기로, 백신으로 인하여 인구가 폭발적으로 증가했습니다.

② 페텐코퍼(Pettenkofer)는 환경위생학의 아버지라 불리며 실험위생학의 기초를 확립하고 1866년 뮌헨대학에 위생학 교실을 창립했습니다.

③ 파스퇴르(Pasteur)는 탄저균, 코크(Koch)는 콜레라균을 발견했고, 이러한 미생물이 병의 원인이 된다는 미생물병인설을 확립했습니다.

④ 존 스노우(John Snow)는 콜레라에 관한 역학조사를 발표하고 전염병의 발생 원인을 규명했습니다.

⑤ 비스마르크(Bismark)는 세계 최초로 근로자 질병 보호법을 제정하여 사회보장제도의 기틀을 마련했습니다.

(5) 발전기(20세기 이후)

① 포괄적인 보건의료의 필요성이 대두되어 지역사회보건학이 발달했습니다.

② 보건소의 보급으로 지역사회 보건사업이 시작되었습니다.

③ 알마아타(Alma-ata) 선언문으로 인하여 일차보건의료가 확립되었습니다.

④ 1948년 4월 7일 세계보건기구(WHO)가 발족하였으며, 이날을 '세계 보건의 날'로 지정했습니다.

⑤ 브라질 리우에서 환경 정상회담을 개최하여 '리우 환경선언'인 환경보전의 원칙을 담은 선언을 선포했습니다.

2 건강과 질병

CHAPTER

1 역학

(1) 역학(Epidemiology)의 어원

그리스어인 Epi=upon(덮는다), demos=population(국민), logy=science(학문, 과학)

(2) 역학의 정의

① 인간사회 집단을 대상으로 합니다.
② 질병의 발생, 분포 및 경향과 양상을 명백히 밝힘으로써 그 원인을 규명합니다.
③ 질병에 대한 예방대책을 마련할 수 있도록 하는 데 목적을 둔 학문입니다.

(3) 역학의 역할

① 질병 발생의 원인이나 유행의 원인을 찾아내는 것은 역학 본연의 가장 중요한 목적이며, 가장 중요한 역할을 합니다.
② 질병의 발생 및 유행의 감시 역할을 합니다.
③ 질병의 자연사 연구 역할을 합니다.
④ 보건의료서비스 연구에 대한 역할을 합니다.
⑤ 임상 분야에 대한 역할을 합니다.

(4) 역학의 궁극적 목적

질병 발생 원인을 제거하여 질병을 예방하는 것입니다.

2 역학적 연구방법

(1) 실험적 연구

가장 확실한 연구결과를 얻는 방법으로 사람을 대상으로 하는 효과적인 예방 · 진단 · 치료법을 개발하는 연구입니다.

(2) 관찰적 연구

어떤 조사대상에 대하여 자연 상태로 비교 평가 · 분석하는 연구로 관찰적 연구만으로는 변인들 사이의 인과관계를 확인하기 어렵습니다.

3 기술역학과 분석역학

(1) 기술역학 - 1단계 역학

인구집단에서 질병의 발생과 관계되는 모든 현상(질병의 분포, 경향 등)을 그 인구집단의 특성에 따라 기술하여 조사 또는 연구하는 역학입니다. 기술역학에서 제일 중요한 변수는 사람, 시간, 장소입니다.

① **인적 변수** : 연령, 성별, 종교, 직업, 사회경제적 상태, 교육 수준, 결혼 유무 등을 조사하여 유행의 원인 파악에 도움을 주는 요인입니다.
  ㉠ 연령 : 모든 질병은 연령에 따른 큰 변화가 있습니다. 대표적으로 60세 이후에는 사망률이 증가합니다.
  ㉡ 성별 : 대부분 질환은 남자가 여성보다 사망률이 높습니다.
  ㉢ 결혼 유무 : 결혼을 한 사람들은 정신적 유병률이 낮습니다.
  ㉣ 사회경제적 수준 : 사회경제적 수준은 교육, 수입, 직업 등 다양한데, 그중 경제적 수준이 높은 사람은 질병과 사망 비율이 낮은 경향을 보입니다.
  ㉤ 종교 : 종교가 다르면 식이, 문화, 습관 등이 다르므로 질병 발생 양상이 다르게 나타납니다.
② **지역적 변수** : 지역 특성에 따른 질병 발생의 차이는 인종, 민족 구성, 종교, 유전 등 지역 간의 생물학적 환경, 화학적 · 물리학적 · 사회경제적 환경의 차이 때문에 발생할 수 있습니다.
  ㉠ 범세계적(Pandemic)
    • 전 세계적으로 발행 또는 유행하는 질병을 말하며 대유행성이라 합니다.
    • 대표적으로 코로나19, 사스, 독감 등이 있습니다.
  ㉡ 전국적(Epidemic)
    • 한 국가에서 전반적으로 발생하는 질환이 유행합니다.
    • 대표적으로는 장티푸스가 있습니다.
  ㉢ 지방적(Endemic)
    • 일부 지역에서 특수하게 발생합니다.
    • 대표적으로 우리나라에서는 낙동강 유역의 간디스토마가 있습니다.

    ② 산발적(Sporadic)
- 지역이나 시간에 따라 응집성이 관찰되지 않는 질환입니다.
- 질병 발생의 유행, 시간, 지역 등 어떠한 경향을 보이지 않습니다.

  ③ **시간적 변수**

    ㉠ 장기 변화
- 수십 년의 간격으로 질병 발생이 반복됩니다.
- 대표적으로 장티푸스(30~40년 주기), 디프테리아(10~24년), 인플루엔자(약 30년)가 있습니다.

    ㉡ 주기 변화
- 수년의 간격으로 질병 발생이 반복됩니다.
- 대표적으로 인플루엔자 A(2~3년), 인플루엔자 B(4~6년), 백일해(2~4년), 홍역(2~3년)이 있습니다.

    ㉢ 계절 변화
- 계절적으로 발생합니다.
- 소화기계 감염병(여름), 호흡기계 감염병(겨울), 유행성 출혈열(6월, 11월)이 있습니다.

    ㉣ 단기 변화
- 시간별, 날짜별, 주 단위로 변화합니다.
- 급성 감염병의 집단 발생 시 나타납니다.

    ㉤ 불규칙 변화
- 돌발적으로 유행하며 특히 외래 감염병이 국내로 처음 침입할 때 나타납니다.
- 대표적으로 콜레라가 있습니다.

(2) 분석역학 - 2단계 역학

관찰을 통해 얻은 결과로 가설을 설정하고, 가설을 토대로 옳은지 그른지를 밝혀 질병과 발생 요인 등 인과관계를 밝혀내는 역학입니다.

① **단면조사연구** : 원인요소와 질병을 동시에 조사하기 위하여 서로 간의 관련성을 보는 방법으로 상관관계연구(유병률 조사)라고도 합니다. 구체적인 가설을 가진 상태에서 그 가설을 검증하기 위해 시행된다는 차이가 있습니다.

장점	단점
• 비교적 쉽게 수행 • 다른 역학적 연구방법에 비해 비용이 상대적으로 적게 소요 • 비용, 노력, 시간적으로 경제적인 연구설계 • 질병관리의 우선순위를 결정하기 위해 건강상태를 측정하거나 지역사회 일반 인구를 대상으로 환자를 확인할 때 유용한 연구방법 • 질병의 규모를 파악할 수 있기 때문에 지역사회 보건사업을 기획할 때 유용하게 사용	• 시간적 선후관계 모호 • 해당 질병을 앓고 있는 전체 환자가 아니라 연구 시점에 포함된 환자로 제한됨. 즉, 이미 사망한 환자, 병원에 입원한 환자, 다른 지역에 거주하는 환자는 제외 • 질병 수준이나 위험요인의 노출 수준이 매우 드물다면 단면 연구가 적절하지 않음

② **환자-대조군 연구** : 현재 질병이 있는 집단이 과거에 어떤 속성이 있는지를 알아보는 연구입니다.

장 점	단 점
• 시간의 효율성 • 윤리적인 문제가 적음 • 한 질환에 대해 여러 가지 위험요인을 밝힐 수 있고 과거의 정보가 잘 보관된 경우에도 후향적인 자료를 모아 연구에 이용 가능 • 희귀질환 연구, 긴 잠복기를 가진 질병 연구에 적합	• 과거 위험요인이 노출에 대해 부정확한 정보수집이 정보 바이러스를 초래하면 연구결과가 좌우됨 • 기억력에 의존하거나 질병과 관련된 요인만 기억하는 경우에 결과가 비뚤어짐 • 요인과 질병 간의 시간적 선후관계가 명확하지 않음

③ **코호트 연구** : 질병의 원인과 관련되어 있다고 생각되는 어떤 특성을 가진 인구집단과 가지고 있지 않은 인구집단을 계속 관찰하여 서로 간의 질병의 발생률에 차이가 있는가를 비교하는 방법입니다.

장 점	단 점
• 위험요인 노출에서부터 질병 진행의 전과정을 관찰 • 위험요인 노출수준을 여러 번 측정 • 위험요인과 질병의 시간적 선후관계 명확 • 질병의 발생률, 비교위험도 산출가능 • 노출과 많은 질병 간의 연관성을 볼 수 있음 • 위험요인에 노출이 드문 경우에도 연구가능	• 비용(경비, 시간, 노력)이 많이 듦 • 장기간 계속 관찰하여야 함 • 추적불능의 연구대상자가 많아지면 연구 결과에 영향을 줌 • 진단방법과 기준, 질병분류방법이 변화할 가능성이 있음 • 질병발생률이 낮은 경우에는 연구의 어려움이 있음

4 감염병

세균, 바이러스, 진균, 기생충 등의 병원체가 우리 몸을 침범하는 것을 감염(Infection)이라고 하고, 병원체나 독소에 의한 조직 상해, 병원체에 대한 숙주 반응 때문에 장애가 발생한 것을 감염병이라고 합니다. 우리 몸 안팎에 있는 정상균이 특정 조건에서 감염병을 일으키기도 하며, 사람 대 사람, 곤충이나 동물에 의해, 오염된 음식물 또는 물에 의해 전파되기도 합니다. 감염의 징후나 증상은 감염병을 일으킨 미생물의 종류와 감염 부위에 따라 다양합니다.

(1) 감염병의 발생설

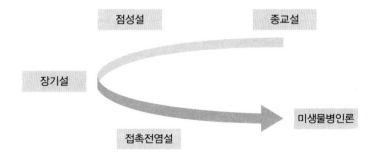

① **종교설** : 원시적인 관념에서 선신과 악신을 믿었던 시대는 종족의 번영이나 성공 같이 인간 생활에 좋은 일이나 영향을 끼쳤을 경우 선신의 덕으로 생각했고, 질병이나 사망 등은 악마나 귀신인 악신 때문이라고 믿었습니다.

② **점성설** : 종교설(신벌)에 대해 반신반의하면서 하늘의 별자리 이동으로 점치는 것으로, 종교설로는 만족하지 못하고 자연에 대한 인식이 점차 높아짐에 따라 질병의 발생이 환경의 어떤 물리적 상태와 관련이 있다고 믿었던 시대입니다.

③ **장기설** : 감염병의 전파는 나쁜 공기나 공기 중의 유독물질 때문에 발생한다고 믿었던 시대로, 대표적인 학자로는 히포크라테스가 있습니다. 이러한 장기설은 콜레라 감염병의 입증 전까지 전 유럽의 의학을 지배했습니다.

④ **접촉전염설** : 15세기 말 종교설과 장기설이 공존했지만 16세기경부터 인간과 인간이 서로 접촉하기 때문에 질병이 전파된다고 믿기 시작했습니다.

⑤ **미생물병인론** : 1677년 안톤(Antony Van Leeuwenhoek)이 처음으로 박테리아를 발견했고, 미생물이 질병 발생의 원인체라는 사실이 인정되었으며, 모든 감염병 발생설의 종지부를 찍었습니다. 병원체의 발견으로 예방접종 백신이 계속 완성되어 인공면역을 통해 이루어질 수 있는 새로운 감염병 예방 시대가 도래했습니다.

(2) 인수공통감염병

사람과 동물에게 공통으로 감염되는 감염병으로 바이러스, 세균, 진균, 또는 기생충이 동물과 사람 간의 직접적 접촉이나 매개체(Vector) 또는 환경요인에 의해서 전파됩니다. 대부분 동물에서 사람으로 감염되는 것이 일반적이고, 인수공통감염병은 모든 숙주동물을 멸종시키지 않는 한 근절시킬 수 없고, 계속해서 숙주를 바꿔가면서 살아남기 때문에 박멸이 어렵습니다. 또한, 병원체의 종류가 RNA 바이러스일 경우 쉽게 돌연변이가 일어납니다.

① **인수공통감염병(Anthropozoonosis)의 어원**

그리스어로 Anthropos=mankind(인류), Zoo=동물, nosis=disease(질병)를 의미합니다.

② **인수공통감염병의 분류**

㉠ 직류성 인수공통전염병 : 광견병

㉡ 순환성 인수공통전염병 : 돼지갈고리촌충

㉢ 전이성 인수공통전염병 : 흑사병

㉣ 부생성 인수공통전염병 : 리프테리아

③ **개의 주요 인수공통감염병**

병 명	감염경로	사람의 증상
광견병	병에 걸린 개에게 물린 경우	두통, 불안감, 경련, 사망
렙토스피라증	감염동물의 요 중으로 나온 병원체에 오염된 물과 토양을 접촉하는 경우	발열, 두통, 근육통, 구토, 출혈, 황달, 신부전
파스튜렐라증	감염동물에게 물리거나 입맞춤	국소 통증, 발적, 종창
브루셀라증	유산 태아 등의 접촉	오한, 발열, 두통, 근육통
라임병	감염동물을 흡혈한 진드기에 의해 감염	윤곽이 있는 홍반, 관절염
개회충증	개의 회충란을 섭취	발열, 근육통, 소아는 시력장애

분선충증	오심 지역에서 휴지기를 보내는 제3기 유충의 경피감염	설사, 점액성 혈변
심장사상충증	감염동물을 흡혈한 모기에 물린 경우	기침, 발열, 흉통
개조충	감염유충을 가지고 있는 벼룩을 섭취한 경우	무증상, 소아는 소화기 장애
개선충	감염동물과 직접접촉	피부 가려움증, 구진
벼룩교상	오염 환경 중의 번데기	심한 가려움, 발적
피부진균증	감염동물과 직접접촉	원형의 홍반, 소수포

④ 고양이의 주요 인수공통 감염병

병 명	감염경로	사람의 증상
묘소병 (고양이 할큄병)	고양이에게 긁히거나 물리는 경우	발열, 림프종 부종, 두통, 뇌염, 눈의 병변
파스튜렐라증	감염동물에게 물리거나 입맞춤, 비말감염	국소 통증, 발적, 종창
톡소플라스마증	고양이 배설물 접촉	무증상, 유산 및 조산
렙토스피라증	고양이 배설물 접촉	발열, 근육통, 식욕부진, 기침, 폐렴

⑤ 인수공통감염병의 예방

ⓐ 적절하게 예방접종을 할 것

ⓑ 동물을 만진 후 손 씻기

ⓒ 야외 활동 시 긴 옷과 신발을 신고 몸과 옷을 점검하고 외부기생충 제거

ⓓ 동물을 다루거나 배설물을 치울 때는 위생 장갑을 사용할 것

ⓔ 동물에게 물리거나 상처가 있을 때 즉시 소독하고 병원에서 적절한 치료를 받을 것

ⓕ 동물과 관련된 일을 할 때에는 정기적으로 검사를 받을 것

3

CHAPTER

반려동물의 질병 및 예방

(1) 광견병

① 내 용

- ㉠ 감염의 가장 흔한 경로는 광견병 바이러스가 있는 개 또는 야생동물의 타액 속에 있다가 상처를 통해 감염되어 신경에 침범함으로써 증상을 일으킵니다.
- ㉡ 증상이 개에게 발현되면 광견병, 사람에게 발현되면 공수병이라 불립니다.

② 증 상

- ㉠ 불안해하는 전구기 증상에서 점차 무생물을 물어뜯는 광폭한 상태, 눈이 충혈되고 침을 흘리는 광조기 증상이 나타납니다.
- ㉡ 그 후 마비 증상을 보이며, 소리를 내거나 먹이를 삼킬 수 없게 됩니다.
- ㉢ 시간이 지나면 물을 무서워하는 증상이 나타납니다.
- ㉣ 말기에는 근육이 마비되어 사망하며, 광견병에 걸리면 1주일 이내에 사망합니다.

③ **예방법** : 3~4개월령 이후로 매년 1회 광견병 예방접종 주사를 맞는 것 외에는 예방법이 없습니다.

(2) 파보바이러스 감염증

① 내 용

- ㉠ 파보바이러스에 감염된 개의 변을 접촉하거나 경구로 전염이 이뤄집니다.
- ㉡ 연령이 어리거나 백신 미접종일 경우 증상이 심하게 나타나며 심한 구토 및 설사가 발생합니다.

② 증 상

- ㉠ 심장형 : 심근 괴사 및 심장마비로 급하게 사망하며, 별다른 증상이 없다가 침울한 상태로 변화하면서 사망합니다.
- ㉡ 장염형 : 구토 및 회색 또는 혈액성 설사를 하며 식욕이 없어집니다. 계속된 설사를 통해 탈수증상이 오고 48시간 안에 사망합니다.

③ **예방법** : 개 종합 백신인 DHPPL 예방접종이 최선이고, 그 외 바이러스를 잡는 소독액으로 견사 및 동물을 소독해주는 것이 좋습니다.

(3) 심장사상충

① 내 용

심장사상충 유충을 가진 개를 모기가 흡혈하고, 그 유충이 모기 내부에서 3기 유충이 되며, 이 유충을 가진 모기가 다른 개를 흡혈할 때 유충을 옮겨 감염됩니다.

② 증 상

㉠ 초기에는 호흡곤란, 운동 기피, 발작성 실신, 객혈이 발생합니다.

㉡ 말기에는 복수, 피하부종, 흉수, 돌발적 쇠약이 발생하며 간신부전증 증후군 및 기침 객혈, 숨을 거푸 쉬는 소리를 냅니다.

③ **예방법** : 중간 숙주인 모기의 활동 기간에는 매월 1회 심장사상충 구충제를 투여합니다.

(4) 범백혈구 감소증(고양이 파보바이러스)

① 내 용

㉠ 고양이 홍역 및 고양이 전염성 장염으로 불립니다.

㉡ 철저하게 격리된 상태로 치료를 받으면 일주일 안에 회복되지만 어린 고양이가 합병증을 앓고 있는 경우 사망률이 높습니다.

② 증 상

㉠ 혈액 속의 모든 백혈구가 감소하는 것으로 심한 장염을 일으킵니다.

㉡ 발열, 식욕부진, 구토, 탈수, 설사가 나타납니다.

③ **예방법** : 예방접종밖에는 없으며 예방접종 이후에는 항체가 생겼는지 확인해야 합니다.

(5) 개 예방접종 종류 및 프로그램

백신 종류	예상 질병	접종 프로그램
종합 백신 (DHPPL)	개홍역, 간염, 감기, 파보 장염, 렙토스피라	• 생후 6주부터 2~4주 간격으로 5회 접종 • 이후 매년 1회 보강 접종
코로나 장염	코로나 장염 바이러스	• 생후 6주부터 2~4주 간격으로 2~3회 접종 • 이후 매년 1회 보강 접종
켄넬코프	파라인플루엔자 바이러스, 보데텔라 바이러스	• 생후 8주부터 2~4주 간격으로 2~3회 접종 • 이후 매년 1회 보강 접종
광견병	광견병 바이러스	• 생후 3~4개월령 1회 접종 • 이후 6개월~12개월마다 보강 접종

(6) 고양이 예방접종 종류 및 프로그램

연 령	백신 종류
6~8주령	1차 : 3종 종합 백신(FPV, FVR, FCV)
12주령	1차 : 백혈병(FeLV) 2차 : 3종 종합 백신(FPV, VFR, FCV)
16주령	1차 : 전염성 복막염(FIP), 광견병 2차 : 백혈병(FeLV) 3차 : 3종 종합 백신(FPV, FVR, FCV)
매 년	3종 종합 백신(FPV, FVR, FCV), 백혈병. 광견병

FPV : 고양이 백혈구 감소증

FVR : 고양이 바이러스성 비기관염

FCV : 고양이 칼리시 바이러스

FeLV : 고양이 백혈병

FIP : 고양이 전염성 복막염

Part

09

위생관리

시설 · 장비 위생관리

CHAPTER 1

1 적출물 및 폐기물 처리관리

(1) 폐기물관리법의 목적

폐기물의 발생을 최대한 억제하고 발생한 폐기물을 친환경적으로 처리함으로써 환경보전과 국민 생활의 질적 향상에 이바지하는 것을 목적으로 합니다(폐기물관리법 제1조).

(2) 폐기물의 정의

폐기물관리법에 따르면 '폐기물'이란 쓰레기, 연소재, 오니, 폐유, 폐산, 폐알칼리 및 동물의 사체 등으로서 사람의 생활, 산업 활동에 필요하지 아니하게 된 물질을 말합니다. 단, 폐기물관리법 제3조 제9항에 따라 동물장묘업의 등록을 한 자가 설치 · 운영하는 동물장묘시설에서 처리되는 동물의 사체는 폐기물로 적용하지 않습니다.

(3) 의료폐기물

① 폐기물관리법에 따르면 '의료폐기물'이란 보건 · 의료기관, 동물병원, 시험 · 검사기관 등에서 배출되는 폐기물 중 인체에 감염 등 위해를 줄 우려가 있는 폐기물과 인체 조직 등 적출물, 실험동물의 사체 등 보건 · 환경보호상 특별한 관리가 필요하다고 인정되는 폐기물로 대통령령으로 정하는 폐기물을 말합니다.

② 의료폐기물의 종류

ㄱ 격리의료폐기물 : 감염병의 예방 및 관리에 관한 법률에 따라 감염병으로부터 타인을 보호하기 위하여 격리된 사람에 대한 의료행위에서 발생한 일체의 폐기물을 말합니다.

ㄴ 위해의료폐기물

• 조직물류폐기물 : 인체 또는 동물의 조직 · 장기 · 기관 · 신체의 일부, 동물의 사체, 혈액 · 고름 및 혈액 생성물(혈청, 혈장, 혈액제제)

• 병리계폐기물 : 시험 · 검사 등에 사용된 배양액, 배양 용기, 보관 균주, 폐시험관, 슬라이드, 커버글라스, 폐배지, 폐장갑

- 손상성폐기물 : 주삿바늘, 봉합 바늘, 수술용 칼날, 한방 침, 치과용 침, 파손된 유리 재질의 실험도구
- 생물·화학폐기물 : 폐 백신, 폐 화학 치료제, 예방주사, 항암제(공병), 폐의약품 등
- 혈액오염폐기물
  - ㉢ 일반의료폐기물 : 혈액·체액·분비물·배설물이 함유된 탈지면, 붕대, 거즈, 일회용 기저귀, 생리대, 일회용 주사기, 수액 세트

③ **의료폐기물 발생 기관**
  - ㉠ 의료기관
  - ㉡ 보건소와 보건지소
  - ㉢ 보건진료소
  - ㉣ 혈액원
  - ㉤ 검역소 및 동물검역 기관
  - ㉥ 동물병원
  - ㉦ 국가나 지방자치단체의 시험·연구기관
  - ㉧ 대학·산업대학·전문대학 또는 그 부속 시험·연구기관(의학, 치과의학, 한의학, 약학, 수의학)
  - ㉨ 학술연구나 제품의 제조·발명에 관한 시험·연구를 하는 연구소
  - ㉩ 장례식장
  - ㉪ 교도소·소년교도소·구치소 등에 설치된 의무시설
  - ㉫ 기업체의 부속 의료기관으로서 면적이 100m^2 이상인 의무시설
  - ㉬ 국군의무사령부령에 따라 사단급 이상 군부대에 설치된 의무시설
  - ㉭ 노인요양시설
  - ㉮ 의료폐기물 중 태반을 대상으로 폐기물 재활용업의 허가를 받은 사업장
  - ㉯ 조직은행
  - ㉰ 그 밖에 환경부 장관이 정하여 고시하는 기관

④ **의료폐기물에 해당하지 않는 경우**
  - ㉠ 의료폐기물과 접촉되지 않는 약병, 수액병, 앰플병, 바이얼 및 석고 붕대 등
  - ㉡ 임신 4개월 이상 된 사산아
  - ㉢ 재택환자로부터 발생하는 탈지면류 및 손상성 폐기물은 생활폐기물에 해당
  - ㉣ 혈액, 고름 등 분비물이 묻어있지 않는 치아교정용 보철물 외 세척수
  - ㉤ 동물병원이 아닌 장소에서 발생하는 동물 사체는 발생량에 따라 생활 또는 사업장폐기물로 처리
  - ㉥ 동물병원에서 미용을 위해 깎은 털, 손·발톱, 건강한 동물의 배설물 제거용으로 사용된 일회용 기저귀, 패드, 휴지 등
  - ㉦ 요양 시설에서 요양을 목적으로 생활하는 노인에게서 발생하는 일회용 기저귀

(4) 반려동물장례지도사 시점의 폐기물관리법

동물장묘시설에서 장례, 화장 · 건조장을 진행하지 않은 동물은 의료폐기물로 처리됩니다. 농림축산식품부 및 2021년 국감 자료에 따르면 2020년 기준 사망한 반려동물의 수는 약 70만이며 그중 동물장묘업 시설에서 화장 절차가 진행된 수는 약 7만으로 확인됩니다. 전체 사망한 반려동물 중 약 10%만 화장절차가 진행되었으며, 그 외는 의료폐기물 시설에서 처리되었습니다. 이런 내용을 비추어 볼 때 추가로 변경되어야 할 부분은 의료폐기물이 발생하는 곳입니다. 사람의 장례식장은 염습을 진행할 때 발생하는 모든 부분은 의료폐기물로 폐기물 상자에 처리합니다. 의료폐기물 발생 기관에 장례식장이 명시가 되어 있기 때문입니다. 하지만 반려동물 장례식장은 염습을 진행할 때에 발생하는 모든 부분은 생활 쓰레기로 처리합니다. 반려동물의 염습을 진행하다 보면 병으로 사망한 반려동물의 비율이 높은 편이며, 바늘, 체액이 묻어있는 튜브 등이 있고 코나 입 쪽에서 혈과 복수가 나오고 변과 뇨가 나옵니다. 안전하지 않은 배설물 등을 생활 쓰레기로 처리하기에는 환경적으로도 또 위생적으로도 많은 문제가 예상됩니다. 반려인구의 증가와 문화적 · 산업적 발전의 속도가 빨라지는 만큼 이런 부분의 관리 방안에 대하여 법률적 해석과 현실적인 추가 방안이 필요합니다.

2 소독제 특성 및 사용방법

소독이란 미생물 중 병원체만 멸살시키거나 병원체의 수를 감소시켜 병원성을 발휘하지 못하게 하는 작용을 말합니다. 소독은 방역의 가장 기본적인 방법입니다.

(1) 용어 정의

① 소 독

비교적 약한 살균력으로 병원미생물의 감염력을 없애기 위해 그 물질을 처리하는 것으로 여기서 그 물질은 병원체를 말하며 소독은 병원체의 사멸, 전파과정을 제거하여 질병의 발생, 전염을 미리 방지하는 것을 말합니다. 즉, 병원성 미생물만 사멸시켜 병원균을 번식하지 못하게 하는 행위와 과정입니다.

② 멸 균

소독과 비교하여 강한 살균력으로 병원성 미생물은 물론 아포형성균 및 타 미생물까지도 전부 사멸 · 제거해버린 상태입니다.

③ 살 균

세포가 파괴되어 원래의 상태로 돌아가지 않는 불가역적인 변화 작용으로 문자 그대로 균을 죽이는 것을 의미하며 대상과 정도를 포함하지 않습니다.

④ 방 부

직접 세균을 죽이는 것이 아닌 여러 방법을 통해 병원미생물의 생활 작용을 정지시키거나 불리하게 만들어 미생물의 증식, 발육을 억제해 사멸시키는 것입니다.

멸균은 소독을 내포하지만, 소독이 멸균을 의미하는 것은 아니며, 방부는 소독이 될 수 없습니다.

(2) 물리적 소독

① **열처리법**

　㉠ 건열멸균법

　　• 화염멸균법 : 불꽃 속에서 20초 이상 접촉하여 멸균하는 방법입니다.

　　• 건열멸균법 : Dry oven에서 150℃에서는 1시간, 160℃ 이상에서는 30분, 약 1~2시간 동안 멸균시키는 방법입니다.

　㉡ 습열멸균법

　　• 저온멸균법 : 병원균은 사멸시키고, 비병원성인 해가 없는 세균은 생존시키는 방법으로 우유, 건조과일, 포도주, 아이스크림 등 부패방지 또는 원형유지를 위해 사용하는 방법입니다.

　　• 자비소독법 : 100℃의 끓는 물에서 15~20분간 소독하는 방법입니다.

　　• 고압증기멸균법 : Autoclave(멸균처리기)를 이용하여 멸균시키는 방법입니다.

> • 10파운드 = 115.5℃ = 30분
> • 15파운드 = 121.5℃ = 20분
> • 20파운드 = 126.5℃ = 15분

　　• 유통증기멸균법 : 고압멸균기를 이용하여 100℃의 유통 증기를 30~60분간 실시하는 방법이고, 간헐멸균(아포균을 멸균하는 방법)은 1일 1회에 15~30분간 3회 실시하고 휴지기에는 20℃에서 상온에 보존합니다.

② **비열처리법**

　㉠ 세균 여과법 : 세균을 여과하여 소독하는 방법으로 바이러스는 여과할 수 없습니다.

　㉡ 희석법

　㉢ 소각법

　㉣ 광선 · 조사법

　　• 직사일광법

　　• 방사선멸균법 : 방사선, 동위원소를 함유한 선원으로부터 감마선을 조사하여 미생물을 사멸시키는 방법입니다.

　　• 고주파멸균법 : 고주파를 직접 조사하여 발생한 열에 의하여 미생물을 사멸시키는 방법입니다.

　　• 자외선조사법 : 200~300mm의 자외선을 조사하며 자외선이 세균의 염색체(DNA)를 직접 공격하여 손상을 줘서 세균을 사멸시키는 방법입니다.

> 자외선조사법의 특징
> • 처리 후 성분의 변화가 거의 없지만 침투력이 없습니다.
> • 240~320mm 부근이 살균 효과가 크고, 253.7mm에서 효과가 좋습니다.
> • 사용법이 간단하며 모든 균종에 효과적입니다.
> • 내성이 생기지 않고 피조사물에 피해가 없습니다.
> • 장시간 사용 시 지방류를 산패시킵니다.
> • 피부에 조사하면 붉은 반점, 눈에 조사하면 결막염 및 각막염을 유발합니다.
> • 식품제조 공장 내부의 공기 살균에 이용합니다.

(3) 화학적 소독법

① **수은 화합물** : 승홍, Mercurochrome(머큐로크롬)

② **할로겐 유도제(산화제에 포함됨)**

　㉠ 염 소

　　• 강력한 산화제로 매우 엷은 희석용액에서도 소독 및 탈취작용을 가집니다.

　　• 고농도로 사용하면 바이러스와 아포에도 효과를 나타내고 구제역 방역용 소독제로 사용합니다.

　　• 유기물의 존재에 따라 효과가 감소하며 탈색작용이 있어 피부에 사용할 경우 주의해야 합니다.

　　• 대표적으로 많이 사용되는 곳은 상수도 소독입니다.

　㉡ 표백분 : 수영장 소독에 이용합니다.

　㉢ 요오드

　　• 불수용성으로 알코올이나 담체에 녹여서 사용해야 하며 소독력이 매우 크고 항균 범위도 넓습니다.

　　• 진균, 기생충란, 아포, 바이러스에도 유효합니다.

③ **산화제**

　㉠ 과산화수소

　　• 무색무취의 수용액이며 비교적 안전하고 약산성을 나타냅니다.

　　• 2.5~3.5%의 과산화수소 용액을 소독약으로 많이 사용합니다.

　㉡ 과망간산칼륨

　㉢ 오 존

④ **방향족 화합물**

　㉠ 페 놀

　　• 외과수술용으로 최초로 사용된 소독약입니다.

　　• 부식작용이 있고 소독력이 낮아 현재는 많이 사용하지 않지만 다른 소독약의 비교용 약물로 사용합니다.

　㉡ 크레졸 : 크레졸 비누액으로 많이 사용하며 아포나 바이러스에 효과가 없습니다.

⑤ **지방족 화합물**

　㉠ 에틸알코올 : 70%의 수용액으로 살균력이 강하지만 포자, 아포, 바이러스에는 효과가 없습니다.

　㉡ 이소프로필알코올 : 30~50%의 수용액으로 에틸알코올과 마찬가지로 아포, 바이러스에는 효과가 없습니다.

　㉢ 포르말린

　　• 포름알데히드의 40% 수용액을 포르말린이라 하고, 방부작용은 강하나 살균작용은 약한 편입니다.

　　• 의류 소독, 방부제 및 조직표본 제작에 널리 사용합니다.

⑥ **세정제**

　㉠ 음이온성 세정제

　　• 비누와 라우릴황산 소듐으로서 항균작용 및 청정작용이 있습니다.

　　• 항균력은 크지 않아 다른 항균제와 병용해야 합니다.

ⓒ 양이온성 세정제(양성비누)

- 원액 10%의 용액을 200~400배로 희석하여 5~10분간 사용합니다.
- 무독성이며 살균력이 강합니다.
- 사급 암모늄염과 로사닐린 등이 있고 유기물이 있을 때 유기물을 먼저 자불 소독 및 세제로 제거한 후 사용해야 합니다.

3 소독제의 사용방법

(1) 화학적 소독약의 구비조건

① 소독력이 강하며 동물 및 인체에 대한 독성이 없거나 약해야 합니다.
② 화학적으로 안정성이 있고 수용성이 높으며 부식성 또한 없어야 합니다.
③ 저렴해야 하며 사용이 간편해야 합니다.
④ 소독대상물에 손상을 주지 않아야 합니다.
⑤ 유기물의 존재 여부와 상관없이 소독의 작용이 강해야 합니다.
⑥ 침투력이 크고 지방과 냄새 제거력이 있어야 합니다.

(2) 소독작용에 미치는 영향

① 접촉시간이 충분할수록 효과가 큽니다.
② 온도가 높고, 농도가 짙을수록 효과가 큽니다.
③ 유기물질이 있을 때 효과가 낮아집니다.

(3) 소독약 사용의 상식

① 소독약 사용 전 청소 및 유기물의 정리가 필요합니다.
② 농도가 짙고 높다고 소독력이 강한 것은 아닙니다.
③ 소독약 온도를 높여 효과를 증대시킵니다.
④ 희석은 지하수를 피해야 합니다.
⑤ 소독하려는 병원체를 잘 고려하여 소독 약제를 사용합니다.
⑥ 산 계통과 알칼리 계통을 동시에 사용하지 않습니다.
⑦ 소독약 조제 후에는 즉시 사용합니다.
⑧ 적당한 약물류의 혼합으로 소독의 효과가 증가할 수 있습니다.

사체 위생관리

반려동물장례지도사는 기본적으로 사망한 반려동물을 존중해야 하고, 반려인과 해당 가족의 슬픔을 완화시켜야 할 의무가 있습니다. 반려동물 사체에 대한 구조 및 형태적 분류를 제대로 이해하고 직무를 수행해야 하며 사체에서 발생할 수 있는 공중보건학적 감염도 차단해야 합니다. 따라서 반려동물장례지도사는 반려동물의 사체에 대한 기본적인 이해가 필요합니다.

1 죽음과 사체의 사후 변화 과정

(1) 반려동물 사망 전 증상

반려동물의 품종과 특성에 따라 사전증상에는 차이가 있지만 식욕 저하, 구토 및 설사, 기력저하(식욕 저하, 체온 저하, 산책 거부) 등이 나타납니다.

(2) 사망 직전의 증상

식사 거부, 호흡곤란의 증상이 나타나고, 이 외 증상으로는 대변보기, 숨기, 깨물기 등이 있습니다.

(3) 반려동물 사망

죽음이란 생리적·화학적 변화과정입니다. 법의학적 사망시간 전부터 시작되고 이후로도 계속 진행되는 과정을 죽음이라 합니다. 대부분은 의사에 의해 진단된 시점 이후를 죽음이라 보며 생리적으로는 호흡 및 심장의 박동이 정지하는 것을 말합니다.

2 반려동물의 사후 변화

(1) 죽음의 단계

① 사전기(임종)
② 사후 변화(신체의 죽음)

(2) 사전(사전기) 변화

① 사체 내 온도의 변화
- ㉠ 사전기 체온 저하 : 사망 전 체온이 떨어집니다.
- ㉡ 사전기 열 : 사전기의 체온증가는 미생물이 살기 좋은 환경을 만들어주기 때문에 사후경직, 부패 등이 활성화될 수 있습니다.

② 혈액순환의 능력변화
- ㉠ 사전기 침강 : 사망 전 순환계의 기능이 저하되어 순환압력이 중력보다 낮을 때 혈액이 가라앉게 됩니다.
- ㉡ 혈액의 응고 : 혈액이 서행하기 때문에 혈액을 응고시키는 요소가 활성화되어 혈액이 응고됩니다.
- ㉢ 사전기 모세혈관의 확장 : 조직과 세포에서 더 많은 산소를 얻기 위해 모세혈관이 넓어지고, 이러한 변화 때문에 조직 내 수분이 많아집니다.

③ 수분의 변화
- ㉠ 사전기 부종 : 모세혈관의 확장 또는 질병의 과정 중에 발생하여 수분이 증가합니다.
- ㉡ 사전기 탈수 : 모세혈관의 확장 또는 질병의 과정 중에 발생하여 수분이 감소합니다.

④ 미생물의 이동
혈관의 확장으로 사체 내 자연적 방어가 약해져 미생물이 이동하게 되고, 특히 소화기계에 있던 세균들이 순환계를 타고 이동합니다.

(3) 사후 변화

사후 변화에는 물리적 변화와 화학적 변화가 있습니다. 물리적 변화는 자연적인 힘(중력)으로 나타나고, 화학적 변화는 화학 활성에 의해 생성되어 결과적으로 새로운 물질이 생성되는 것을 말합니다.

① 사후 물리적 변화
- ㉠ 체온 저하
  - 사망 후 사체가 차가워지는 현상으로 기본적으로 주위의 환경(예 계절, 냉난방)에 따라 온도가 변합니다.
  - 사후 직후에는 온도가 높아지고 시간이 흐른 후 주변의 온도와 같게 됩니다.
  - 체온의 저하는 외부보다 내부가 느리므로 온도가 높은 내부(내장)부터 먼저 부패합니다.
- ㉡ 침강(울혈)
  - 사후 침강은 조직 내부의 혈액이 중력에 의해 가라앉아 발생합니다.
  - 반려동물의 경우 피부의 색, 털로 인해서 잘 보이지 않습니다.
- ㉢ 탈 수
  - 조직으로부터 물의 손실과 표면증발에 의한 수분손실이 발생합니다.
  - 표면증발
    - 주변의 따듯한 공기가 사체의 표면을 건조시켜 발생합니다.
    - 건조에 의한 변색은 노란색 – 갈색 – 검정색의 순서로 변합니다.
    - 반려동물의 경우 코와 귀가 먼저 건조해집니다.

- 혈액과 체액의 침강
  - 체액의 성질로 인하여 높은 곳에서 낮은 곳으로 이동합니다.
  - 사체의 위치에 따라 다르지만 높은 부분은 탈수가 빠르게 일어나지만, 낮은 부분은 일시적으로 수분이 증가하여 사후 부종이 나타날 수 있습니다.
- ② 혈액 점도의 증가
  - 사후 탈수로 혈액의 밀도와 점도가 증가합니다.
  - 혈액에는 혈구 부분과 혈장 부분이 있으며, 혈관 내의 액체, 혈청(혈장에서 섬유소를 뺀 나머지) 부분은 빠져나가고 혈구 부분만 남게 되므로 점도가 높아집니다.
- ⑩ 미생물의 내부 확산
  사후 6시간 이내에 대장에 있던 미생물이 이동합니다.

② **사후 화학적 변화**
  - ㉠ 사후 열
    - 사망 후에도 사체 내부의 세포 중 산소공급을 받을 수 있는 곳은 계속 대사 작용이 유지됩니다. 이러한 대사 작용을 통해서 사후 온도가 증가합니다.
    - 복강 내부는 깊은 곳이라 체온이 떨어지는 데 오래 걸려 화학적 변화가 빨라집니다.
  - ㉡ 사후염색
    사후염색은 용혈된 혈액이 혈관 밖으로 나오면서 변색되는 것으로 사후 6시간 후 진행됩니다.
  - ㉢ pH의 변화
    - 정상적인 혈액의 산도는 약알칼리성(pH 7.38~7.40)입니다.
    - 사후 pH가 급격히 하강하여 산성으로 변화하고, 부패 및 사후경직이 시작되면서 알칼리성으로 다시 변화합니다.
  - ㉣ 사후경직
    - 사후경직은 모든 근육에서 관찰됩니다.
    - 사망 직후에는 모든 근육이 이완되고, 근육 이완 후 사후경직 발생합니다.
    - 반려동물의 경우 근육량, 밀도에 따라 사후경직이 없는 때도 있고, 경직이 발생하더라도 36~72시간 이내에 자연스럽게 풀립니다.
    - 사후경직의 순서 : 불수의근 → 얼굴 → 목 → 몸통 → 다리
  - ㉤ 부 패
    - 부패는 단백질의 분해를 의미하고, 필요한 조건은 물, 촉매제, 단백질입니다.
    - 부패의 순서 : 세포 → 조직(연부조직 → 단단한 조직 → 경조직) → 기관
  - ㉥ 부패의 징후
    - 색의 변화 : 표면상의 색의 변화로 하복부부터 녹색으로 변하고, 시간이 지남에 따라 복부의 전체, 흉부, 경부에서도 관찰됩니다.
    - 냄새 : 단백질이 분해되면서 특유의 냄새가 발생합니다.
    - 표피탈락 : 피부의 진피에서 자가용해가 진행되어 피부의 가장 바깥층이 벗겨져 나가는 증상입니다.

- 부패 가스 생성
  - 부패가 진행되면서 위 장관에서부터 부패 가스가 발생합니다.
  - 조직 내에서 생성된 가스는 압력에 의해 이동할 수 있습니다.
- 체외분비물
  - 복부에서 형성된 부패 가스의 압력에 의해 위, 폐, 직장 내부의 내용물이 체외에 형성된 구멍을 통해서 가스, 액체, 반고형물 등의 형태로 나오게 됩니다.
  - 위와 폐에서 발생한 분비물은 입과 코로, 대장을 통한 분비물은 항문으로 분출됩니다.

3 반려동물의 해부학적 자세

반려동물의 사후 변화는 모두 사람 인체의 변화를 기준으로 인용하였습니다. 동물의 해부학적 자세는 동물이 네 다리를 땅에 붙이고 정면을 바라보는 자세입니다. 반려동물의 생체가 놓여있는 위치를 설명하는 용어를 알고 있는 것은 매우 중요합니다.

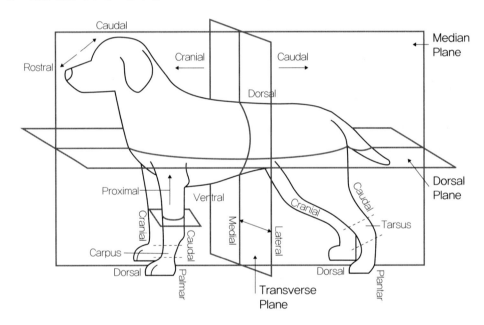

(1) 해부학적 단면

① 정중 면(Median Plane)
  ㉠ 동물체를 좌우 대칭되는 세로 방향으로 나누는 면
  ㉡ 반려동물의 코에서 꼬리까지 동물의 중앙선
② 가로 단면(Tansverse Planes)
  ㉠ 긴축에 대해서 직각으로 자르는 단면
  ㉡ 가로 단면이 사용되는 부분은 사지, 머리, 몸통, 장기 부분에 사용

③ 등 단면(Dorsal Plane)

정중 단면과 가로 단면의 수직으로 등과 배를 나누는 단면

(2) 해부학적 방향 지시 용어

① 앞쪽(Cranial) : 횡단면을 중심으로 동물의 머리 쪽 방향
② 뒤쪽(Caudal) : 동물의 뒤쪽 끝 또는 꼬리 쪽 방향
③ 등 쪽(Dorsal) : 동물의 등, 척추를 향하는 쪽
④ 배 쪽(Ventral) : 동물의 배, 바닥 쪽 근처로 향하는 쪽

(3) 해부학적 위치 용어

① 안쪽(내측, Medial) : 정중 면 근처 또는 정중 면 쪽 구조로, 동물의 가운데에 있는 부분
② 가쪽(외측, Lateral) : 동물의 옆쪽으로 놓여있는 구조로, 정중 면에서 먼 쪽
③ 표층(Superficial) : 동물체 표면 부분
④ 심층(Deep) : 동물체 중앙에 가까운 부분
⑤ 몸쪽(근위, Proximal) : 동물의 몸체에 가까운 구조 부위로 몸에 붙어 있는 다리의 상부
⑥ 먼 쪽(원 위, Distal) : 동물의 몸체에서 먼 쪽이나 먼 부위로 다리, 팔의 끝부분

반려동물의 사후 기초수습

3
CHAPTER

1 사후 기초수습의 발생

우리나라의 반려인은 반려동물이 사망했을 경우 가족 구성원으로의 충분한 애도의 시간을 갖지 못하고 최단 시간 안에 장례 절차와 화장 절차를 진행하는 문화가 자리 잡혀 있습니다. 대부분 반려인은 처음으로 겪는 반려동물의 죽음과 그 이후 사체가 부패될 수 있다는 불안감 때문에 사망 당일에 장례와 화장 절차까지 진행하고 있습니다. 앞서 설명해 드린 부패의 과정은 오랜 시간 방치되었을 때 일어날 수 있는 과정 중 하나입니다.

2 사후 기초수습

① 방석 또는 조금 두꺼운 수건 위에 아이를 옆으로 눕힌 다음, 수건을 두 번 정도 접어서 목과 머리 중간 부분(경추)을 조심히 받쳐주세요. 시간이 지나면 잔뇨와 잔변이 나오거나 코와 입에서 혈흔 또는 체액이 역류할 수 있으므로 머리 부분은 얇은 수건을 덧대 주고 아래쪽은 배변 패드를 덧대 깔아준 상태에서 잠시 지켜봐 주세요.

② 누워있는 아이들의 입 부분을 살펴줍니다. 이때 혀가 밖으로 나와 있다면, 혀를 입 안쪽으로 조심스럽게 넣어주세요. 입이 벌어져 있는 만큼 물티슈 혹은 탈지면을 준비하여 접어서 넣어주고 윗니와 아랫니 사이에 고여 준다는 느낌으로 이빨 사이에 고정해줍니다. 아이들이 무지개 다리를 건넌 시점부터 서서히 입이 벌어지고, 옆으로 누워있는 자세에서 혀가 밖으로 나와 있을 수 있습니다. 이런 상황에서 사후경직이 시작되고 다시 입이 다물어지면 혀를 물 수 있으므로 물티슈, 혹은 탈지면을 입 안쪽에 넣어 혀를 보호해주세요.

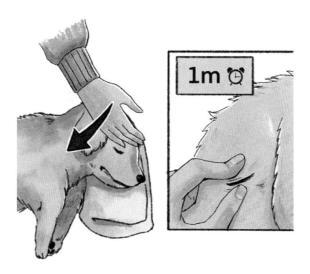

③ 눈을 감지 못했다면 손으로 눈 위쪽, 이마 부분의 근육을 위에서 아래 방향으로 조심스레 쓸어 내려줍니다. 그다음 엄지와 검지를 이용해 위아래 눈꺼풀을 1분 정도 잡아 준 상태로 고정하여 감겨주세요. 눈이 감겨있더라도 시간이 지나면서 서서히 떠질 수 있으므로 눈을 뜨게 되면 다시 조심스럽게 감겨주세요.

안심Touch

④ 목욕 시 아이의 목 부분을 조심히 감싸준 다음 미온수로 씻겨줍니다. 털을 말려 줄 때는 차가운 바람
  으로 말려주세요. 사망 이후 아이의 상태와 사후경직 등을 고려하여 목욕이 어려운 상황이라면 젖은
  수건이나 물티슈를 이용하여 씻겨주어야 할 부분만 조심히 닦아 주셔도 됩니다.

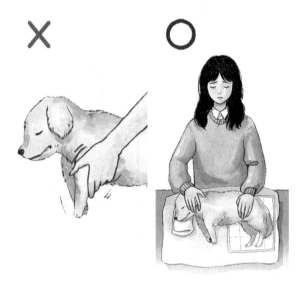

⑤ 사후경직은 시간이 지나면서 자연스레 풀리게 됩니다. 그때까지 조금 기다려주세요. 경직 상태를 강
  제로 풀어주기 위해 마사지를 하거나 힘을 가하게 되면 골절 등의 2차 부상을 입을 수 있습니다. 사
  후경직은 아이들에 따라서 사망 시점부터 약 48시간까지 지속될 수 있습니다.

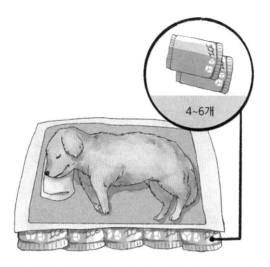

4~6개

⑥ 아이스 팩은 5~7시간에 1번은 교환해주셔야 합니다. 집에서 충분한 애도의 시간이 필요할 때 안전하게 아이를 보존하는 방법입니다. 사후 상태가 된 아이들은 외상 또는 큰 상처가 없다는 전제라면 48시간에서 72시간 동안은 체외의 부패나 변형은 발생하지 않습니다. 만약 일이 생겨 화장 절차를 진행하지 못하고 72시간을 넘어 장시간 보존을 해야 할 때에는 냉장으로 임시안치를 해주세요. 냉동 안치는 체내와 체외의 수분이 응고되어 원래의 본 모습과 많은 차이를 보이기 때문에 냉장 안치가 안전합니다.

⑦ 조금 넓은 수건을 이용하여 아이를 기저귀 하듯 감싸주고, 아이의 목(경추) 부분을 조심히 받쳐준 뒤 머리 부분이 위쪽으로 향하게 해준 상태로 안전하게 안아주세요. 이동 중 흔들림으로 인해 아이의 잔변과 잔뇨가 흐를 수 있으므로 수건을 감싸주기 전에 배변 패드를 아래쪽으로 덧대 주고 감싸 안아주세요.

안심Touch

⑧ 소중한 아이를 위해 가족의 의미를 담아 마지막까지 안아주세요. 종이상자 등으로 트렁크에 임시 안
치하게 되면 차량 이동 시 움직임과 충격으로 2차 부상이 발생할 수 있습니다.

폐사확인서의 이해

4
CHAPTER

반려동물이 병원에서 사망하면 반려인의 요청에 폐사진단서를 발급합니다. 사람의 사망진단서처럼 의무적인 발급 사항은 아니지만 시·군·구청에서 직접 동물등록변경신고를 할 때 폐사진단서 또는 화장증명서가 필요합니다. 그 외에도 반려동물의 전염병 등을 확인하기 위해서 꼭 필요한 부분입니다.

수의사법 제12조 제1항을 보면 수의사는 자기가 직접 진료하거나 검안하지 아니하고는 진단서, 검안서, 증명서 또는 처방전을 발급하지 못하며, 동물의약품을 처방·투약하지 못합니다. 다만, 직접 진료하거나 검안한 수의사가 부득이한 사유로 진단서, 검안서 또는 증명서를 발급할 수 없을 때는 같은 동물병원에 종사하는 다른 수의사가 진료부 등에 의하여 발급할 수 있다고 명시되어 있습니다. 이러한 서류는 수의사법 시행규칙 제19조에 따라 발급비용은 상한액 5천원으로 명시되어 있습니다.

1 폐사진단서의 필요성

① 반려동물 장례문화의 선진화에 필요합니다.
② 정확한 사망원인을 기재함으로써 반려인이 1차적 사망 사실을 인식하는 데 필요합니다.
③ 추후 사망원인을 조사하는 사인통계자료를 만들 수 있습니다(약, 치료법, 사료, 건강관리 등).
④ 반려동물 장례식장 종사자의 공중보건 및 위생관리를 위해 필요합니다(감염병 등).

2 폐사진단서, 검안서, 사망진단서(시체검안서)의 비교 및 차이점(서식3~5 참고)

(1) 발급기준

① 사람은 사망진단서(시체검안서)가 의무발급사항입니다. 사망진단서의 경우 장례의 진행 및 후속 조치를 하기 위해서 꼭 필요한 사항입니다. 장례의 진행에서 필요한 예는 장례식장, 화장시설에서만 원본서류가 필요합니다. 또한, 봉안시설 등에서도 서류가 필요하며 후속 조치사항에서는 매장과 화장신고, 사망신고, 보험처리 등에서 꼭 필요한 서류가 사망진단서입니다.

② 반려동물의 폐사진단서는 선택적 발급 사항입니다. 예를 들어 장례식장과 화장시설에서는 폐사진단서를 요청하지 않습니다. 그 외 도서 지역에서 반려동물의 장례를 진행하기 위한 비행을 위해서는 폐사진단서 및 예방접종 확인서 등이 있어야 합니다. 시·군·구청에서 직접 동물등록변경신고를 진행하기 위해서는 폐사진단서 또는 화장증명서가 필요합니다. 두 가지 중 하나의 서류만 필요하므로 보통 화장증명서로 진행합니다. 하지만 간혹 폐사진단서가 꼭 필요한 경우도 있으며, 근처 병원에서

값비싼 비용을 내고 발급을 받아야만 진행할 수 있다고 하는 곳도 있습니다. 이는 불법이며 과태료가 부과되는 사항입니다. 앞서 말했듯 서류는 상한가가 5천원이며 진료했던 병원의 수의사가 아닌 경우 반려동물의 사체를 데리고 직접 의사 검안이 진행됩니다.

(2) 사망원인의 기재 여부

사람의 사망진단서(시체검안서)의 경우 사망에 이른 질병, 손상·사고를 기록하는 곳이 있으며 이는 통계청에서 사인을 판단할 수 있도록 기재하고 사인의 원인을 꼭 기재하는 것이 원칙입니다. 그리고 사망에 직접 관련이 있는 원인을 인과관계에 따라 기재해야 하며 사망에 수반된 현상(호흡 정지, 심장마비 등)은 기재하지 않습니다. 또한 '한국 표준 질병 사인 분류표'에 따른 사망원인을 기재해야 합니다.

반려동물은 폐사진단서의 경우 사망원인을 기재할 수 있는 입력란이 존재하지 않습니다. 단, 수의사의 선택에 따라 기타란 등에 기재가 가능합니다. 사망원인의 경우 인수공통감염병(코로나19, 사스, 메르스)이 쟁점이 되는 현시점에는 꼭 필요한 사항으로 보이며 반려동물 장례식장에 종사하는 종사자들의 안전한 위생관리를 위해 꼭 필요한 사안입니다.

🐾 사례

사람을 위한 장례지도사로 근무하였을 때에는 제일 먼저 확인하는 것이 사망의 원인이었어요. 한번은 망자 중 사망원인에 H.I.V(Human Immunodeficiency Virus, 사람 면역결핍 바이러스)가 작성되어있는 망자를 담당한 사례가 있었어요. 사람 면역결핍 바이러스, 즉 에이즈 바이러스를 가진 사망자였는데. H.I.V는 환자의 혈액 등으로 감염되는 병으로 이러한 사망원인이 확인되지 않은 상태에서 염습을 진행하였다면 H.I.V에 감염이 되었을 거예요. 과다한 혈과 복수가 염습절차 시 외부로 노출되는데. 이때 비말감염을 막기 위한 마스크와 라텍스 장갑. 염습 복장을 철저히 갖춰 염습 절차를 진행했고, 그때 사용한 복장은 염습 절차가 끝난 이후 의료폐기물로 바로 폐기했습니다.

(3) 사망의 종류와 장소 기재 여부

사람의 경우 사망의 종류를 확인해 보면 병사, 외인사, 기타 및 불상이 있습니다. 병사는 질병의 원인으로 사망하게 된 경우와 외상의 합병증으로 인한 질병 사망의 경우는 외인사로 표시합니다. 외인사와 기타 및 불상의 경우 경찰 조사가 진행되고 검사의 판단으로 부검을 진행합니다. 다만 반려동물의 경우 폐사진단서의 정보 입력란을 살펴보면 사망의 종류를 구분하고 있지 않습니다. 반려동물의 사인 및 사망의 종류, 사망 장소를 기재하는 정보 입력란이 의무적으로 명시된다면 동물 학대 등으로 사망하는 반려동물을 구분할 수 있는 폐사진단서로 사용될 수 있을 것입니다.

(4) 증명서의 명확한 작성법의 여부

사망진단서의 경우는 서류의 명칭의 여부(사망진단서 or 시체검안서), 시간, 사망원인 등 명확한 작성법이 정해져 있습니다. 폐사진단서의 경우 발병 기간 입력란에 사망의 원인(질병) 등이 작성되어 오는 경우가 있습니다. 또한, 질병과 반려동물의 품종 등 수의학적인 명칭 외 따로 명확하게 한글로 표시되어 쉽게 알아볼 수 있도록 하는 부분도 중요합니다.

폐사진단서

동물 소유자 (관리인)	성명		
	주소		

동물의 특징	종류	품종	이름
	연령	성별	모색
	기타		

발병 연월일	
폐사 일시	년 월 일 시
폐사 장소	

「수의사법」 제12조 및 같은 법 시행규칙 제9조에 따라 위와 같이 증명합니다.

년   월   일

동물병원 명칭 :

동물병원 주소 :   (전화번호)

수의사 면허번호 : 제   호   수의사 성명   (서명 또는 인)

검안서

동물 소유자 (관리인)	성명		
	주소		

동물의 특징	종류	품종	이름
	연령	성별	모색
	기타		

발병 연월일	
폐사 일시	
폐사 장소	
검안 연월일	
임상 진단명	
폐사의 원인	
사체의 상태	
주요 소견	

「수의사법」 제12조 및 같은 법 시행규칙 제9조에 따라 위와 같이 증명합니다.

년   월   일

동물병원 명칭 :

동물병원 주소 :   (전화번호)

수의사 면허번호 : 제   호   수의사 성명   (서명 또는 인)

사망진단서(시체검안서)

※ [ ]에는 해당되는 곳에 "V" 표시를 합니다.

등록번호		연번호		원본 대조필인	

① 성 명				② 성 별	[ ]남 [ ]여
③ 주민등록번호		–	④ 실제생년월일	년 월 일	⑤ 직 업	
⑥ 주 소					
⑦ 발 병 일 시		년 월 일 시 분(24시간제에 따름)			
⑧ 사 망 일 시		년 월 일 시 분(24시간제에 따름)			

⑨ 사망 장소	주소	
	장소	[ ] 주택　　　　　　　　　　　　　　　　[ ] 의료기관　　[ ] 사회복지시설(양로원, 고아원 등) [ ] 공공시설(학교, 운동장 등)　　　　　　[ ] 도로 [ ] 상업 · 서비스시설(상점, 호텔 등)　[ ] 산업장 [ ] 농장(논밭, 축사, 양식장 등)　　　　[ ] 병원 이송 중 사망　　　　　[ ] 기타( )

⑩ 사망의 원인 ※ (나)(다)(라)에는 (가) 와 직접 의학적 인과 관계가 명확한 것만 을 적습니다.	(가)	직접 사인		발병부터 사망까지의 기간	
	(나)	(가)의 원인			
	(다)	(나)의 원인			
	(라)	(다)의 원인			
	(가)부터 (라)까지와 관계없는 그 밖의 신체상황				
	수술의사의 주요소견			수술 연월일	년 월 일
	해부의사의 주요소견				

⑪ 사망의 종류	[ ] 병사　　　[ ] 외인사　　[ ] 기타 및 불상			

⑫ 외인사 사항	사고 종류	[ ] 운수(교통)　　　[ ] 중독　[ ] 추락 [ ] 익사　　　　　　[ ] 화재　[ ] 기타( )	의도성 여부	[ ] 비의도적 사고　[ ] 자살 [ ] 타살　　　　　[ ] 미상
	사고발생 일시	년 월 일 시 분(24시간제에 따름)		
	사고발생 장소	주소		
		장소	[ ] 주택　　　　　　　　　　　　　　　　[ ] 의료기관　　[ ] 사회복지시설(양로원, 고아원 등) [ ] 공공시설(학교, 운동장 등)　　　　　　[ ] 도로 [ ] 상업 · 서비스시설(상점, 호텔 등)　[ ] 산업장 [ ] 농장(논밭, 축사, 양식장 등)　　　　[ ] 기타( )		

「의료법」 제17조 및 같은 법 시행규칙 제10조에 따라 위와 같이 진단(검안)합니다.

년　　　　월　　　　일

의료기관 명칭 :

주소 :

의사, 치과의사, 한의사 면허번호　　제　　　호

성 명 : (서명 또는 인)

유 의 사 항

사망신고는 1개월 이내에 관할 구청 · 시청 또는 읍 · 면 · 동사무소에 신고하여야 하며, 지연 신고 및 미신고 시 과태료가 부과됩니다.

MEMO

Part

10

장사법규 및
관련법

장사법 및 동물보호법

반려동물장례지도사가 알아야 하는 기본적인 법령은 바로 동물보호법입니다. 동물보호법은 동물장묘업에 관한 부분이 들어가 있으며, 기본적인 동물의 권리 등을 다루는 내용입니다. 또한, 기본적인 장례의 명칭은 장사 등에 관한 법률에서 기원한 것으로 이 두 가지 법령에 대하여 알아보겠습니다.

기본적으로 반려동물 장례에 관련된 명칭은 대부분 장사 등에 관한 법률(통칭 장사법)에서 나온 것입니다.

1 장사 등에 관한 법률

(1) 장사 관련 명칭[「장사 등에 관한 법률」 제2조(정의)]

① "매장"이란 시신(임신 4개월 이후에 죽은 태아를 포함한다. 이하 같다)이나 유골을 땅에 묻어 장사(葬事)하는 것을 말한다.

② "화장"이란 시신이나 유골을 불에 태워 장사하는 것을 말한다.

③ "자연장(自然葬)"이란 화장한 유골의 골분(骨粉)을 수목·화초·잔디 등의 밑이나 주변에 묻어 장사하는 것을 말한다.

④ "개장"이란 매장한 시신이나 유골을 다른 분묘 또는 봉안시설에 옮기거나 화장 또는 자연장하는 것을 말한다.

⑤ "봉안"이란 유골을 봉안시설에 안치하는 것을 말한다.

⑥ "분묘"란 시신이나 유골을 매장하는 시설을 말한다.

⑦ "묘지"란 분묘를 설치하는 구역을 말한다.

⑧ "화장시설"이란 시신이나 유골을 화장하기 위한 화장로 시설(대통령령으로 정하는 부대시설을 포함한다)을 말한다.

⑨ "봉안시설"이란 유골을 안치(매장은 제외한다)하는 다음 각 목의 시설을 말한다.

　㉠ 분묘의 형태로 된 봉안묘

　㉡ 「건축법」 제2조 제1항 제2호의 건축물인 봉안당

　㉢ 탑의 형태로 된 봉안탑

　㉣ 벽과 담의 형태로 된 봉안담

⑩ "자연장지(自然葬地)"란 자연장으로 장사할 수 있는 구역을 말한다.

⑪ "수목장림"이란 「산림자원의 조성 및 관리에 관한 법률」 제2조 제1호에 따른 산림에 조성하는 자연장지를 말한다.

⑫ "장사시설"이란 묘지·화장시설·봉안시설·자연장지 및 제28조의2·제29조에 따른 장례식장을 말한다.

2 동물보호법, 시행령, 시행규칙 외 서식

(1) 동물보호법

제1장 총 칙

제1조(목적)

이 법은 동물에 대한 학대행위의 방지 등 동물을 적정하게 보호·관리하기 위하여 필요한 사항을 규정함으로써 동물의 생명보호, 안전 보장 및 복지 증진을 꾀하고, 건전하고 책임 있는 사육문화를 조성하여, 동물의 생명 존중 등 국민의 정서를 기르고 사람과 동물의 조화로운 공존에 이바지함을 목적으로 한다.

제2조(정의)

이 법에서 사용하는 용어의 뜻은 다음과 같다.

1. "동물"이란 고통을 느낄 수 있는 신경체계가 발달한 척추동물로서 다음 각 목의 어느 하나에 해당하는 동물을 말한다.

　가. 포유류

　나. 조류

　다. 파충류·양서류·어류 중 농림축산식품부장관이 관계 중앙행정기관의 장과의 협의를 거쳐 대통령령으로 정하는 동물

1의2. "동물학대"란 동물을 대상으로 정당한 사유 없이 불필요하거나 피할 수 있는 신체적 고통과 스트레스를 주는 행위 및 굶주림, 질병 등에 대하여 적절한 조치를 게을리하거나 방치하는 행위를 말한다.

1의3. "반려동물"이란 반려(伴侶) 목적으로 기르는 개, 고양이 등 농림축산식품부령으로 정하는 동물을 말한다.

2. "등록대상동물"이란 동물의 보호, 유실·유기방지, 질병의 관리, 공중위생상의 위해 방지 등을 위하여 등록이 필요하다고 인정하여 대통령령으로 정하는 동물을 말한다.

3. "소유자등"이란 동물의 소유자와 일시적 또는 영구적으로 동물을 사육·관리 또는 보호하는 사람을 말한다.

3의2. "맹견"이란 도사견, 핏불테리어, 로트와일러 등 사람의 생명이나 신체에 위해를 가할 우려가 있는 개로서 농림축산식품부령으로 정하는 개를 말한다.

4. "동물실험"이란 「실험동물에 관한 법률」 제2조 제1호에 따른 동물실험을 말한다.

5. "동물실험시행기관"이란 동물실험을 실시하는 법인·단체 또는 기관으로서 대통령령으로 정하는 법인·단체 또는 기관을 말한다.

제3조(동물보호의 기본원칙)

누구든지 동물을 사육·관리 또는 보호할 때에는 다음 각 호의 원칙을 준수하여야 한다.

1. 동물이 본래의 습성과 신체의 원형을 유지하면서 정상적으로 살 수 있도록 할 것

2. 동물이 갈증 및 굶주림을 겪거나 영양이 결핍되지 아니하도록 할 것

3. 동물이 정상적인 행동을 표현할 수 있고 불편함을 겪지 아니하도록 할 것

4. 동물이 고통·상해 및 질병으로부터 자유롭도록 할 것

5. 동물이 공포와 스트레스를 받지 아니하도록 할 것

제2장 동물의 보호 및 관리

제7조(적정한 사육·관리)

① 소유자등은 동물에게 적합한 사료와 물을 공급하고, 운동·휴식 및 수면이 보장되도록 노력하여야 한다.

② 소유자등은 동물이 질병에 걸리거나 부상당한 경우에는 신속하게 치료하거나 그 밖에 필요한 조치를 하도록 노력하여야 한다.

③ 소유자등은 동물을 관리하거나 다른 장소로 옮긴 경우에는 그 동물이 새로운 환경에 적응하는 데에 필요한 조치를 하도록 노력하여야 한다.

④ 제1항부터 제3항까지에서 규정한 사항 외에 동물의 적절한 사육·관리 방법 등에 관한 사항은 농림축산식품부령으로 정한다.

제8조(동물학대 등의 금지)

① 누구든지 동물에 대하여 다음 각 호의 행위를 하여서는 아니 된다.

  1. 목을 매다는 등의 잔인한 방법으로 죽음에 이르게 하는 행위

  2. 노상 등 공개된 장소에서 죽이거나 같은 종류의 다른 동물이 보는 앞에서 죽음에 이르게 하는 행위

  3. 고의로 사료 또는 물을 주지 아니하는 행위로 인하여 동물을 죽음에 이르게 하는 행위

  4. 그 밖에 수의학적 처치의 필요, 동물로 인한 사람의 생명·신체·재산의 피해 등 농림축산식품부령으로 정하는 정당한 사유 없이 죽음에 이르게 하는 행위

② 누구든지 동물에 대하여 다음 각 호의 학대행위를 하여서는 아니 된다.

  1. 도구·약물 등 물리적·화학적 방법을 사용하여 상해를 입히는 행위. 다만, 질병의 예방이나 치료 등 농림축산식품부령으로 정하는 경우는 제외한다.

  2. 살아 있는 상태에서 동물의 신체를 손상하거나 체액을 채취하거나 체액을 채취하기 위한 장치를 설치하는 행위. 다만, 질병의 치료 및 동물실험 등 농림축산식품부령으로 정하는 경우는 제외한다.

3. 도박·광고·오락·유흥 등의 목적으로 동물에게 상해를 입히는 행위. 다만, 민속경기 등 농림축산식품부령으로 정하는 경우는 제외한다.

3의2. 반려동물에게 최소한의 사육공간 제공 등 농림축산식품부령으로 정하는 사육·관리 의무를 위반하여 상해를 입히거나 질병을 유발시키는 행위

4. 그 밖에 수의학적 처치의 필요, 동물로 인한 사람의 생명·신체·재산의 피해 등 농림축산식품부령으로 정하는 정당한 사유 없이 신체적 고통을 주거나 상해를 입히는 행위

③ 누구든지 다음 각 호에 해당하는 동물에 대하여 포획하여 판매하거나 죽이는 행위, 판매하거나 죽일 목적으로 포획하는 행위 또는 다음 각 호에 해당하는 동물임을 알면서도 알선·구매하는 행위를 하여서는 아니 된다.

1. 유실·유기동물

2. 피학대 동물 중 소유자를 알 수 없는 동물

④ 소유자등은 동물을 유기(遺棄)하여서는 아니 된다.

⑤ 누구든지 다음 각 호의 행위를 하여서는 아니 된다.

1. 제1항부터 제3항까지에 해당하는 행위를 촬영한 사진 또는 영상물을 판매·전시·전달·상영하거나 인터넷에 게재하는 행위. 다만, 동물보호 의식을 고양시키기 위한 목적이 표시된 홍보 활동 등 농림축산식품부령으로 정하는 경우에는 그러하지 아니하다.

2. 도박을 목적으로 동물을 이용하는 행위 또는 동물을 이용하는 도박을 행할 목적으로 광고·선전하는 행위. 다만, 「사행산업통합감독위원회법」 제2조 제1호에 따른 사행산업은 제외한다.

3. 도박·시합·복권·오락·유흥·광고 등의 상이나 경품으로 동물을 제공하는 행위

4. 영리를 목적으로 동물을 대여하는 행위. 다만, 「장애인복지법」 제40조에 따른 장애인 보조견의 대여 등 농림축산식품부령으로 정하는 경우는 제외한다.

제12조(등록대상동물의 등록 등)

① 등록대상동물의 소유자는 동물의 보호와 유실·유기방지 등을 위하여 시장·군수·구청장(자치구의 구청장을 말한다. 이하 같다)·특별자치시장(이하 "시장·군수·구청장"이라 한다)에게 등록대상동물을 등록하여야 한다. 다만, 등록대상동물이 맹견이 아닌 경우로서 농림축산식품부령으로 정하는 바에 따라 시·도의 조례로 정하는 지역에서는 그러하지 아니하다.

② 제1항에 따라 등록된 등록대상동물의 소유자는 다음 각 호의 어느 하나에 해당하는 경우에는 해당 각 호의 구분에 따른 기간에 시장·군수·구청장에게 신고하여야 한다.

1. 등록대상동물을 잃어버린 경우에는 등록대상동물을 잃어버린 날부터 10일 이내

2. 등록대상동물에 대하여 농림축산식품부령으로 정하는 사항이 변경된 경우에는 변경 사유 발생일부터 30일 이내

③ 제1항에 따른 등록대상동물의 소유권을 이전받은 자 중 제1항에 따른 등록을 실시하는 지역에 거주하는 자는 그 사실을 소유권을 이전받은 날부터 30일 이내에 자신의 주소지를 관할하는 시장·군수·구청장에게 신고하여야 한다.

④ 시장·군수·구청장은 농림축산식품부령으로 정하는 자(이하 이 조에서 "동물등록대행자"라 한다)

로 하여금 제1항부터 제3항까지의 규정에 따른 업무를 대행하게 할 수 있다. 이 경우 그에 따른 수수료를 지급할 수 있다.

⑤ 등록대상동물의 등록 사항 및 방법·절차, 변경신고 절차, 동물등록대행자 준수사항 등에 관한 사항은 농림축산식품부령으로 정하며, 그 밖에 등록에 필요한 사항은 시·도의 조례로 정한다.

제13조(등록대상동물의 관리 등)

① 소유자등은 등록대상동물을 기르는 곳에서 벗어나게 하는 경우에는 소유자등의 연락처 등 농림축산식품부령으로 정하는 사항을 표시한 인식표를 등록대상동물에게 부착하여야 한다.

② 소유자등은 등록대상동물을 동반하고 외출할 때에는 농림축산식품부령으로 정하는 바에 따라 목줄 등 안전조치를 하여야 하며, 배설물(소변의 경우에는 공동주택의 엘리베이터·계단 등 건물 내부의 공용공간 및 평상·의자 등 사람이 눕거나 앉을 수 있는 기구 위의 것으로 한정한다)이 생겼을 때에는 즉시 수거하여야 한다.

③ 시·도지사는 등록대상동물의 유실·유기 또는 공중위생상의 위해 방지를 위하여 필요할 때에는 시·도의 조례로 정하는 바에 따라 소유자등으로 하여금 등록대상동물에 대하여 예방접종을 하게 하거나 특정 지역 또는 장소에서의 사육 또는 출입을 제한하게 하는 등 필요한 조치를 할 수 있다.

제5장 영 업

제32조(영업의 종류 및 시설기준 등)

① 반려동물과 관련된 다음 각 호의 영업을 하려는 자는 농림축산식품부령으로 정하는 기준에 맞는 시설과 인력을 갖추어야 한다.

1. 동물장묘업(動物葬墓業)
2. 동물판매업
3. 동물수입업
4. 동물생산업
5. 동물전시업
6. 동물위탁관리업
7. 동물미용업
8. 동물운송업

② 제1항 각 호에 따른 영업의 세부 범위는 농림축산식품부령으로 정한다.

제33조(영업의 등록)

① 제32조 제1항 제1호부터 제3호까지 및 제5호부터 제8호까지의 규정에 따른 영업을 하려는 자는 농림축산식품부령으로 정하는 바에 따라 시장·군수·구청장에게 등록하여야 한다.

② 제1항에 따라 등록을 한 자는 농림축산식품부령으로 정하는 사항을 변경하거나 폐업·휴업 또는 그 영업을 재개하려는 경우에는 미리 농림축산식품부령으로 정하는 바에 따라 시장·군수·구청장에게 신고를 하여야 한다.

③ 시장·군수·구청장은 제2항에 따른 변경신고를 받은 경우 그 내용을 검토하여 이 법에 적합하면 신고를 수리하여야 한다.

④ 다음 각 호의 어느 하나에 해당하는 경우에는 제1항에 따른 등록을 할 수 없다. 다만, 제5호는 제32조 제1항 제1호에 따른 영업에만 적용한다.

1. 등록을 하려는 자(법인인 경우에는 임원을 포함한다. 이하 이 조에서 같다)가 미성년자, 피한정후견인 또는 피성년후견인인 경우

2. 제32조 제1항 각 호 외의 부분에 따른 시설 및 인력의 기준에 맞지 아니한 경우

3. 제38조 제1항에 따라 등록이 취소된 후 1년이 지나지 아니한 자(법인인 경우에는 그 대표자를 포함한다)가 취소된 업종과 같은 업종을 등록하려는 경우

4. 등록을 하려는 자가 이 법을 위반하여 벌금형 이상의 형을 선고받고 그 형이 확정된 날부터 3년이 지나지 아니한 경우. 다만, 제8조를 위반하여 벌금형 이상의 형을 선고받은 경우에는 그 형이 확정된 날부터 5년으로 한다.

5. 다음 각 목의 어느 하나에 해당하는 지역에 동물장묘시설을 설치하려는 경우

가. 「장사 등에 관한 법률」 제17조에 해당하는 지역

나. 20호 이상의 인가밀집지역, 학교, 그 밖에 공중이 수시로 집합하는 시설 또는 장소로부터 300미터 이하 떨어진 곳. 다만, 토지나 지형의 상황으로 보아 해당 시설의 기능이나 이용 등에 지장이 없는 경우로서 시장·군수·구청장이 인정하는 경우에는 적용을 제외한다.

제33조의2(공설 동물장묘시설의 설치·운영 등)

① 지방자치단체의 장은 반려동물을 위한 장묘시설(이하 "공설 동물장묘시설"이라 한다)을 설치·운영할 수 있다.

② 국가는 제1항에 따라 공설 동물장묘시설을 설치·운영하는 지방자치단체에 대해서는 예산의 범위에서 시설의 설치에 필요한 경비를 지원할 수 있다.

제33조의3(공설 동물장묘시설의 사용료 등)

지방자치단체의 장이 공설 동물장묘시설을 사용하는 자에게 부과하는 사용료 또는 관리비의 금액과 부과방법, 사용료 또는 관리비의 용도, 그 밖에 필요한 사항은 해당 지방자치단체의 조례로 정한다. 이 경우 사용료 및 관리비의 금액은 토지가격, 시설물 설치·조성비용, 지역주민 복지증진 등을 고려하여 정하여야 한다.

제34조(영업의 허가)

① 제32조 제1항 제4호에 규정된 영업을 하려는 자는 농림축산식품부령으로 정하는 바에 따라 시장·군수·구청장에게 허가를 받아야 한다.

② 제1항에 따라 허가를 받은 자가 농림축산식품부령으로 정하는 사항을 변경하거나 폐업·휴업 또는 그 영업을 재개하려면 미리 농림축산식품부령으로 정하는 바에 따라 시장·군수·구청장에게 신고를 하여야 한다.

③ 시장·군수·구청장은 제2항에 따른 변경신고를 받은 경우 그 내용을 검토하여 이 법에 적합하면 신고를 수리하여야 한다.

④ 다음 각 호의 어느 하나에 해당하는 경우에는 제1항에 따른 허가를 받을 수 없다.

1. 허가를 받으려는 자(법인인 경우에는 임원을 포함한다. 이하 이 조에서 같다)가 미성년자, 피한정후견인 또는 피성년후견인인 경우

2. 제32조 제1항 각 호 외의 부분에 따른 시설과 인력을 갖추지 아니한 경우

3. 제37조 제1항에 따른 교육을 받지 아니한 경우

4. 제38조 제1항에 따라 허가가 취소된 후 1년이 지나지 아니한 자(법인인 경우에는 그 대표자를 포함한다)가 취소된 업종과 같은 업종의 허가를 받으려는 경우

5. 허가를 받으려는 자가 이 법을 위반하여 벌금형 이상의 형을 선고받고 그 형이 확정된 날부터 3년이 지나지 아니한 경우. 다만, 제8조를 위반하여 벌금형 이상의 형을 선고받은 경우에는 그 형이 확정된 날부터 5년으로 한다.

제35조(영업의 승계)

① 제33조 제1항에 따라 영업등록을 하거나 제34조 제1항에 따라 영업허가를 받은 자(이하 "영업자"라 한다)가 그 영업을 양도하거나 사망하였을 때 또는 법인의 합병이 있을 때에는 그 양수인·상속인 또는 합병 후 존속하는 법인이나 합병으로 설립되는 법인(이하 "양수인등"이라 한다)은 그 영업자의 지위를 승계한다.

② 다음 각 호의 어느 하나에 해당하는 절차에 따라 영업시설의 전부를 인수한 자는 그 영업자의 지위를 승계한다.

1. 「민사집행법」에 따른 경매

2. 「채무자 회생 및 파산에 관한 법률」에 따른 환가(換價)

3. 「국세징수법」·「관세법」 또는 「지방세법」에 따른 압류재산의 매각

4. 제1호부터 제3호까지의 규정 중 어느 하나에 준하는 절차

③ 제1항 또는 제2항에 따라 영업자의 지위를 승계한 자는 승계한 날부터 30일 이내에 농림축산식품부령으로 정하는 바에 따라 시장·군수·구청장에게 신고하여야 한다.

④ 제1항 및 제2항에 따른 승계에 관하여는 제33조 제4항 및 제34조 제4항을 준용하되, 제33조 제4항 중 "등록"과 제34조 제4항 중 "허가"는 "신고"로 본다. 다만, 상속인이 제33조 제4항 제1호 또는 제34조 제4항 제1호에 해당하는 경우에는 상속을 받은 날부터 3개월 동안은 그러하지 아니하다.

제36조(영업자 등의 준수사항)

① 영업자(법인인 경우에는 그 대표자를 포함한다)와 그 종사자는 다음 각 호에 관하여 농림축산식품부령으로 정하는 사항을 지켜야 한다.

1. 동물의 사육·관리에 관한 사항

2. 동물의 생산등록, 동물의 반입·반출 기록의 작성·보관에 관한 사항

3. 동물의 판매가능 월령, 건강상태 등 판매에 관한 사항

4. 동물 사체의 적정한 처리에 관한 사항

5. 영업시설 운영기준에 관한 사항

6. 영업 종사자의 교육에 관한 사항

7. 등록대상동물의 등록 및 변경신고의무(등록·변경신고방법 및 위반 시 처벌에 관한 사항 등을 포함한다) 고지에 관한 사항

8. 그 밖에 동물의 보호와 공중위생상의 위해 방지를 위하여 필요한 사항

② 제32조 제1항 제2호에 따른 동물판매업을 하는 자(이하 "동물판매업자"라 한다)는 영업자를 제외한 구매자에게 등록대상동물을 판매하는 경우 그 구매자의 명의로 제12조 제1항에 따른 등록대상동물의 등록 신청을 한 후 판매하여야 한다.

③ 동물판매업자는 제12조 제5항에 따른 등록 방법 중 구매자가 원하는 방법으로 제2항에 따른 등록대상동물의 등록 신청을 하여야 한다.

제37조(교육)

① 제32조 제1항 제2호부터 제8호까지의 규정에 해당하는 영업을 하려는 자와 제38조에 따른 영업정지 처분을 받은 영업자는 동물의 보호 및 공중위생상의 위해 방지 등에 관한 교육을 받아야 한다.

② 제32조 제1항 제2호부터 제8호까지의 규정에 해당하는 영업을 하는 자는 연 1회 이상 교육을 받아야 한다.

③ 제1항에 따라 교육을 받아야 하는 영업자로서 교육을 받지 아니한 영업자는 그 영업을 하여서는 아니 된다.

④ 제1항에 따라 교육을 받아야 하는 영업자가 영업에 직접 종사하지 아니하거나 두 곳 이상의 장소에서 영업을 하는 경우에는 종사자 중에서 책임자를 지정하여 영업자 대신 교육을 받게 할 수 있다.

⑤ 제1항에 따른 교육의 실시기관, 교육 내용 및 방법 등에 관한 사항은 농림축산식품부령으로 정한다.

제38조(등록 또는 허가 취소 등)

① 시장·군수·구청장은 영업자가 다음 각 호의 어느 하나에 해당할 경우에는 농림축산식품부령으로 정하는 바에 따라 그 등록 또는 허가를 취소하거나 6개월 이내의 기간을 정하여 그 영업의 전부 또는 일부의 정지를 명할 수 있다. 다만, 제1호에 해당하는 경우에는 등록 또는 허가를 취소하여야 한다.

1. 거짓이나 그 밖의 부정한 방법으로 등록을 하거나 허가를 받은 것이 판명된 경우

2. 제8조 제1항부터 제3항까지의 규정을 위반하여 동물에 대한 학대행위 등을 한 경우

3. 등록 또는 허가를 받은 날부터 1년이 지나도 영업을 시작하지 아니한 경우

4. 제32조 제1항 각 호 외의 부분에 따른 기준에 미치지 못하게 된 경우

5. 제33조 제2항 및 제34조 제2항에 따라 변경신고를 하지 아니한 경우

6. 제36조에 따른 준수사항을 지키지 아니한 경우

② 제1항에 따른 처분의 효과는 그 처분기간이 만료된 날부터 1년간 양수인등에게 승계되며, 처분의 절차가 진행 중일 때에는 양수인등에 대하여 처분의 절차를 행할 수 있다. 다만, 양수인등이 양수·상속 또는 합병 시에 그 처분 또는 위반사실을 알지 못하였음을 증명하는 경우에는 그러하지 아니하다.

제38조의2(영업자에 대한 점검 등)

시장·군수·구청장은 영업자에 대하여 제32조 제1항에 따른 시설 및 인력 기준과 제36조에 따른 준수 사항의 준수 여부를 매년 1회 이상 점검하고, 그 결과를 다음 연도 1월 31일까지 시·도지사를 거쳐 농림축산식품부장관에게 보고하여야 한다.

제7장 벌 칙

제46조(벌칙)

① 다음 각 호의 어느 하나에 해당하는 자는 3년 이하의 징역 또는 3천만원 이하의 벌금에 처한다.

  1. 제8조 제1항을 위반하여 동물을 죽음에 이르게 하는 학대행위를 한 자

  2. 제13조 제2항 또는 제13조의2 제1항을 위반하여 사람을 사망에 이르게 한 자

② 다음 각 호의 어느 하나에 해당하는 자는 2년 이하의 징역 또는 2천만원 이하의 벌금에 처한다.

  1. 제8조 제2항 또는 제3항을 위반하여 동물을 학대한 자

  1의2. 제8조 제4항을 위반하여 맹견을 유기한 소유자등

  1의3. 제13조 제2항에 따른 목줄 등 안전조치 의무를 위반하여 사람의 신체를 상해에 이르게 한 자

  1의4. 제13조의2 제1항을 위반하여 사람의 신체를 상해에 이르게 한 자

  2. 제30조 제1호를 위반하여 거짓이나 그 밖의 부정한 방법으로 동물복지축산농장 인증을 받은 자

  3. 제30조 제2호를 위반하여 인증을 받지 아니한 농장을 동물복지축산농장으로 표시한 자

③ 다음 각 호의 어느 하나에 해당하는 자는 500만원 이하의 벌금에 처한다.

  1. 제26조 제3항을 위반하여 비밀을 누설하거나 도용한 윤리위원회의 위원

  2. 제33조에 따른 등록 또는 신고를 하지 아니하거나 제34조에 따른 허가를 받지 아니하거나 신고를 하지 아니하고 영업을 한 자

  3. 거짓이나 그 밖의 부정한 방법으로 제33조에 따른 등록 또는 신고를 하거나 제34조에 따른 허가를 받거나 신고를 한 자

  4. 제38조에 따른 영업정지기간에 영업을 한 영업자

④ 다음 각 호의 어느 하나에 해당하는 자는 300만원 이하의 벌금에 처한다.

  1. 제8조 제4항을 위반하여 동물을 유기한 소유자등

  2. 제8조 제5항 제1호를 위반하여 사진 또는 영상물을 판매·전시·전달·상영하거나 인터넷에 게재한 자

  3. 제8조 제5항 제2호를 위반하여 도박을 목적으로 동물을 이용한 자 또는 동물을 이용하는 도박을 행할 목적으로 광고·선전한 자

  4. 제8조 제5항 제3호를 위반하여 도박·시합·복권·오락·유흥·광고 등의 상이나 경품으로 동물을 제공한 자

  5. 제8조 제5항 제4호를 위반하여 영리를 목적으로 동물을 대여한 자

  6. 제24조를 위반하여 동물실험을 한 자

⑤ 상습적으로 제1항부터 제3항까지의 죄를 지은 자는 그 죄에 정한 형의 2분의 1까지 가중한다.

제46조의2(양벌규정)

법인의 대표자나 법인 또는 개인의 대리인, 사용인, 그 밖의 종업원이 그 법인 또는 개인의 업무에 관하여 제46조에 따른 위반행위를 하면 그 행위자를 벌하는 외에 그 법인 또는 개인에게도 해당 조문의 벌금형을 과한다. 다만, 법인 또는 개인이 그 위반행위를 방지하기 위하여 해당 업무에 관하여 상당한 주의와 감독을 게을리하지 아니한 경우에는 그러하지 아니하다.

제47조(과태료)

① 다음 각 호의 어느 하나에 해당하는 자에게는 300만원 이하의 과태료를 부과한다.
  1. 삭제
  2. 제9조의2를 위반하여 동물을 판매한 자
  2의2. 제13조의2 제1항 제1호를 위반하여 소유자등 없이 맹견을 기르는 곳에서 벗어나게 한 소유자등
  2의3. 제13조의2 제1항 제2호를 위반하여 월령이 3개월 이상인 맹견을 동반하고 외출할 때 안전장치 및 이동장치를 하지 아니한 소유자등
  2의4. 제13조의2 제1항 제3호를 위반하여 사람에게 신체적 피해를 주지 아니하도록 관리하지 아니한 소유자등
  2의5. 제13조의2 제3항을 위반하여 맹견의 안전한 사육 및 관리에 관한 교육을 받지 아니한 소유자
  2의6. 제13조의2 제4항을 위반하여 보험에 가입하지 아니한 소유자
  2의7. 제13조의3을 위반하여 맹견을 출입하게 한 소유자등
  3. 제25조 제1항을 위반하여 윤리위원회를 설치·운영하지 아니한 동물실험시행기관의 장
  4. 제25조 제3항을 위반하여 윤리위원회의 심의를 거치지 아니하고 동물실험을 한 동물실험시행기관의 장
  5. 제28조 제2항을 위반하여 개선명령을 이행하지 아니한 동물실험시행기관의 장
② 다음 각 호의 어느 하나에 해당하는 자에게는 100만원 이하의 과태료를 부과한다.
  1. 삭제
  2. 제9조 제1항 제4호 또는 제5호를 위반하여 동물을 운송한 자
  3. 제9조 제1항을 위반하여 제32조 제1항의 동물을 운송한 자
  4. 삭제
  5. 제12조 제1항을 위반하여 등록대상동물을 등록하지 아니한 소유자
  5의2. 제24조의2를 위반하여 미성년자에게 동물 해부실습을 하게 한 자
  6. 삭제
  7. 삭제
  8. 제31조 제2항을 위반하여 동물복지축산농장 인증을 받은 자의 지위를 승계하고 그 사실을 신고하지 아니한 자
  9. 제35조 제3항을 위반하여 영업자의 지위를 승계하고 그 사실을 신고하지 아니한 자
  10. 제37조 제2항 또는 제3항을 위반하여 교육을 받지 아니하고 영업을 한 영업자
  11. 제39조 제1항 제1호에 따른 자료제출 요구에 응하지 아니하거나 거짓 자료를 제출한 동물의 소유자등

12. 제39조 제1항 제2호에 따른 출입 · 검사를 거부 · 방해 또는 기피한 동물의 소유자등

13. 제39조 제1항 제3호에 따른 시정명령을 이행하지 아니한 동물의 소유자등

14. 제39조 제2항에 따른 보고 · 자료제출을 하지 아니하거나 거짓으로 보고 · 자료제출을 한 자 또는 같은 항에 따른 출입 · 조사를 거부 · 방해 · 기피한 자

15. 제40조 제4항을 위반하여 동물보호감시원의 직무 수행을 거부 · 방해 또는 기피한 자

③ 다음 각 호의 어느 하나에 해당하는 자에게는 50만원 이하의 과태료를 부과한다.

1. 제12조 제2항을 위반하여 정해진 기간 내에 신고를 하지 아니한 소유자

2. 제12조 제3항을 위반하여 변경신고를 하지 아니한 소유권을 이전받은 자

3. 제13조 제1항을 위반하여 인식표를 부착하지 아니한 소유자등

4. 제13조 제2항을 위반하여 안전조치를 하지 아니하거나 배설물을 수거하지 아니한 소유자등

④ 제1항부터 제3항까지의 과태료는 대통령령으로 정하는 바에 따라 농림축산식품부장관, 시 · 도지사 또는 시장 · 군수 · 구청장이 부과 · 징수한다.

(2) 동물보호법 시행령

제1조(목적)
이 영은 「동물보호법」에서 위임된 사항과 그 시행에 필요한 사항을 규정함을 목적으로 한다.

제2조(동물의 범위)
「동물보호법」(이하 "법"이라 한다) 제2조 제1호 다목에서 "대통령령으로 정하는 동물"이란 파충류, 양서류 및 어류를 말한다. 다만, 식용(食用)을 목적으로 하는 것은 제외한다.

제3조(등록대상동물의 범위)
법 제2조 제2호에서 "대통령령으로 정하는 동물"이란 다음 각 호의 어느 하나에 해당하는 월령(月齡) 2개월 이상인 개를 말한다.
1. 「주택법」 제2조 제1호 및 제4호에 따른 주택 · 준주택에서 기르는 개
2. 제1호에 따른 주택 · 준주택 외의 장소에서 반려(伴侶) 목적으로 기르는 개

(3) 동물보호법 시행규칙

제1조(목적)
이 규칙은 「동물보호법」 및 같은 법 시행령에서 위임된 사항과 그 시행에 필요한 사항을 규정함을 목적으로 한다.

제1조의2(반려동물의 범위)
「동물보호법」(이하 "법"이라 한다) 제2조 제1호의3에서 "개, 고양이 등 농림축산식품부령으로 정하는 동물"이란 개, 고양이, 토끼, 페럿, 기니피그 및 햄스터를 말한다.

제3조(적절한 사육 · 관리 방법 등)

법 제7조 제4항에 따른 동물의 적절한 사육 · 관리 방법 등에 관한 사항은 별표 1과 같다.

제4조(학대행위의 금지)

① 법 제8조 제1항 제4호에서 "농림축산식품부령으로 정하는 정당한 사유 없이 죽음에 이르게 하는 행위"란 다음 각 호의 어느 하나를 말한다.

    1. 사람의 생명 · 신체에 대한 직접적 위협이나 재산상의 피해를 방지하기 위하여 다른 방법이 있음에도 불구하고 동물을 죽음에 이르게 하는 행위

    2. 동물의 습성 및 생태환경 등 부득이한 사유가 없음에도 불구하고 해당 동물을 다른 동물의 먹이로 사용하는 경우

② 법 제8조 제2항 제1호 단서 및 제2호 단서에서 "농림축산식품부령으로 정하는 경우"란 다음 각 호의 어느 하나에 해당하는 경우를 말한다.

    1. 질병의 예방이나 치료

    2. 법 제23조에 따라 실시하는 동물실험

    3. 긴급한 사태가 발생한 경우 해당 동물을 보호하기 위하여 하는 행위

③ 법 제8조 제2항 제3호 단서에서 "민속경기 등 농림축산식품부령으로 정하는 경우"란 「전통 소싸움경기에 관한 법률」에 따른 소싸움으로서 농림축산식품부장관이 정하여 고시하는 것을 말한다.

④ 삭제

⑤ 법 제8조 제2항 제3호의2에서 "최소한의 사육공간 제공 등 농림축산식품부령으로 정하는 사육 · 관리 의무"란 별표 1의2에 따른 사육 · 관리 의무를 말한다.

⑥ 법 제8조 제2항 제4호에서 "농림축산식품부령으로 정하는 정당한 사유 없이 신체적 고통을 주거나 상해를 입히는 행위"란 다음 각 호의 어느 하나를 말한다.

    1. 사람의 생명 · 신체에 대한 직접적 위협이나 재산상의 피해를 방지하기 위하여 다른 방법이 있음에도 불구하고 동물에게 신체적 고통을 주거나 상해를 입히는 행위

    2. 동물의 습성 또는 사육환경 등의 부득이한 사유가 없음에도 불구하고 동물을 혹서 · 혹한 등의 환경에 방치하여 신체적 고통을 주거나 상해를 입히는 행위

    3. 갈증이나 굶주림의 해소 또는 질병의 예방이나 치료 등의 목적 없이 동물에게 음식이나 물을 강제로 먹여 신체적 고통을 주거나 상해를 입히는 행위

    4. 동물의 사육 · 훈련 등을 위하여 필요한 방식이 아님에도 불구하고 다른 동물과 싸우게 하거나 도구를 사용하는 등 잔인한 방식으로 신체적 고통을 주거나 상해를 입히는 행위

⑦ 법 제8조 제5항 제1호 단서에서 "동물보호 의식을 고양시키기 위한 목적이 표시된 홍보 활동 등 농림축산식품부령으로 정하는 경우"란 다음 각 호의 어느 하나에 해당하는 경우를 말한다.

    1. 국가기관, 지방자치단체 또는 「동물보호법 시행령」(이하 "영"이라 한다) 제5조에 따른 민간단체가 동물보호 의식을 고양시키기 위한 목적으로 법 제8조 제1항부터 제3항까지에 해당하는 행위를 촬영한 사진 또는 영상물(이하 이 항에서 "사진 또는 영상물"이라 한다)에 기관 또는 단체의 명칭과 해당 목적을 표시하여 판매 · 전시 · 전달 · 상영하거나 인터넷에 게재하는 경우

2. 언론기관이 보도 목적으로 사진 또는 영상물을 부분 편집하여 전시·전달·상영하거나 인터넷에 게재하는 경우

3. 신고 또는 제보의 목적으로 제1호 및 제2호에 해당하는 기관 또는 단체에 사진 또는 영상물을 전달하는 경우

⑧ 법 제8조 제5항 제4호 단서에서 "「장애인복지법」 제40조에 따른 장애인 보조견의 대여 등 농림축산식품부령으로 정하는 경우"란 다음 각 호의 어느 하나에 해당하는 경우를 말한다.

1. 「장애인복지법」 제40조에 따른 장애인 보조견을 대여하는 경우

2. 촬영, 체험 또는 교육을 위하여 동물을 대여하는 경우. 이 경우 해당 동물을 관리할 수 있는 인력이 대여하는 기간 동안 제3조에 따른 적절한 사육·관리를 하여야 한다.

제7조(동물등록제 제외 지역의 기준)

법 제12조 제1항 단서에 따라 시·도의 조례로 동물을 등록하지 않을 수 있는 지역으로 정할 수 있는 지역의 범위는 다음 각 호와 같다.

1. 도서[도서, 제주특별자치도 본도(本島) 및 방파제 또는 교량 등으로 육지와 연결된 도서는 제외한다]
2. 제10조 제1항에 따라 동물등록 업무를 대행하게 할 수 있는 자가 없는 읍·면

제8조(등록대상동물의 등록사항 및 방법 등)

① 법 제12조 제1항 본문에 따라 등록대상동물을 등록하려는 자는 해당 동물의 소유권을 취득한 날 또는 소유한 동물이 등록대상동물이 된 날부터 30일 이내에 별지 제1호서식의 동물등록 신청서(변경신고서)를 시장·군수·구청장(자치구의 구청장을 말한다. 이하 같다)·특별자치시장(이하 "시장·군수·구청장"이라 한다)에게 제출하여야 한다. 이 경우 시장·군수·구청장은 「전자정부법」 제36조 제1항에 따른 행정정보의 공동이용을 통하여 주민등록표 초본, 외국인등록사실증명 또는 법인 등기사항증명서를 확인하여야 하며, 신청인이 확인에 동의하지 아니하는 경우에는 해당 서류(법인 등기사항증명서는 제외한다)를 첨부하게 하여야 한다.

② 제1항에 따라 동물등록 신청을 받은 시장·군수·구청장은 별표 2의 동물등록번호의 부여방법 등에 따라 등록대상동물에 무선전자개체식별장치(이하 "무선식별장치"라 한다)를 장착 후 별지 제2호서식의 동물등록증(전자적 방식을 포함한다)을 발급하고, 영 제7조 제1항에 따른 동물보호관리시스템(이하 "동물보호관리시스템"이라 한다)으로 등록사항을 기록·유지·관리하여야 한다.

③ 동물등록증을 잃어버리거나 헐어 못 쓰게 되는 등의 이유로 동물등록증의 재발급을 신청하려는 자는 별지 제3호서식의 동물등록증 재발급 신청서를 시장·군수·구청장에게 제출하여야 한다. 이 경우 시장·군수·구청장은 「전자정부법」 제36조 제1항에 따른 행정정보의 공동이용을 통하여 주민등록표 초본, 외국인등록사실증명 또는 법인 등기사항증명서를 확인하여야 하며, 신청인이 확인에 동의하지 아니하는 경우에는 해당 서류(법인 등기사항증명서는 제외한다)를 첨부하게 하여야 한다.

④ 등록대상동물의 소유자는 등록하려는 동물이 영 제3조 각 호 외의 부분에 따른 등록대상 월령(月齡) 이하인 경우에도 등록할 수 있다.

제9조(등록사항의 변경신고 등)

① 법 제12조 제2항 제2호에서 "농림축산식품부령으로 정하는 사항이 변경된 경우"란 다음 각 호의 어느 하나에 해당하는 경우를 말한다.

1. 소유자가 변경되거나 소유자의 성명(법인인 경우에는 법인 명칭을 말한다. 이하 같다)이 변경된 경우
2. 소유자의 주소(법인인 경우에는 주된 사무소의 소재지를 말한다)가 변경된 경우
3. 소유자의 전화번호(법인인 경우에는 주된 사무소의 전화번호를 말한다. 이하 같다)가 변경된 경우
4. 등록대상동물이 죽은 경우
5. 등록대상동물 분실 신고 후, 그 동물을 다시 찾은 경우
6. 무선식별장치를 잃어버리거나 헐어 못 쓰게 되는 경우

② 제1항 제1호의 경우에는 변경된 소유자가, 법 제12조 제2항 제1호 및 이 조 제1항 제2호부터 제6호까지의 경우에는 등록대상동물의 소유자가 각각 해당 사항이 변경된 날부터 30일(등록대상동물을 잃어버린 경우에는 10일) 이내에 별지 제1호서식의 동물등록 신청서(변경신고서)에 다음 각 호의 서류를 첨부하여 시장·군수·구청장에게 신고하여야 한다. 이 경우 시장·군수·구청장은 「전자정부법」 제36조 제1항에 따른 행정정보의 공동 이용을 통하여 주민등록표 초본, 외국인등록사실증명 또는 법인 등기사항증명서를 확인(제1항 제1호 및 제2호의 경우만 해당한다)하여야 하며, 신청인이 확인에 동의하지 아니하는 경우에는 해당 서류(법인 등기사항증명서는 제외한다)를 첨부하게 하여야 한다.

1. 동물등록증
2. 삭제
3. 등록대상동물이 죽었을 경우에는 그 사실을 증명할 수 있는 자료 또는 그 경위서

③ 제2항에 따라 변경신고를 받은 시장·군수·구청장은 변경신고를 한 자에게 별지 제2호서식의 동물등록증을 발급하고, 등록사항을 기록·유지·관리하여야 한다.

④ 제1항 제2호의 경우에는 「주민등록법」 제16조 제1항에 따른 전입신고를 한 경우 변경신고가 있는 것으로 보아 시장·군수·구청장은 동물보호관리시스템의 주소를 정정하고, 등록사항을 기록·유지·관리하여야 한다.

⑤ 법 제12조 제2항 제1호 및 이 조 제1항 제2호부터 제5호까지의 경우 소유자는 동물보호관리시스템을 통하여 해당 사항에 대한 변경신고를 할 수 있다.

⑥ 등록대상동물을 잃어버린 사유로 제2항에 따라 변경신고를 받은 시장·군수·구청장은 그 사실을 등록사항에 기록하여 신고일부터 1년간 보관하여야 하고, 1년 동안 제1항 제5호에 따른 변경 신고가 없는 경우에는 등록사항을 말소한다.

⑦ 등록대상동물이 죽은 사유로 제2항에 따라 변경신고를 받은 시장·군수·구청장은 그 사실을 등록사항에 기록하여 보관하고 1년이 지나면 그 등록사항을 말소한다.

⑧ 제1항 제6호의 사유로 인한 변경신고에 관하여는 제8조 제1항 및 제2항을 준용한다.

⑨ 제7조에 따라 동물등록이 제외되는 지역의 시장·군수는 소유자가 이미 등록된 등록대상동물의 법 제12조 제2항 제1호 및 이 조 제1항 제1호부터 제5호까지의 사항에 대해 변경신고를 하는 경우 해당 동물등록 관련 정보를 유지·관리하여야 한다.

제10조(등록업무의 대행)

① 법 제12조 제4항에서 "농림축산식품부령으로 정하는 자"란 다음 각 호의 어느 하나에 해당하는 자 중에서 시장·군수·구청장이 지정하는 자를 말한다.

1. 「수의사법」제17조에 따라 동물병원을 개설한 자
2. 「비영리민간단체 지원법」제4조에 따라 등록된 비영리민간단체 중 동물보호를 목적으로 하는 단체
3. 「민법」제32조에 따라 설립된 법인 중 동물보호를 목적으로 하는 법인
4. 법 제33조 제1항에 따라 등록한 동물판매업자
5. 법 제15조에 따른 동물보호센터(이하 "동물보호센터"라 한다)

② 법 제12조 제4항에 따라 같은 조 제1항부터 제3항까지의 규정에 따른 업무를 대행하는 자(이하 이 조에서 "동물등록대행자"라 한다)는 등록대상동물에 무선식별장치를 체내에 삽입하는 등 외과적 시술이 필요한 행위는 소속 수의사(지정된 자가 수의사인 경우를 포함한다)에게 하게 하여야 한다.

③ 시장·군수·구청장은 필요한 경우 관할 지역 내에 있는 모든 동물등록대행자에 대하여 해당 동물등록대행자가 판매하는 무선식별장치의 제품명과 판매가격을 동물보호관리시스템에 게재하게 하고 해당 영업소 안의 보기 쉬운 곳에 게시하도록 할 수 있다.

제22조(동물의 인도적인 처리)

법 제22조 제1항에서 "농림축산식품부령으로 정하는 사유"란 다음 각 호의 어느 하나에 해당하는 경우를 말한다.

1. 동물이 질병 또는 상해로부터 회복될 수 없거나 지속적으로 고통을 받으며 살아야 할 것으로 수의사가 진단한 경우
2. 동물이 사람이나 보호조치 중인 다른 동물에게 질병을 옮기거나 위해를 끼칠 우려가 매우 높은 것으로 수의사가 진단한 경우
3. 법 제21조에 따른 기증 또는 분양이 곤란한 경우 등 시·도지사 또는 시장·군수·구청장이 부득이한 사정이 있다고 인정하는 경우

제35조(영업별 시설 및 인력 기준)

법 제32조 제1항에 따라 반려동물과 관련된 영업을 하려는 자가 갖추어야 하는 시설 및 인력 기준은 별표 9와 같다.

제36조(영업의 세부범위)

법 제32조 제2항에 따른 동물 관련 영업의 세부범위는 다음 각 호와 같다.

1. 동물장묘업 : 다음 각 목 중 어느 하나 이상의 시설을 설치·운영하는 영업
   가. 동물 전용의 장례식장
   나. 동물의 사체 또는 유골을 불에 태우는 방법으로 처리하는 시설[이하 "동물화장(火葬)시설"이라 한다], 건조·멸균분쇄의 방법으로 처리하는 시설[이하 "동물건조장(乾燥葬)시설"이라 한다] 또는 화학 용액을 사용해 동물의 사체를 녹이고 유골만 수습하는 방법으로 처리하는 시설[이하 "동물수분해장(水分解葬)시설"이라 한다]

다. 동물 전용의 봉안시설

2. 동물판매업 : 반려동물을 구입하여 판매, 알선 또는 중개하는 영업

3. 동물수입업 : 반려동물을 수입하여 판매하는 영업

4. 동물생산업 : 반려동물을 번식시켜 판매하는 영업

5. 동물전시업 : 반려동물을 보여주거나 접촉하게 할 목적으로 영업자 소유의 동물을 5마리 이상 전시하는 영업. 다만, 「동물원 및 수족관의 관리에 관한 법률」 제2조 제1호에 따른 동물원은 제외한다.

6. 동물위탁관리업 : 반려동물 소유자의 위탁을 받아 반려동물을 영업장 내에서 일시적으로 사육, 훈련 또는 보호하는 영업

7. 동물미용업 : 반려동물의 털, 피부 또는 발톱 등을 손질하거나 위생적으로 관리하는 영업

8. 동물운송업 : 반려동물을 「자동차관리법」 제2조 제1호의 자동차를 이용하여 운송하는 영업

제37조(동물장묘업 등의 등록)

① 법 제33조 제1항에 따라 동물장묘업, 동물판매업, 동물수입업, 동물전시업, 동물위탁관리업, 동물미용업 또는 동물운송업의 등록을 하려는 자는 별지 제15호서식의 영업 등록 신청서(전자문서로 된 신청서를 포함한다)에 다음 각 호의 서류(전자문서를 포함한다)를 첨부하여 관할 시장·군수·구청장에게 제출해야 한다.

1. 인력 현황

2. 영업장의 시설 내역 및 배치도

3. 사업계획서

4. 별표 9의 시설기준을 갖추었음을 증명하는 서류가 있는 경우에는 그 서류

5. 삭제

6. 동물사체에 대한 처리 후 잔재에 대한 처리계획서(동물화장시설, 동물건조장시설 또는 동물수분해장시설을 설치하는 경우에만 해당한다)

7. 폐업 시 동물의 처리계획서(동물전시업의 경우에만 해당한다)

② 제1항에 따른 신청서를 받은 시장·군수·구청장은 「전자정부법」 제36조 제1항에 따른 행정정보의 공동이용을 통하여 다음 각 호의 서류를 확인해야 한다. 다만, 신청인이 주민등록표 초본 및 자동차 등록증의 확인에 동의하지 않는 경우에는 해당 서류를 직접 제출하도록 해야 한다.

1. 주민등록표 초본(법인인 경우에는 법인 등기사항증명서)

2. 건축물대장 및 토지이용계획정보(자동차를 이용한 동물미용업 또는 동물운송업의 경우는 제외한다)

3. 자동차등록증(자동차를 이용한 동물미용업 또는 동물운송업의 경우에만 해당한다)

③ 시장·군수·구청장은 제1항에 따른 신청인이 법 제33조 제4항 제1호 또는 제4호에 해당되는지를 확인할 수 없는 경우에는 해당 신청인에게 제1항의 서류 외에 신원확인에 필요한 자료를 제출하게 할 수 있다.

④ 시장·군수·구청장은 제1항에 따른 등록 신청이 별표 9의 기준에 맞는 경우에는 신청인에게 별지 제16호서식의 등록증을 발급하고, 별지 제17호서식의 동물장묘업 등록(변경신고) 관리대장과 별지 제18호서식의 동물판매업·동물수입업·동물전시업·동물위탁관리업·동물미용업 및 동물운송업 등록(변경신고) 관리대장을 각각 작성·관리하여야 한다.

⑤ 제1항에 따라 등록을 한 영업자가 등록증을 잃어버리거나 헐어 못 쓰게 되어 재발급을 받으려는 경우에는 별지 제19호서식의 등록증 재발급신청서(전자문서로 된 신청서를 포함한다)를 시장 · 군수 · 구청장에게 제출하여야 한다.

⑥ 제4항의 등록 관리대장은 전자적 처리가 불가능한 특별한 사유가 없으면 전자적 방법으로 작성 · 관리하여야 한다.

제38조(등록영업의 변경신고 등)

① 법 제33조 제2항에서 "농림축산식품부령으로 정하는 사항"이란 다음 각 호의 사항을 말한다.
   1. 영업자의 성명(영업자가 법인인 경우에는 그 대표자의 성명)
   2. 영업장의 명칭 또는 상호
   3. 영업시설
   4. 영업장의 주소

② 법 제33조 제2항에 따라 동물장묘업, 동물판매업, 동물수입업, 동물전시업, 동물위탁관리업, 동물미용업 또는 동물운송업의 등록사항 변경신고를 하려는 자는 별지 제20호서식의 변경신고서(전자문서로 된 신고서를 포함한다)에 다음 각 호의 서류(전자문서를 포함한다. 이하 이 항에서 같다)를 첨부하여 시장 · 군수 · 구청장에게 제출해야 한다. 다만, 동물장묘업 영업장의 주소를 변경하는 경우에는 다음 각 호의 서류 외에 제37조 제1항 제3호 · 제4호 및 제6호의 서류 중 변경사항이 있는 서류를 첨부해야 한다.
   1. 등록증
   2. 영업시설의 변경 내역서(시설변경의 경우만 해당한다)

③ 제2항에 따른 변경신고서를 받은 시장 · 군수 · 구청장은 「전자정부법」 제36조 제1항에 따른 행정정보의 공동이용을 통하여 다음 각 호의 서류를 확인해야 한다. 다만, 신고인이 주민등록표 초본 및 자동차등록증의 확인에 동의하지 않는 경우에는 해당 서류를 직접 제출하도록 해야 한다.
   1. 주민등록표 초본(법인인 경우에는 법인 등기사항증명서)
   2. 건축물대장 및 토지이용계획정보(자동차를 이용한 동물미용업 또는 동물운송업의 경우는 제외한다)
   3. 자동차등록증(자동차를 이용한 동물미용업 또는 동물운송업의 경우에만 해당한다)

④ 제2항에 따른 변경신고에 관하여는 제37조 제4항 및 제6항을 준용한다.

제39조(휴업 등의 신고)

① 법 제33조 제2항에 따라 동물장묘업, 동물판매업, 동물수입업, 동물전시업, 동물위탁관리업, 동물미용업 또는 동물운송업의 휴업 · 재개업 또는 폐업신고를 하려는 자는 별지 제21호서식의 휴업(재개업 · 폐업) 신고서(전자문서로 된 신고서를 포함한다)에 등록증 원본(폐업 신고의 경우로 한정한다)을 첨부하여 관할 시장 · 군수 · 구청장에게 제출해야 한다. 다만, 휴업의 기간을 정하여 신고하는 경우 그 기간이 만료되어 재개업할 때에는 신고하지 않을 수 있다.

② 제1항에 따라 폐업신고를 하려는 자가 「부가가치세법」 제8조 제7항에 따른 폐업신고를 같이 하려는 경우에는 제1항에 따른 폐업신고서에 「부가가치세법 시행규칙」 별지 제9호서식의 폐업신고서를 함께

제출하거나 「민원처리에 관한 법률 시행령」 제12조 제10항에 따른 통합 폐업신고서를 제출하여야 한다. 이 경우 관할 시장·군수·구청장은 함께 제출받은 폐업신고서 또는 통합 폐업신고서를 지체없이 관할 세무서장에게 송부(정보통신망을 이용한 송부를 포함한다. 이하 이 조에서 같다)하여야 한다.

③ 관할 세무서장이 「부가가치세법 시행령」 제13조 제5항에 따라 제1항에 따른 폐업신고를 받아 이를 관할 시장·군수·구청장에게 송부한 경우에는 제1항에 따른 폐업신고서가 제출된 것으로 본다.

제42조(영업자의 지위승계 신고)

① 법 제35조에 따라 영업자의 지위승계 신고를 하려는 자는 별지 제25호서식의 영업자 지위승계 신고서(전자문서로 된 신고서를 포함한다)에 다음 각 호의 구분에 따른 서류를 첨부하여 등록 또는 허가를 한 시장·군수·구청장에게 제출해야 한다.
  1. 양도·양수의 경우
    가. 양도·양수 계약서 사본 등 양도·양수 사실을 확인할 수 있는 서류
    나. 양도인의 인감증명서나 「본인서명사실 확인 등에 관한 법률」 제2조 제3호에 따른 본인서명사실확인서 또는 같은 법 제7조 제7항에 따른 전자본인서명확인서 발급증(양도인이 방문하여 본인확인을 하는 경우에는 제출하지 않을 수 있다)
  2. 상속의 경우 : 「가족관계의 등록 등에 관한 법률」 제15조 제1항에 따른 가족관계증명서와 상속 사실을 확인할 수 있는 서류
  3. 제1호와 제2호 외의 경우 : 해당 사유별로 영업자의 지위를 승계하였음을 증명할 수 있는 서류
② 제1항에 따른 신고서를 받은 시장·군수·구청장은 영업양도의 경우 「전자정부법」 제36조 제1항에 따른 행정정보의 공동이용을 통하여 양도·양수를 증명할 수 있는 법인 등기사항증명서(법인이 아닌 경우에는 대표자의 주민등록표 초본을 말한다), 토지 등기사항증명서, 건물 등기사항증명서 또는 건축물대장을 확인해야 한다. 다만, 신고인이 주민등록표 초본의 확인에 동의하지 않는 경우에는 해당 서류를 직접 제출하도록 해야 한다.
③ 제1항에 따른 지위승계신고를 하려는 자가 「부가가치세법」 제8조 제7항에 따른 폐업신고를 같이 하려는 때에는 제1항에 따른 지위승계 신고서를 제출할 때에 「부가가치세법 시행규칙」 별지 제9호서식의 폐업신고서를 함께 제출해야 한다. 이 경우 관할 시장·군수·구청장은 함께 제출받은 폐업신고서를 지체 없이 관할 세무서장에게 송부(정보통신망을 이용한 송부를 포함한다)해야 한다.
④ 시장·군수·구청장은 제1항에 따른 신고인이 법 제33조 제4항 제1호·제4호 및 법 제34조 제4항 제1호·제5호에 해당되는지를 확인할 수 없는 경우에는 해당 신고인에게 제1항 각 호의 서류 외에 신원확인에 필요한 자료를 제출하게 할 수 있다.
⑤ 제1항에 따라 영업자의 지위승계를 신고하는 자가 제38조 제1항 제2호 또는 제41조 제1항 제2호에 따른 영업장의 명칭 또는 상호를 변경하려는 경우에는 이를 함께 신고할 수 있다.
⑥ 시장·군수·구청장은 제1항의 신고를 받았을 때에는 신고인에게 별지 제16호서식의 등록증 또는 별지 제23호서식의 허가증을 재발급하여야 한다.

제43조(영업자의 준수사항)

영업자(법인인 경우에는 그 대표자를 포함한다)와 그 종사자의 준수사항은 별표 10과 같다.

제45조(행정처분의 기준)

① 법 제38조에 따른 영업자에 대한 등록 또는 허가의 취소, 영업의 전부 또는 일부의 정지에 관한 행정
　처분기준은 별표 11과 같다.

② 시장 · 군수 · 구청장이 제1항에 따른 행정처분을 하였을 때에는 별지 제26호서식의 행정처분 및 청
　문 대장에 그 내용을 기록하고 유지 · 관리하여야 한다.

③ 제2항의 행정처분 및 청문 대장은 전자적 처리가 불가능한 특별한 사유가 없으면 전자적 방법으로
　작성 · 관리하여야 한다.

제46조(시정명령)

법 제39조 제1항 제3호에서 "농림축산식품부령으로 정하는 시정명령"이란 다음 각 호의 어느 하나에 해
당하는 명령을 말한다.

1. 동물에 대한 학대행위의 중지
2. 동물에 대한 위해 방지 조치의 이행
3. 공중위생 및 사람의 신체 · 생명 · 재산에 대한 위해 방지 조치의 이행
4. 질병에 걸리거나 부상당한 동물에 대한 신속한 치료

제47조(동물보호감시원의 증표)

법 제40조 제3항에 따른 동물보호감시원의 증표는 별지 제27호서식과 같다.

제48조(등록 등의 수수료)

법 제42조에 따른 수수료는 별표 12와 같다. 이 경우 수수료는 정부수입인지, 해당 지방자치단체의 수
입증지, 현금, 계좌이체, 신용카드, 직불카드 또는 정보통신망을 이용한 전자화폐 · 전자결제 등의 방법
으로 내야 한다.

제49조(규제의 재검토)

① 농림축산식품부장관은 다음 각 호의 사항에 대하여 다음 각 호의 기준일을 기준으로 3년마다(매 3년
　이 되는 해의 기준일과 같은 날 전까지를 말한다) 그 타당성을 검토하여 개선 등의 조치를 해야 한다.

　1. 삭제
　2. 제5조에 따른 동물운송자의 범위 : 2017년 1월 1일
　3. 제6조에 따른 동물의 도살방법 : 2017년 1월 1일
　4. 삭제
　5. 제8조 및 별표 2에 따른 등록대상동물의 등록사항 및 방법 등 : 2017년 1월 1일
　6. 제9조에 따른 등록사항의 변경신고 대상 및 절차 등 : 2017년 1월 1일

7. 제19조 및 별표 5에 따른 동물보호센터의 준수사항 : 2017년 1월 1일

8. 제24조에 따른 윤리위원회의 공동 설치 등 : 2017년 1월 1일

9. 제26조에 따른 윤리위원회 위원 자격 : 2017년 1월 1일

10. 제25조 및 별지 제10호서식의 동물실험윤리위원회 운영 실적 통보서의 기재사항 : 2017년 1월 1일

11. 제27조에 따른 윤리위원회의 구성 절차 : 2017년 1월 1일

12. 제35조 및 별표 9에 따른 영업의 범위 및 시설기준 : 2017년 1월 1일

13. 제38조에 따른 등록영업의 변경신고 대상 및 절차 : 2017년 1월 1일

14. 제41조에 따른 허가사항의 변경신고 대상 및 변경 등의 신고 절차 : 2017년 1월 1일

15. 제43조 및 별표 10에 따른 영업자의 준수 : 2017년 1월 1일

② 농림축산식품부장관은 제7조에 따른 동물등록제 제외 지역의 기준에 대하여 2020년 1월 1일을 기준으로 5년마다(매 5년이 되는 해의 기준일과 같은 날 전까지를 말한다) 그 타당성을 검토하여 개선 등의 조치를 해야 한다.

반려동물 관련 법령

반려동물과 관련된 법안은 동물보호법, 가축전염예방법, 수의사법, 경범죄 처벌법, 장애인복지법, 도로교통법, 철도안전법, 해운법 등 여러 가지가 있습니다. 그중 반려동물 장례에 관련된 부분 법에 대하여 알아보겠습니다.

1 대기환경보전법

반려동물 장례식장은 화장·건조장을 다루는 장소이기 때문에 대기환경보전법의 내용을 따라야 합니다. 현재까지는 폐수·폐기물·폐가스 소각처리시설(소각 보일러를 포함) 및 고형연료제품 사용시설에 대한 대기오염물질의 배출 허용기준이 정해져 있으나 추후 소각처리시설에 동물장묘업이 추가될 것으로 보입니다. 기본적으로 반려동물 장례식장도 설치검사 및 자가검사, 정기검사를 통해 대기오염물질 배출기준을 측정하여 제출해야 합니다. 대기오염물질을 배출하는 시설에 한하여 대기오염방지시설을 설치하고 그에 따른 허가를 받거나 신고해야 합니다. 즉, 동물장묘업을 설치하려고 하면 대기환경보전법에 따라 방지시설을 설치해야 합니다. 그 부분에 대해서 알아보겠습니다.

(1) 대기환경보전법 제2조(정의)

대기오염물질배출시설(이하 "배출시설"이라 한다)에서 나오는 대기오염물질(이하 "오염물질"이라 한다)의 배출허용기준은 환경부령으로 정한다.

※ 배출허용기준 대기환경보전법과 동물보호법 비교

대기오염물질	대기환경보전법	동물보호법
CO 일산화탄소 (ppm)	200(12)	200(12)
SOx 황산화물(SO_2로서)ppm	40(12)	50(12)
NOx 질소산화물(NO_2로서)ppm	90(12)	90(12)
먼지(mg/Sm³)	15(12)	20(12)
HCl 염화수소(ppm)	15(12)	20(12)
H_2S 황화수소(ppm)	10(12)	–

세부기준은 「대기환경보전법」 별지서식 〈별표8〉에 나와있습니다.
단, 화장로시설로 보지 않고 폐수·폐기물·폐가스 소각처리시설(소각 보일러를 포함)로 작성한 표입니다.

(2) 대기환경보전법 제23조(배출시설의 설치 허가 및 신고)

① 배출시설을 설치하려는 자는 대통령령으로 정하는 바에 따라 시·도지사의 허가를 받거나 시·도지사에게 신고하여야 한다.

(3) 대기환경보전법 시행령 제11조(배출시설의 설치 허가 및 신고)

③ 법 제23조 제1항에 따라 배출시설 설치허가를 받거나 설치신고를 하려는 자는 배출시설 설치허가신청서 또는 배출시설 설치신고서에 다음 각 호의 서류를 첨부하여 환경부장관 또는 시·도지사에게 제출해야 한다.

1. 원료(연료를 포함한다)의 사용량 및 제품 생산량과 오염물질 등의 배출량을 예측한 명세서
2. 배출시설 및 방지시설의 설치명세서
3. 방지시설의 일반도(一般圖)
4. 방지시설의 연간 유지관리 계획서
5. 사용 연료의 성분 분석과 황산화물 배출농도 및 배출량 등을 예측한 명세서(법 제41조 제3항 단서에 해당하는 배출시설의 경우에만 해당한다)
6. 배출시설 설치허가증(변경허가를 신청하는 경우에만 해당한다)

(4) 대기환경보전법 제26조(방지시설의 설치 등)

① 제23조 제1항부터 제3항까지의 규정에 따라 허가·변경허가를 받은 자 또는 신고·변경신고를 한 자(이하 "사업자"라 한다)가 해당 배출시설을 설치하거나 변경할 때에는 그 배출시설로부터 나오는 오염물질이 제16조의 배출허용기준 이하로 나오게 하기 위하여 대기오염방지시설(이하 "방지시설"이라 한다)을 설치하여야 한다. 다만, 대통령령으로 정하는 기준에 해당하는 경우에는 설치하지 아니할 수 있다.

② 제1항 단서에 따라 방지시설을 설치하지 아니하고 배출시설을 설치·운영하는 자는 다음 각 호의 어느 하나에 해당하는 경우에는 방지시설을 설치하여야 한다.

1. 배출시설의 공정을 변경하거나 사용하는 원료나 연료 등을 변경하여 배출허용기준을 초과할 우려가 있는 경우
2. 그 밖에 배출허용기준의 준수 가능성을 고려하여 환경부령으로 정하는 경우

③ 환경부장관은 연소조절에 의한 시설 설치를 지원할 수 있으며, 업무의 효율적 추진을 위하여 연소조절에 의한 시설의 설치 지원 업무를 관계 전문기관에 위탁할 수 있다.

2 장애인복지법

반려동물 관련 법안에 장애인복지법을 포함했습니다. 그 이유는 보조견입니다. 2020년에 이슈화된 보조견이 되기 위해 준비 중인 '퍼피워킹'을 하는 아이가 대형마트에서 출입거부를 당한 일, 그리고 국회에서 보조견의 출입을 막는 등 여러 사건이 있었습니다. 이 일로 인하여 '인식이 바뀌어야 한다.'라는 생각은 하지만 실제로는 출입거부를 하는 경우가 많습니다. 훈련을 이수한 보조견뿐 아니라 훈련 중인 보조견의 출입을 막는 것은 법적으로 위반되는 사항입니다. 반려동물 장례문화는 반려동물 문화 및 인식과 뗄 수 없는 사이입니다. 반려동물의 문화와 인식이 개선되어야만 장례문화도 성숙할 수 있습니다.

(1) 장애인복지법 제40조(장애인 보조견의 훈련·보급 지원 등)

③ 누구든지 보조견 표시를 붙인 장애인 보조견을 동반한 장애인이 대중교통수단을 이용하거나 공공장소, 숙박 시설과 식품접객업소 등 여러 사람이 다니거나 모이는 곳에 출입하려는 때에는 정당한 사유 없이 거부하여서는 아니 된다. 제4항에 따라 지정된 전문훈련기관에 종사하는 장애인 보조견 훈련자 또는 장애인 보조견 훈련 관련 자원봉사자가 보조견 표지를 붙인 장애인 보조견을 동반한 때도 또한 같다.

(2) 장애인복지법 시행규칙 제29조(장애인 보조견 표지 발급대상)

법 제 40조에 따른 장애인 보조견 표지의 발급대상은 보건복지부 장관이 정하여 고시하는 시설기준에 해당하는 장애인 보조견 전문훈련기관에서 훈련 중이거나 훈련을 이수한 장애인 보조견으로 한다.

안심Touch

Part

11

장사행정

장사행정절차

1 동물등록변경신고

(1) 먼저 반려동물은 동물의 보호와 유실·유기방지 등을 위하여 시장·군수·구청장·특별자치시장에게 등록대상동물을 등록해야 합니다. 맹견은 어디든 의무등록해야 하고, 도서 및 방파제 또는 교량 등으로 육지와 연결된 도서는 제외한다고 되어있습니다. 또한, 동물을 잃어버린 경우는 10일 이내에 신고해야 합니다. 그 외 소유자의 성명, 주소, 전화번호가 변경된 경우, 등록대상동물이 사망한 경우, 분실 신고 후 찾은 경우, 무선식별장치를 잃어버리거나 못 쓰게 된 경우 모두 30일 이내에 등록변경 신고를 해야 합니다.

(2) 많은 사람이 잘 모르는 부분이 바로 성명, 전화번호, 주소 이전의 경우입니다. 이는 사람이 이사를 한 후 관할 시에 전입신고하는 것처럼 반려동물도 같이 진행해야 합니다. 반려동물 장례지도사로서 중요한 부분은 반려동물이 사망한 후에는 동물장묘업자의 준수사항에도 나와 있듯이 동물등록변경신고 절차에 대하여 안내해야 합니다.

(3) 시장·군수·구청장에게 동물등록 신청서(변경서)와 동물등록증, 등록대상동물이 사망한 그 사실을 증명할 수 있는 자료 또는 경위서를 제출합니다. 이때 지역마다 각 관할 부서가 다르다 보니 한번 확인한 후에 진행합니다. 확인하는 방법은 관할 지역 민원실 문의 또는 동물보호관리시스템의 '동물보호 업무 부서'에서 확인이 가능합니다. 이때 등록대상동물이 사망한 그 사실을 증명할 수 있는 자료는 바로 장례(화장)확인서 또는 병원에서 발행되는 폐사진단서입니다.

2 동물보호관리시스템

농림축산검역본부에서 진행하는 '동물보호관리시스템(www.animal.go.kr)'에서 동물등록변경을 할 수 있습니다. 동물등록 시 소유자로 등록한 반려인의 이름으로 회원가입을 진행한 후 마이페이지에서 소유자의 주민등록번호와 휴대폰 번호를 등록합니다. 그 후 동물등록증 출력하기를 누른 후 동물등록번호를 클릭합니다. 그 후 등록동물(변경)정보 내용을 입력합니다. 그중 동물등록분실 또는 사망 사유에서 등록동물의 사망 체크를 합니다. 이후 변경된 내용은 1년 동안 보존하며 사망 후 1년간은 반려동물의 등록번호를 확인할 수 있습니다. 다만 1년이 지나면 해당 정보는 사라집니다.

사망한 반려동물이 동물등록이 되어있는 경우 장례지도사는 동물등록 변경신고 의무에 대해 안내해야 해요. 동물등록 변경신청은 해당 보호자가 방문하여 진행하는 방법과 인터넷(동물보호관리시스템)으로 진행하는 방법이 있어요. 온라인으로 행정 처리를 원하는 보호자가 대부분이기 때문에 인터넷 '동물보호관리시스템' 홈페이지에서 먼저 회원가입을 진행한 후 '내 정보'에서 핸드폰 번호, 주민등록번호를 추가로 등록하고, 이전에 먼저 가입이 돼 있는 경우에도 마찬가지로 핸드폰 번호, 주민등록번호가 등록되어있는지 확인합니다. 그 후 '내 정보'에서 상단의 '주소변경 온라인 신청하기'를 누른 후 동물등록(변경) 정보를 클릭 후 진행하도록 안내해야 합니다. 동물등록 변경신청의 기한은 사망 시점에서 30일 이내이고, 보호자가 30일 이내 변경신청하지 않으면 과태료 청구될 수 있음을 해당 보호자와 가족이 충분히 인지하고 기억할 수 있도록 설명해야 해요.

3 반려동물의 부검

(1) 반려동물이 갑작스러운 죽음으로 인하여 반려동물 상실증후군을 겪는 반려인이 많고, 이러한 죽음은 보호자의 죄책감을 불러일으킵니다. '나 때문에?'라는 생각은 꼬리에 꼬리를 물어 더 커지게 됩니다. 예를 들어 '아픈 반려동물을 무리하게 산책시켰나?', '내가 건강검진을 안 해서 그런가?' 등 반려동물의 사망 이후에 밀려오는 반려동물 상실증후군으로 반려인이 기본적인 일상생활에서도 어려움을 겪는 경우가 많이 있습니다. 외국의 사례를 보면 과도한 죄책감을 느끼는 반려인들이 반려동물의 부검을 하나의 방법으로 선택해서 진행되는 경우를 찾아볼 수 있습니다. 일리노이(Illinois) 대학 수의진단학과 교수인 스프란델(sprandel) 교수는 부검이 반려동물의 갑작스러운 사망의 원인을 밝혀줄 수 있다고 말합니다. 우리나라에서는 아직 반려동물의 부검이 활발하지는 않지만, 최근 부검이 점차 늘어가고 있습니다. 부검을 할 수 있는 곳은 농림축산검역본부, 일부 수의과대학, 지자체의 동물위생시험소에서 가능합니다. 하지만 반려동물의 부검은 기본적으로 약 18일 이상 소요되고, 가축전염예방법에 따라 가축방역관의 지시 없이는 사체를 이동하거나 해체, 매몰, 화학적 처리, 소각하여서는 안 된다고 되어있습니다. 그러므로 부검절차가 끝나고 나면 자체적으로 폐기물관리법에 따라 단체 소각 처리되며 반려동물의 유골 또한 받을 수 없습니다. 여기서 주의 깊게 볼 점은 가축전염예방법 제22조(사체의 처분제한)를 보면 수의사의 검안결과 가축전염병으로 인하여 죽은 것이 아닐 경우는 그러지 아니하다고 명시되어 있습니다.

(2) 반려동물의 병성감정(부검)을 의뢰하는 방법은 사망한 반려동물의 사체를 가지고 김천 검역본부 질병진단과로 직접 방문하여 부검의 접수를 하는 것입니다. 이때 냉장(냉동 ×) 보관된 사체와 의뢰서가 필요하며 이 의뢰서는 검역본부 내 서식이 준비되어 있습니다. 병성감정 의뢰서는 총 두 가지로 산업동물용과 반려동물용이 준비되어 있는데, 반려동물의 부검을 위해서는 반려동물용으로 작성해야 합니다. 병성감정(부검)의 수수료는 개의 경우는 30,000원이고, 그 외 혈액검사 등의 비용이 추가로 발생할 수 있습니다. 검역본부에서 반려동물이 시간이 지나면 부패가 되기 때문에 정확한 질병을 알 수 없을 수도 있다고 말합니다.

2 장사행정 실제

CHAPTER

1 반려동물 장례식장 정식등록업체 알아보기

(1) 정식등록업체는 농림축산식품부 산하기관인 동물보호관리시스템(www.animal.go.kr)에서 확인이 가능합니다. 홈페이지 접속 후 「업체정보 > 동물장묘업」으로 이동하면 등록된 업체명, 전화번호, 소재지 등 자세한 내용을 확인할 수 있습니다. 2021년 7월 기준으로 반려동물 장묘업 정식등록업체는 전국의 56개소입니다.

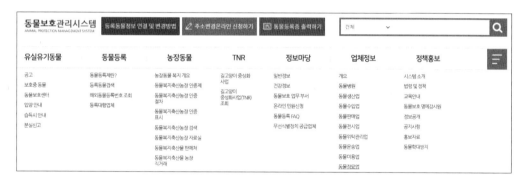

(2) 동물장묘업은 '장례, 화장, 봉안' 세 가지로 영업내용을 구분하고, 영업내용도 확인할 수 있습니다.

2 도서 지역의 장례 절차

우리나라의 도서 지역 중 대표적으로 제주특별자치도에는 동물장묘업 시설이 존재하지 않습니다. 제주특별자치도에서는 사기업과 공공기관에서 반려동물 화장장을 지속적으로 준비해오고 있지만, 제주도민의 민원 제기 등으로 인한 문제로 2021년 7월 현재에도 동물장묘업 시설이 운영되고 있지 않습니다. 이렇듯 도서 지역에서는 비행기 또는 배를 이용해 반려인이 직접 사망한 반려동물을 육지까지 운구하여 반려동물 장례식장을 이용하고 있습니다. 도서 지역에서 육지로 운구하는 방법은 사망한 반려동물이기 때문에 화물로 이관되어 육지까지 도착하게 됩니다.

(1) 폐사진단서 발급

동물병원에서 사망한 반려동물의 반려인이 요청하면 폐사진단서를 발급합니다. 이는, 육지로 이동하는 반려동물의 전염병 등을 확인하기 위해서 꼭 필요한 서류입니다. 수의사법 제12조 제1항에 수의사는 자기가 직접 진료하거나 검안하지 아니하고는 진단서, 검안서, 증명서 또는 처방전을 발급하지 못하며, 동물의약품을 처방·투약하지 못한다라고 규정하고 있습니다. 다만, 직접 진료하거나 검안한 수의사가 부득이한 사유로 진단서, 검안서 또는 증명서를 발급할 수 없을 때는 같은 동물병원에 종사하는 다른 수의사가 진료부 등에 의하여 발급할 수 있습니다. 또한, 이러한 서류는 수의사법 시행규칙 제19조에 따라 발급비용은 상한액 5천원으로 명시되어 있습니다.

(2) 항공택배 항공편 화물 운송 확인 및 접수

항공운송이 가능한 항공사는 대한항공과 아시아나항공 두 곳입니다. 항공편 비행 출발 시각 1시간 30분 전까지 접수가 가능하고, 반려동물이 공기에 노출되지 않게 밀봉하여 아이스박스에 임시 안치해야 합니다. 수화물이 아닌 화물로 운송되기 때문에 항공사 화물청사에서 따로 접수해야 합니다.

(3) 보호자 탑승 항공편 확인

공항의 국내선과 화물청사 간 거리가 있기에 화물 운송 항공기보다는 앞의 시간으로 예약합니다.

(4) 장례식장 예약

화물 운송 항공기의 도착시각 기준에서 여유 있게 1~2시간 이후로 장례식장을 예약합니다. 항공기의 도착시각이 지연될 수 있고, 항공기에서 화물을 하차하는 시간이 화물청사의 상황에 따라서 지연될 수 있습니다.

Part

12

반려동물 장례 주요 상식

동물장묘업 불법 업체 알아보기

1
CHAPTER

앞선 장사행정 실제의 과정에서 동물장묘업 합법 업체는 농림축산부식품부 산하의 '동물보호관리시스템'에서 확인할 수 있다고 알려드렸습니다. 하지만 반려동물이 사망한 직후 이를 확인하는 과정과 정확한 인식을 확인한 후 반려동물 장례식장을 선택하기에는 현실적으로 어려움이 있습니다. 대부분 보호자는 당시에 바로 떠오르는 곳 또는 지인 등의 추천으로 장례식장을 선택하게 됩니다. 또한, 불법 반려동물 장례식장의 경우 미등록 무허가 불법 장례식장이라고 할지라도 언론 매체와 미디어에서의 홍보 및 블로거 등의 바이럴마케팅을 많이 하고 있어 보호자 관점에서 이를 통해 합법 장례식장에 대한 부분을 정확히 구별하기 어렵습니다. 반려동물장례지도사는 보호자와 소통하는 역할에서 정확한 정보를 제공해야 합니다.

1 홍보 관련

(1) "특정 지역에서도 반려동물 장례가 가능합니다." 또는 "어디서든 방문하여 장례를 진행 도와드립니다."

반려동물 장례식장의 홍보 문구 중 위와 같은 문구를 종종 볼 수 있습니다. 하지만, 현재 서울특별시와 주요 도시 그리고 제주도에는 정식으로 등록되어있는 반려동물 장례식장은 존재하지 않습니다. 이 지역에서 가능하다는 문구가 있다면 100% 불법 업체입니다. 또한, 차량 서비스를 통해 해당 장례식장으로 이동하는 것이 아닌, 차량에서 화장을 진행하는 이동식 화장 차량도 불법 업체입니다.

(2) 전국 장례식장 지점 보유

이는 장례 대행업체에서 사용하는 홍보 문구로 장례 대행업체(에이전시)란 장례식장의 예약, 이동 등 장례절차를 대행해주는 업체입니다. 앞서 말한 것처럼 특정 지역에는 장례식장이 없습니다. 하지만 마치 전국에 지점이 있는 것처럼 홍보합니다. 대행업체는 전국의 반려동물 장례식장의 정보, 연락처를 보유 후 업체로 장례 문의가 들어올 때 대행업체와 제휴를 맺은 장례식장으로 연결을 해주는 시스템입니다. 이때 대행업체는 장례식장으로 반려동물과 반려인을 안내한 이유로 제휴 장례식장으로부터 일정액의 수수료를 받고 있습니다. 물론 합법업체를 연결해주는 대행업체(에이전시)도 있지만, 이 부분이 문제가 되는 부분은 일부 불법 장례식장에서 대행업체에게 수수료를 많이 주기도 합니다. 그 때문에 장례 대행업체의 수익성을 위해서 불법 장례 업체로 연결할 수가 있습니다.

2 장례확인서 발급 요청

「동물보호법」에 따라 동물장묘업자는 장례를 진행한 반려인에게 장례확인서를 발급을 진행합니다. 이때 장례확인서에는 농림부에 등록된 '업체명', '영업 등록번호'가 명시되어야 합니다. 이러한 장례확인서를 발급하지 않는다면 불법 업체일 확률이 높습니다.

반려동물 장례절차 소요 시간

반려동물 장례에 걸리는 시간은 짧게는 2시간 길게는 6시간 정도 소요됩니다. 이는 화장시간을 포함하고 추모 보석 제작 시간까지 포함한 시간으로, 장례절차 소요 시간은 많은 반려인이 질문하는 것으로 반려동물 장례지도사의 경우 반드시 알고 있어야 합니다.

1 절차별 소요 시간

(1) 접 수

장례식장에 도착하여 담당 장례지도사와 전체 장례절차 진행 과정, 장례용품에 관한 설명을 듣고 선택을 하는 부분입니다. 짧게는 30분, 길게는 1시간 30분까지 진행할 수 있습니다.

(2) 염 습

반려동물을 최소한의 손길로 생전 모습 그대로 볼 수 있게 하는 과정으로 습의 과정은 10분 정도, 수의 입복 및 입관 절차의 경우 10~20분 정도 소요됩니다. 그 외에도 외상으로 인한 봉합 절차를 진행하게 될 경우는 약 2시간 이상 소요됩니다.

(3) 추 모

추모실에서 책임 보호자와 해당 가족의 마지막 인사시간이므로 시간의 제약이 없지만, 간혹 추모실 이용시간을 정해둔 곳도 있습니다. 전체 장례 시간에서 화장절차 시간을 제외하고 총 소요 시간을 결정 짓는 요소가 추모시간입니다.

(4) 화 장

5kg 미만의 반려동물일 경우 화장절차 1시간 정도, 대형 반려동물의 경우 많게는 2시간 이상 정도 소요됩니다.

(5) 유골함 봉안

유골확인 절차가 약 10분 정도 소요되며, 수골과 분골의 과정이 약 20분 정도 소요됩니다. 그 후 골분 확인 후 유골함에 봉안, 장례증명서 및 동물등록변경절차 등을 안내하는 시간까지 약 15~20분 정도 소요됩니다.

(6) 봉안당 안치

안치 위치의 결정 여부에 따라 시간은 다소 다릅니다. 안치 위치의 여부가 결정이 난 경우 안치의 소요 시간은 20분 내외입니다. 이 시간은 안치 후 인사해 주는 시간은 제외한 시간입니다.

(7) 추모 보석 제작

추모 보석 제작은 추모 보석의 종류에 따라 달라집니다. 플라즈마 방식 및 가스 직화 방식은 약 1시간에서 2시간 정도 소요되고, 저온 용융으로 진행하는 추모 보석의 경우 3시간 30분 정도 소요됩니다.

반려동물 장례 비용

대부분의 반려동물 장례의 비용은 장례식장의 접근성, 시설, 규모, 절차방식, 지도사 또는 직원의 인원 수 등을 고려하여 장례식장에서 결정하며, 그 외에도 반려동물의 체중에 따른 추가적인 비용이 발생할 수 있습니다. 또한, 공공 반려동물 장례식장의 경우에는 그 지역의 토지가격, 시설물 설치·조성비용, 지역주민 복지증진 등을 고려하여 장례서비스의 금액이 결정됩니다.

1 기본 장례서비스

장례식장의 기본적인 장례서비스로 추가적인 비용이 발생하는 항목을 제외한 대부분 추모절차와 화장절차, 유골함 봉안 절차를 포함하고 있습니다. 기본 장례서비스에 포함되지 않는 항목은 선택사항입니다.

2 장례서비스 외 추가 요금

(1) 차량 서비스

차량 서비스의 경우 장례식장과 요청지의 거리, 편도·왕복의 여부에 따라 금액이 상이합니다.

(2) 안치비용

반려인의 일신상 이유로 바로 장례절차가 불가능할 때 냉장·동 안치하는 서비스이며 1회 비용 또는 1일 비용으로 산정하며 약 5~10만원 정도의 비용이 발생합니다.

(3) 장례서비스 및 용품

장례 구성 용품의 소재 및 구성에 따라 비용이 상이하고, 수의는 10~20만원대, 관은 15~30만원대입니다. 또한, 기본적으로 제공하는 유골함 외 보존 기능성 유골함, 매장 기능성 유골함 등을 선택하게 되면 10~30만원 정도 더 추가 비용이 발생합니다. 장례서비스의 하나인 추모 보석 제작의 경우 30~60만원 정도 발생하며, 안치하는 봉안당의 경우 안치 기간, 안치 위치에 따라 비용이 상이하며 계약비용 10~50만원 이상 발생합니다.

3 장례 비용의 예시

기본 장례서비스
+   차량 서비스
+ 장례서비스 추가
+   장례용품 추가
────────────────
=   최종 장례 비용

유골분 부패

많은 반려인이 물어보는 것 중 하나는 바로 유골함의 보존 및 유골분의 부패 부분입니다. 유골분의 경우 주변 환경에 영향을 크게 받기 때문에 보존 기간이 다 다릅니다. 반려동물 전용 화장로에서 화장(약 800~850℃)을 진행하면 흙, 광석과 같은 무기물의 상태로 변화하기 때문에 유골분 자체가 스스로 부패하지는 않습니다. 하지만, 관리 방법에 따라 습도의 문제로 부패 및 미생물 발생의 문제가 생길 수 있습니다.

1 유골분의 색상 변화 및 냄새의 원인

(1) 화장의 문제

① 유기물이 남아 있는 경우

화장이 종료된 후 유골 외에 약간의 유기물이 남아 있는 경우가 있는데, 이는 유골의 손실 없이 화장을 진행하는 부분에서 확인됩니다. 약간의 유기물까지 완벽하게 화장을 하기 위해서는 오랜 시간 화장절차를 진행해야 하는데, 오랜 시간 화장을 하게 되면 유골의 손실이 올 수 있습니다. 그렇기에 일부 유기물이 잔존할 수 있습니다.

② 화장로의 쇳가루 등이 유입된 경우

대부분 화장로는 화장 시에 미세한 철가루가 나오게 됩니다. 이러한 부분은 육안으로 확인이 힘듭니다.

(2) 보관의 문제(유골분의 외부환경의 노출)

유골분이 공기 중에 노출이 되어있거나 유골함을 자주 여닫는 등 외부환경에 직접 노출될 때 발생합니다. 또한, 외부의 온도 차이가 심한 환경에서 유골을 보존할 경우 결로현상의 발생으로 변질이 될 수 있습니다. 먼저 유골분의 부패에 관한 부분은 반려동물의 사후 변화 부분에서 말한 것처럼 부패란 단백질의 분해를 말하며 부패할 때에 필요한 것은 물, 촉매제, 단백질의 여부입니다. 여기서 중요한 부분은 바로 '물'로, 이는 다른 말로 '습기'라고 표현이 가능합니다. 그 때문에 습도가 높거나 결로현상이 생겨 물이 발생하면 유골분을 부패하게 하는 필요물질이 생성되어 부패할 수 있습니다. 유골함과 유골함의 종류에서 설명한 것처럼 보존 기능성의 유골함은 이러한 온·습도를 조절하는 기능이 있는 유골함입니다.

화분장

5
CHAPTER

일부 반려인들은 수목장의 형태로 화분의 밑에 묻어주는 방법으로 추모를 하고 있습니다. 화분장을 하였던 식물이 성장하는 것을 보며 반려동물을 기억하고 자연으로 보내줌과 같이 보존하고픈 마음에 많이 진행합니다.

1 화분장의 유형

(1) 매장 기능성 유골함을 이용하는 방법

흙과 만나면 분해되는 매장 기능성 유골함을 사용하여 화분장하는 방법입니다.

(2) 흙과 유골분을 혼합하여 이용하는 방법

자연장의 한 방법으로 나무를 심을 흙과 유골분을 혼합하여 화분장하는 방법입니다.

(3) 화분장용 유골함 이용하는 방법

보존 기능성 유골함 중 화분 형태의 유골함으로 아래는 보존하는 유골함을 이용하여 화분장하는 방법입니다.

(4) 추모 보석 제작 후 화분 위 얹어두는 방법

유골 전체를 용융하는 방법으로 제작된 추모 보석을 화분 위에 올려 화분 자갈처럼 이용하는 방법입니다.

2 화분장의 주의점

(1) 화분에 매장 기능성 유골함 또는 유골분을 묻어 줄 때는 뿌리에 유골이 직접 닿지 않도록 진행해야 하며 습한 흙 속에서 뿌리 파리와 같은 벌레가 생길 수 있으므로 통기성이 좋은 곳에 화분을 위치시켜야 합니다.

(2) 화장절차가 종료된 유골은 약 20%의 인과 80%의 칼슘, 미세 원소 등으로 구성되어 있으며 이는 통칭 인산칼슘이라 불리게 됩니다. 그리고 화분에 사용되는 비료의 중요 3요소는 질소, 인산, 칼슘으로 구성되어 있습니다. 이 부분을 설명한 이유는 화분에는 이미 충분한 영양이 들어있는 상태이지만 화분장으로 진행하면 영양 과잉 상태가 되게 됩니다. 식물은 이러한 영양이 과잉된 상태가 되면 잎이 말라가면서 시들게 됩니다. 커가는 식물을 보며 추모하고 싶은 마음에 화분장을 선택하였는데 이러한 이유로 식물이 죽게 된다면 상심이 더욱 커지게 됩니다.

(3) 그 외에도 신경 써야 하는 부분이 많습니다. 관리가 쉬운 식물인지, 성장이 빠른지(분갈이 여부), 화분의 크기와 식물의 크기를 확인해야 합니다. 또한, 화분에 물을 주는 과정에서 유골의 유실될 수 있어 주의가 필요합니다. 그래서 이러한 부분을 충분히 염두에 두고 화분장을 진행해야 합니다.

유품소각

6
CHAPTER

장례지도사가 많이 듣는 말 중의 하나는 바로 "아이가 좋아했던 물건 등을 같이 화장해주시나요?"일 것입니다. 유품의 소각은 현행법상 함께 진행할 수가 없습니다. 이는 발암물질 등의 환경오염 물질이 배출될 수 있고 화장로의 고장 원인이 될 수 있습니다. 하지만 화장 시에 좋아했던 간식 등은 소량으로 같이 화장절차 진행을 도와드립니다.

사람의 경우 과거에는 일부 화장장 및 사찰에서 소각을 진행했었지만, 2007년 08월 폐기물관리법의 강화로 개인의 소각행위가 금지되었습니다. 또한, 불법 소각으로 인해 다이옥신(대기오염) 또는 산불이 발생할 경우 벌금과 징역형으로 처벌받을 수 있습니다. 기존의 사람 화장장 내에 있는 유품 소각장에서 하루 평균 300kg 이상의 소각 쓰레기가 발생하여 2000년부터 화장장 내에서도 유품소각을 할 수가 없으며, 화장장에서는 폐기물봉투, 자택에서는 종량제봉투에 담아 버리면 됩니다. 이후 폐기물 처리장으로 옮겨지는 방법 외에는 없습니다. 유품소각을 원할 시에는 유품소각 업체를 이용해야 합니다. '유품소각기'를 통해 대기 배출 시설 및 폐기물처리 시설로 등록된 합법 업체에서 진행해야 하며 소각이 가능한 유품 위주로 진행됩니다.

아직은 반려동물 유품소각의 필요성이 대두되지 않기 때문에 반려동물의 특성으로 인형, 방석, 옷을 제외한 케이지 등은 소각이 가능한 유품이 아니므로 소각 자체가 어려울 수 있습니다. 유품소각 업체를 이용은 택배로 유품소각 장소에 보내게 되면 소각되는 장면을 사진으로 촬영해 전송합니다. 하지만 직접 방문을 원하면 비용이 추가로 발생할 수 있습니다.

예상문제 및 해설

예상문제 및 해설

01 장례지도사의 명칭에 관한 설명 중 틀린 것을 모두 고르시오.

① 장례지도사의 명칭은 「동물보호법」에 명시되어 있다.
② 장례지도사의 명칭은 「장사 등에 관한 법률」에 명시되어 있다.
③ 장례지도사의 명칭 이전에는 장의사(葬儀社), 염사(殮師)가 있었다.
④ 장례지도사의 업무로 볼 때 호상(護喪)보다는 장의사(葬儀社)의 명칭이 더 올바르다.
⑤ 법적으로 '장례지도사'는 모든 연령이 자격증을 발급받을 수 있다.

> **해설** ① 장례지도사의 명칭은 「동물보호법」이 아닌 「장사 등에 관한 법률」에 명시되어 있으며, 반려동물장례지도사의 명칭은 아직 법적으로 명시되어있지 않습니다.
> ④ 장례지도사의 업무는 시신의 관리와 장례절차를 주관하며 장례의 종합적인 인력을 뜻하는 말로 호상(護喪)과 장의사(葬儀社)의 업무가 합쳐져 있습니다.
> ⑤ 만 19세 이상의 자가 장례지도사 교육기관에서 교육 이수 후 발급받을 수 있습니다.

02 반려동물 장례식장 또는 장례지도사의 탄생배경으로 옳은 것을 모두 고르시오.

① 애완동물(愛玩動物)에서 반려동물(伴侶動物)로의 인식변화
② 반려동물(伴侶動物)에서 애완동물(愛玩動物)로의 인식변화
③ 화장의 문화에서 매장의 문화로 변화
④ 매장의 문화에서 화장의 문화로 변화
⑤ 사체처리의 개념에서 추모와 장례의 개념으로 변화

> **해설** ① 애완의 개념에서 같이 살아가는 반려동물로 인식이 변화하여 반려동물 장례식장과 장례지도사가 탄생하였습니다.
> ④ 기존 사람의 경우 국토의 효율적 이용을 도모하기 위해 매장에서 화장으로 변경하는 화장 장려정책이 시행되었으며, 2008년에는 '동물장묘업'이 「동물보호법」에 명시가 되면서 매장을 제외한 장례식장, 화장장, 봉안시설이 추가되었습니다.
> ⑤ 반려동물로의 인식변화로 인해 사체처리의 개념보다는 추모하는 문화가 생겨나면서 반려동물 장례를 위한 전문가인 반려동물장례지도사가 탄생하였습니다.

03 반려동물장례지도사의 직업윤리가 아닌 것을 고르시오.

① 마음가짐
② 꾸준함
③ 공감 능력
④ 절제 능력
⑤ 판매 능력

해설   판매의 능력은 반려동물 장례지도사의 직업윤리 및 가치관이 아닙니다.

04 「동물보호법」상의 반려동물로 틀린 것을 고르시오.

① 반려의 목적으로 기르는 개
② 반려의 목적으로 기르는 고양이
③ 반려의 목적으로 기르는 기니피그
④ 반려의 목적으로 기르는 햄스터
⑤ 반려의 목적으로 기르는 고슴도치

해설   「동물보호법」 시행규칙 제1조의2(반려동물의 범위)에서 반려의 목적으로 기르는 개, 고양이, 토끼, 페럿, 기니피그 및 햄스터라고 명시되어 있어 고슴도치는 동물보호법상에 반려동물로 포함되지 않습니다.

05 품종에 따른 반려견의 구분 명칭과 고유의 특성이 올바른 것을 고르시오.

① 사냥견 : 냄새 또는 시야를 이용해 사냥감을 추적하거나 사냥감을 잡게 도와주는 그룹
② 운동견 : 사냥감의 위치를 알려주어 사냥감을 직접 잡는 그룹
③ 목축견 : 양, 소 등의 가축을 통제, 조절하지만 늑대 등의 약탈에서는 보호하지 못하는 그룹
④ 작업견 : 집을 경계하며 사람을 보호하는 역할을 하며 대표적으로는 시츄, 미니핀 등이 있다.
⑤ 테리어 : 설치류 및 작물에 해를 가하는 동물을 죽이는 성향이 있으며 투견을 목적으로 개량하기도 합니다.

해설   ① 사냥견 : 냄새 또는 시야를 이용해 사냥감을 추적하거나 직접 독립적으로 사냥하는 그룹입니다.
        ② 운동견 : 사냥감의 위치를 알려주어 사냥감을 잡게 도와주는 그룹입니다.
        ③ 목축견 : 양, 소 등의 가축을 통제, 조절하지만 늑대 등의 약탈에서 보호하는 그룹입니다.
        ④ 작업견 : 집을 경계하며 사람을 보호하는 역할을 하며 대표적으로는 도베르만, 시베리안 허스키가 있습니다.

06 고양이의 품종을 관리하는 단체가 아닌 것을 고르시오.

① CFA(Cat Fanciers Association)
② CLA(Cat Licensing Association)
③ WCF(World Cat Federation)
④ FIFe(Fédération Internationale Féline)
⑤ TICA(The International Cat Association)

해설 CLA는 없는 단체이다.

07 반려묘의 설명을 보고 보기 중 올바른 것을 고르시오.

삼 고양이의 외형에 다양한 색과 무늬를 가진 고양이이며 고양이 체형 중 가장 날씬한 체형으로 '스키니'하다고 표현합니다. 또한, 작은 얼굴에 비해 귀가 큰 특징이 있습니다. 대표적으로 삼, 발리네즈, 코니시 렉스, 오리엔탈 롱헤어가 있습니다.

① 오리엔탈
② 포 린
③ 세미 코비
④ 코 비
⑤ 롱 앤 서브 스텐셜

08 뼈대계통의 기능 다섯 가지 설명 중 틀린 것을 고르시오.

① 지지기능 : 신체의 틀을 유지하고 지지하는 기능
② 운동기능 : 신체의 근육을 운동시키는 기능
③ 보호기능 : 체내의 연부조직을 보호하는 기능
④ 저장기능 : 무기질, 칼슘, 인산염을 저장하는 기능
⑤ 조혈기능 : 적혈구를 생성하는 기능

해설 운동기능은 뼈에 근육이 부착되는 부위를 제공, 지지대의 역할을 합니다.

09 몸통 뼈대의 대표적인 뼈가 아닌 것을 고르시오.

① 머리뼈
② 턱 뼈
③ 다리뼈
④ 척 추
⑤ 복장뼈

해설　다리뼈는 사지 뼈대입니다.

10 다음 아래의 설명하는 봉합 방식을 고르시오.

> 모든 봉합의 기본형으로 봉합의 코가 하나씩 독립적으로 매듭을 지어 봉합하는 것을 말합니다. 피부 봉합에 많이 사용되며 하나의 봉합이 끊어지더라도 다른 봉합에는 영향을 미치지 않습니다. 하지만 각 한 부분 봉합하는 과정에서 시간이 많이 소요됩니다.

① 단순 연속 봉합
② 로크 봉합
③ 램버트씨 봉합
④ 건착 봉합
⑤ 단순 결절 봉합

해설　위의 설명은 결절 봉합의 설명이며 ⑤를 제외한 다른 봉합법은 연속 봉합의 한 종류이다.
　　• 연속 봉합의 종류 : 단순 연속 봉합, 러닝슈쳐, 럼버트씨 봉합, 코넬 봉합, 건착 봉합 등
　　• 결절 봉합의 종류 : 단순 결절 봉합, 수직 와욕 봉합, 교차 와욕 봉합, 8자형 봉합 등

11 전통 장례 식순이 올바른 것을 고르시오.

① 초종-습-소렴-대렴-성복-조문-문상-치장-천구-발인-급묘-우제-반곡-졸곡-부제-소상-대상-담제-길제
② 초종-습-소렴-대렴-성복-문상-조문-치장-천구-발인-급묘-반곡-우제-졸곡-부제-소상-대상-담제-길제
③ 초종-대렴-소렴-습-성복-조문-문상-치장-천구-발인-급묘-반곡-우제-졸곡-부제-소상-대상-담제-길제
④ 초종-습-소렴-대렴-성복-조문-문상-치장-천구-발인-급묘-반곡-우제-졸곡-부제-소상-대상-담제-길제
⑤ 초종-습-소렴-대렴-성복-조문-문상-치장-천구-발인-급묘-반곡-우제-졸곡-부제-대상-소상-담제-길제

12 반려동물 장례 식순으로 올바른 것을 고르시오.

① 접수 – 염습 – 추모 – 화장 – 유골함 봉안
② 접수 – 추모 – 염습 – 화장 – 추모 보석 제작
③ 접수 – 추모 – 염습 – 화장 – 봉안당 안치
④ 염습 – 접수 – 추모 – 화장 – 봉안당 안치
⑤ 염습 – 접수 – 추모 – 화장 – 유골함 봉안

해설 반려동물 장례 식순
예약 – 접수 – 염습 – 추모 – 화장 – 유골함 봉안 / 봉안당 안치 / 추모 보석 제작

13 아래 설명하는 죽음의 종류 중 올바른 것을 고르시오.

> 사람의 의사가 전혀 개입되지 않는 죽음을 말한다. 자연재해와 재해 관련 사고로 구분되며 자연재해는 홍수, 낙뢰 등으로 사망한 것을 말하며, 재해 관련 사고는 산업재해, 교통사고, 의료사고 등이 있습니다.

① 자연사
② 병 사
③ 사고사
④ 뇌 사
⑤ 안락사

14 사람의 사별 유형에서 반려동물의 사별과 가장 비슷한 유형을 고르시오.

① 부모와의 사별
② 배우자와의 사별
③ 지인와의 사별
④ 자녀와의 사별
⑤ 어린 자녀와의 사별

15 J. 윌리엄 워든이 말한 애도의 과정과 과업이 아닌 것을 고르시오.

① 죽음을 수용하기
② 고통을 회피하기
③ 고통을 겪어내기
④ 환경에 적응하기
⑤ 새로운 삶 살아가기

16 다음 아래의 말은 '애도'를 설명한 말이다. 이 말을 한 사람을 고르시오.

> '사별의 슬픔을 없애는 작업'이라고 명칭하였으며 여기서 '작업'이란 추후 살아갈 세상에서 망자의 생각과 상실의 경험을 재구성하고 확인하는 인지적 작업이다.

① 지그문트 프로이트(Sigmund Freud)
② J. 윌리엄 워든
③ 파커스(Parkes)
④ 제프리 고러(Geoffrey Gorer)
⑤ 볼비(Bowlby)

17 반려동물 장례의 상담 과정에서 기본적으로 상담자가 전제로 둬야 하는 부분에 관해 옳은 것을 고르시오.

① 반려인은 반려동물의 사망 인정이 쉽다.
② 반려인은 반려동물의 사망 시 슬픔의 감정만 가지고 있다.
③ 반려인은 정신적, 육체적 다양한 심리의 표현이 나타날 수 있다.
④ 반려동물의 죽음을 수용하고 인지하는데 지속적인 지지가 필요하지 않다.
⑤ 반려인이 하는 모든 행동은 긍정의 의미를 가지고 있다.

해설   ① 반려인은 반려동물의 사망을 인정하기 어렵습니다.
         ② 반려인은 반려동물의 사망 시 슬픔 외에도 분노, 죄책감 등을 가지고 있습니다.
         ④ 반려동물의 죽음을 수용하고 인지하는데 주변인의 지속적인 지지가 필요합니다.
         ⑤ 모든 행동은 긍정의 의미만 아니라 부정의 의미도 있을 수 있습니다.

18 아래의 그림은 예약 상담 도식도입니다. ㉠~㉤까지의 순서가 올바른 것을 고르시오.

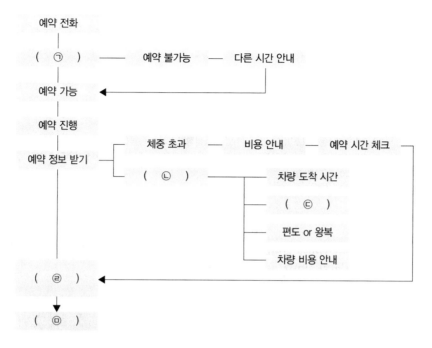

① 예약확인 – 차량요청 – 탑승인원파악 – 예약준비사항안내 – 예약완료
② 예약확인 – 차량요청 – 탑승인원파악 – 탑승준비사항안내 – 예약완료
③ 예약시간확인 – 차량요청 – 탑승인원파악 – 탑승준비사항안내 – 예약완료
④ 예약시간확인 – 차량요청 – 탑승인원파악 – 예약준비사항안내 – 예약완료
⑤ 예약확인확인 – 탑승인원파악 – 차량요청 – 예약준비사항안내 – 예약완료

19 반려동물 장례식장에서 구매할 수 없는 품목을 모두 고르시오.

① 여미는 수의
② 여미지 않는 수의
③ 기성 수의
④ 향나무관
⑤ 매장 기능성 유골함

해설　여미는 수의와 여미지 않는 수의, 오동나무관, 기능성 유골함은 반려동물 장례식장 현장에서 구매할 수 있습니다. 하지만 기성 수의는 미리 준비하는 기성품이며, 향나무관은 반려동물 장례식장에서 판매하지 않습니다.

20 2022년 현재 「동물보호법」에 명시되어 있는 동물장묘업의 종류가 아닌 것을 2개 고르시오.

① 동물전용의 장례식장
② 동물전용의 화장장 · 건조장 · 수분해장 시설
③ 동물전용의 봉안시설
④ 동물전용의 자연장
⑤ 동물전용의 추모 보석 제작 시설

해설 2022년 현재 「동물보호법」에 명시되어있는 동물장묘업에는 동물전용의 장례식장, 동물화장 시설, 동물건조장 시설, 동물수분해장 시설, 동물전용의 봉안시설이 명시되어 있습니다. 따라서 자연장 시설과 추모 보석 제작 시설은 포함되어 있지 않습니다.

21 아래 지도의 ★의 위치에 반려동물 장례식장을 조성하려고 한다. 동물장묘업의 설치 가능한 구역이 아닌 이유로 가장 알맞은 것을 고르시오.

① 「국토의 계획 및 이용에 관한 법률」 제36조 제1항 제1호 라목에 따른 녹지지역 중 대통령령으로 정하는 지역
② 「수도법」 제7조 제1항에 따른 상수원 보호구역
③ 「문화재보호법」 제27조 및 제70조 제3항에 따른 보호구역
④ 「도로법」 제40조에 따라 지정 · 고시된 접도구역
⑤ 「농지법」 제28조에 따라 지정된 농업진흥지역

해설 여주시에 있는 세종대왕릉은 「문화재보호법」에 따른 보호구역입니다. 때문에 「장사 등에 관한 법률」 제17조(묘지 등의 설치 제한)에 따라 사적 제195호인 세종대왕릉 주변에는 반려동물 장례식장을 설치할 수 없습니다.

22 동물장묘업 등록요건이 아닌 것을 고르시오.

① 동물장묘업의 영업장은 독립된 건물이어야 한다.
② 장례 준비실과 분향실을 갖춰야 한다.
③ 화장장·건조장·수분해장 시설의 작업내용을 확인할 수 있는 영상정보 처리기기를 설치해야 한다.
④ 냉동시설 등 동물의 사체를 위생적으로 보관할 수 있는 설비를 갖춰야 합니다.
⑤ 동물전용의 봉안시설은 유골을 안전하게 보관할 수 있어야 하고, 유골을 개별적으로 확인할 수 있도록 표지판이 붙어 있어야 한다.

> **해설** 독립된 건물이거나 다른 용도로 사용되는 시설과 같은 건물에 있을 경우는 해당 시설과 분리되어 있어야 합니다. 그 때문에 독립된 건물 외에도 다른 시설과 같이 사용하는 건물도 가능합니다.

23 동물장묘업 등록 및 접수 절차가 올바른 것을 고르시오.

① 신청서 작성 → 접 수 → 첨부 서류 확인 및 검토 → 현장조사 및 시설조사 → 결 재 → 등록증 발급
  시장·군수·구청장   신청인

② 신청서 작성 → 첨부 서류 확인 및 검토 → 접 수 → 현장조사 및 시설조사 → 결 재 → 등록증 발급
  시장·군수·구청장   신청인

③ 신청서 작성 → 첨부 서류 확인 및 검토 → 접 수 → 현장조사 및 시설조사 → 결 재 → 등록증 발급
  신청인   시장·군수·구청장

④ 신청서 작성 → 접 수 → 첨부 서류 확인 및 검토 → 현장조사 및 시설조사 → 결 재 → 등록증 발급
  신청인   시장·군수·구청장

⑤ 신청서 작성 → 첨부 서류 확인 및 검토 → 접 수 → 결 재 → 현장조사 및 시설조사 → 등록증 발급
  신청인   시장·군수·구청장

24 2021년 6월에 새롭게 추가된 동물장묘업을 고르시오.

① 동물전용의 화장 시설
② 동물전용의 건조장 시설
③ 동물전용의 수분해장 시설
④ 동물전용의 봉안 시설
⑤ 동물전용의 장례식장

25 동물장묘업자 개별준수 사항 중 틀린 것을 고르시오.

① 동물의 소유자와 사전에 합의한 방식대로 동물의 사체를 처리해야 한다.
② 동물의 사체를 처리한 경우에는 동물의 소유자 등에게 서식에 따라 작성된 장례확인서를 발급해 주어야 한다. 다만, 동물장묘업자는 필요에 따라 서식에 기재사항을 추가하거나 기재사항의 순서를 변경하는 등의 방법으로 서식을 수정해서 사용할 수 없다.
③ 「환경분야 시험·검사 등에 관한 법률」 제16조에 따른 측정 대행 업자에게 동물화장시설에서 나오는 배기가스 등 오염물질을 6개월마다 1회 이상 검사받고 그 결과를 지체 없이 시장·군수·구청장에게 제출해야 한다.
④ 동물의 사체를 처리한 경우에는 등록대상 동물의 소유자에게 등록 사항의 변경신고 절차를 알려주어야 한다.
⑤ 동물장묘업자는 신문, 방송, 인터넷 등을 통해 영업을 홍보하려는 때에는 영업등록증을 함께 게시해야 한다.

해설 동물장묘업자는 필요하면 서식에 기재사항을 추가하거나 기재사항의 순서를 변경하는 등의 방법으로 서식을 수정해서 사용할 수 있습니다.

26 장례확인서에 들어가는 내용이 아닌 것을 고르시오.

① 반려동물 장례식장 업체명
② 반려동물의 체중
③ 반려동물의 품종
④ 반려동물 장례식장의 주소
⑤ 반려동물의 사망원인

해설 장례확인서에는 반려동물의 사망원인은 들어가지 않습니다.

27 반려동물장례지도사의 직무 중 필요한 지식이 아닌 것을 고르시오.

① 사망원인 파악법
② 장례용품의 품질 판별력
③ 경직 현상의 발생과 소멸
④ 유골의 보존 온·습도
⑤ 행정절차 및 각종 서식

해설 반려동물장례지도사는 수의사가 직접 작성한 폐사진단서에 정확한 사망원인이 적혀있지 않는 이상 명확한 사망 원인을 파악할 수 없습니다.

28 다음 아래는 반려동물의 사망 확인의 한 방법에 관한 설명입니다. 아래 설명하는 문구의 빈칸의 순서에 알맞은 것을 고르시오.

(㉠)으로는 (㉡)과/와 (㉢) 두 가지 다 확인이 가능하므로 많이 사용됩니다. (㉠) 는/은 체내에서 발생하는 심음, 호흡음, 동맥음, 장잡음, 혈관음 등을 확인할 수 있습니다. 먼저 (㉠)을/를 사용하여 맥음과 심장의 고동을 확인합니다. (㉠)의 위치는 반려동물의 심장이 위치한 (㉣) 부분입니다. 그 부분에서 심장박동, 호흡음을 확인합니다. 또한, 다른 맥음을 확인 하기 위해서 뒷다리와 몸통으로 연결되는 부위 부분에서 동맥음을 확인합니다.

	㉠	㉡	㉢	㉣
①	청진기	호흡	맥박	오른쪽 가슴
②	청진기	맥박	호흡	오른쪽 가슴
③	청진기	맥박	호흡	왼쪽 가슴
④	청진기	호흡	맥박	왼쪽 가슴
⑤	청진기	호흡	맥박	중앙 가슴

안심Touch

29 습의 절차에서 확인된 특이사항의 제거방식에 맞는 특이사항을 고르시오.

> 대부분 반려동물의 전지(앞다리)에 많이 위치하며 이 부분을 제거하기 위해서는 가위로 잘라 제거하는 방식과 풀어서 제거하는 방식이 있습니다. 이때 반려동물의 털이 탈락하지 않게 하는 것이 중요합니다. 털의 탈락을 방지하기 위해 천연 오일을 사용하여 제거하기도 합니다.

① 테이핑 제거
② 체외 구멍의 솜 또는 거즈 제거
③ 주삿바늘의 제거
④ 패치류의 제거
⑤ 수술의 흔적 제거

> 해설 습의 절차에서 확인된 다리 부분의 테이핑을 제거하는 방법에 대한 설명입니다.

30 습의 순서로 올바른 것을 고르시오.

① 전지 → 후지 → 몸통(등 → 배 → 가슴) → 체외분비물 → 얼굴
② 전지 → 후지 → 몸통(배 → 가슴 → 등) → 체외분비물 → 얼굴
③ 전지 → 후지 → 몸통(등 → 배 → 가슴) → 얼굴 → 체외분비물
④ 후지 → 전지 → 몸통(등 → 배 → 가슴) → 체외분비물 → 얼굴
⑤ 후지 → 전지 → 몸통(배 → 가슴 → 등) → 얼굴 → 체외분비물

> 해설 • 안쪽(누운 면 쪽) → 바깥쪽
> • 후지 → 전지 → 몸통(배 → 가슴 → 등) → 얼굴 → 체외분비물

31 습의 세부 순서로 올바른 것을 모두 고르시오.

① 허벅지 → 종아리 → 발 → 발바닥 → 발톱
② 허벅지 → 종아리 → 발바닥 → 발 → 발톱
③ 코 → 입(혀 → 치아) → 볼 → 이마 → 눈(눈꼽 → 감겨주기) → 귀
④ 코 → 입(혀 → 치아) → 볼 → 이마 → 귀 → 눈(눈꼽 → 감겨주기)
⑤ 코 → 입(치아 → 혀) → 볼 → 이마 → 귀 → 눈(눈꼽 → 감겨주기)

> 해설 • 다리 부분 : 허벅지 → 종아리 → 발 → 발바닥 → 발톱
> • 머리 부분 : 코 → 입(혀 → 치아) → 볼 → 이마 → 귀 → 눈(눈꼽 → 감겨주기)

32 다음 중 '여미는 수의'의 입복 방법 중 올바르지 않은 것을 고르시오.

① 바닥 면을 기준으로 수의를 펼친다.

② 반려동물을 바닥 면에 조심히 눕힌다.

③ 먼저 반려동물의 바닥 면의 전지(앞다리)를 수의에 끼워준다.

④ 수의 안쪽 반려동물을 고정하는 띠를 여미어 준다.

⑤ 수의를 고정하는 띠를 이용하여 리본을 여미어 준다.

> 해설   전지를 수의에 끼워주는 수의는 여미는 수의가 아닌 입복하는 수의입니다.

33 다음 중 '입복하는 수의'의 입복 방법 중 올바르지 않은 것을 고르시오.

① 수의의 상태를 확인한다(청결 상태 및 제작 마감의 상태).

② 먼저 반려동물의 바닥 면의 전지(앞다리)를 수의에 끼워준다.

③ 반려동물을 조심히 안아준 상태로 수의를 반대편으로 넘긴다.

④ 수의 안쪽 반려동물을 고정하는 띠를 여미어 준다.

⑤ 등 쪽 부분의 띠를 확인하여 리본으로 여미어 준다.

> 해설   수의 안쪽의 고정 띠는 여미는 수의의 입복 방법입니다.

34 다음 아래는 「동물보호법」 시행규칙에 나오는 내용이다. 다음 내용이 의미하는 죽음은 어떠한 죽음인지 고르시오.

> 제22조(동물의 인도적인 처리) 법 제22조 제1항에서 "농림축산식품부령으로 정하는 사유"란 다음 각 호의 어느 하나에 해당하는 경우를 말한다.
> 1. 동물이 질병 또는 상해로부터 회복될 수 없거나 지속적으로 고통을 받으며 살아야 할 것으로 수의사가 진단한 경우
> 2. 동물이 사람이나 보호조치 중인 다른 동물에게 질병을 옮기거나 위해를 끼칠 우려가 매우 높은 것으로 수의사가 진단한 경우
> 3. 법 제21조에 따른 기증 또는 분양이 곤란한 경우 등 시·도지사 또는 시장·군수·구청장이 부득이한 사정이 있다고 인정하는 경우

① 자연사   ② 병 사
③ 사고사   ④ 뇌 사
⑤ 안락사

35 입관 시의 준비물이 아닌 것을 모두 고르시오.

① 고글(보안경)

② 관

③ 베 개

④ 수 의

⑤ 한 지

> 해설 보안경의 경우 수골 과정 또는 분골, 수·분골 참관과정에 필요한 준비물, 수의는 염의 단계에서 필요한 준비물입니다.

36 입관의 진행 방법에 대해 올바르지 않은 것을 모두 고르시오.

① 관의 천판(관 상짝)을 해체한 다음 관의 내부를 확인하고 청결 상태를 점검합니다.

② 관의 바닥 면에 한지를 깔아서 정돈할 때에 한지의 접힌 면이 반려동물의 다리 쪽으로 향하게 정돈해줍니다.

③ 입관 시에는 반려동물의 머리가 관 안쪽으로 먼저 진입시키며 순서는 머리, 배, 등, 엉덩이 순으로 관의 바닥에 충격이 없도록 조심히 안전하게 안치합니다.

④ 입관이 완료된 반려동물이 편안한 자세를 유지할 수 있도록 정돈해줍니다.

⑤ 수의를 입복하지 않는 반려동물은 얼굴이 확인될 수 있도록 한지를 덮어 정돈해줍니다.

> 해설 관의 바닥의 한지의 접힌 면은 반려동물의 등 쪽으로 향하게 정돈하며 입관 시 반려동물의 다리, 배, 등, 엉덩이, 머리 순서로 안치합니다.

37 추모실의 필수 준비사항이 아닌 것을 고르시오.

① 반려동물 추모 제단(안치 제단)

② 반려동물의 사진 또는 영상

③ 종교 용품

④ 꽃가위

⑤ 국화꽃

> 해설 꽃가위는 추가 준비사항입니다. 반려인이 국화 외 생화를 준비하였을 때 준비해드리는 사항으로 필수 준비사항은 아닙니다.

35 ①, ④ 36 ②, ③ 37 ④ 정답

38 추모실을 정면으로 바라보았을 때의 추모 용품 위치로 잘못된 것을 고르시오.

	좌 측	가운데	우 측
①	종교 용품	반려동물 안치 제단	국화꽃
②	초	반려동물 안치 제단	사료 및 간식
③	향로 및 향	반려동물 안치 제단	꽃바구니
④	반려동물의 장난감 및 옷	반려동물의 추모영상 및 사진	종교 용품
⑤	종교 용품	반려동물의 추모영상 및 사진	사료 및 간식

> 해설 종교용품은 추모실의 좌측에 위치해야 합니다. 우측에 종교용품이 세팅된 것은 틀린 것입니다.

39 추모의 순서와 방식 중 틀린 것을 고르시오.

① 추모실 입장
② 제단에 안치된 반려동물의 확인
③ 반려동물장례지도사의 주관으로 종교의식 진행
④ 사료 및 간식을 함께 화장할 그릇에 배분하기
⑤ 마지막 헌화하며 인사말 건네기

> 해설 반려동물장례지도사는 추모실 내 종교 용품을 준비해드리며 개별적으로 예식을 진행할 수 있게 안내를 하지, 직접 종교예식을 주관하지 않습니다.

40 운구의 이동 순서가 알맞은 것을 고르시오.

① 반려동물 – 장례지도사 – 책임 보호자 – 반려가족 – 추모객
② 반려동물 – 장례지도사 – 책임 보호자 – 추모객 – 반려가족
③ 반려동물 – 장례지도사 – 추모객 – 책임 보호자 – 반려가족
④ 반려동물 – 책임 보호자 – 장례지도사 – 반려가족 – 추모객
⑤ 반려동물 – 책임 보호자 – 장례지도사 – 추모객 – 반려가족

> 해설 • 반려동물 – 장례지도사 – 책임 보호자 – 반려가족 – 추모객
> • 단, 책임 보호자가 직접 안고 이동을 원할 시에는 장례지도사 – 반려동물 – 책임 보호자 – 반려가족 – 추모객 의 순서로 변동될 수 있습니다.

41 화장절차의 순서로 올바른 것을 고르시오.

① 이관 운구 – 하관 운구 – 화도 운구 – 참관 의전 – 대기실 안내
② 이관 운구 – 하관 운구 – 참관 의전 – 화도 운구 – 대기실 안내
③ 이관 운구 – 하관 운구 – 참관 의전 – 대기실 안내 – 화도 운구
④ 이관 운구 – 화도 운구 – 하관 운구 – 대기실 안내 – 참관 의전
⑤ 이관 운구 – 화도 운구 – 하관 운구 – 참관 의전 – 대기실 안내

42 이관 운구의 세부 순서로 올바른 것을 고르시오.

① 이관 동선 확인 – 천판 시건 확인 – 이관 동선 안내 – 이관운구
② 이관 동선 확인 – 이관 동선 안내 – 천판 시건 확인 – 이관운구
③ 천판 시건 확인 – 이관 동선 확인 – 이관운구 – 이관 동선 안내
④ 천판 시건 확인 – 이관 동선 안내 – 이관 동선 확인 – 이관운구
⑤ 천판 시건 확인 – 이관 동선 확인 – 이관 동선 안내 – 이관운구

43 하관 운구의 세부 순서로 알맞은 것을 고르시오.

① 일차하관 – 천판개관 – 반려동물 확인 – 천판입관
② 일차하관 – 천판폐관 – 반려동물 확인 – 천판입관
③ 이차하관 – 천판폐관 – 천판입관 – 반려동물 확인
④ 이차하관 – 천판폐관 – 반려동물 확인 – 천판입관
⑤ 이차하관 – 천판개관 – 반려동물 확인 – 천판입관

44 화도 운구의 세부 순서로 알맞은 것을 고르시오.

① 이차하관 – 화도운구 – 화장로 폐문 – 화장로 작동 및 점등
② 이차하관 – 화도운구 – 화장로 개문 – 화장로 작동 및 점등
③ 이차하관 – 화도운구 – 화장로 작동 및 점등 – 화장로 개문
④ 화도운구 – 이차하관 – 화장로 개문 – 화장로 작동 및 점등
⑤ 화도운구 – 이차하관 – 화장로 폐문 – 화장로 작동 및 점등

41 ① 42 ⑤ 43 ① 44 ⑤ 　정답

45 다음 아래의 설명을 보고 화장 절차 의전에 알맞은 말을 고르시오.

책임 보호자 및 해당 가족이 화장 절차(이관 운구, 하관 운구, 화도 운구)의 과정을 담당 장례지도사의 설명과 안내사항을 듣고 참관실에 잠시 애도의 시간을 갖는 과정을 말합니다.

① 이관 운구
② 하관 운구
③ 화도 운구
④ 참관 의전
⑤ 대기실 안내

46 다음 아래의 설명을 보고 화장 절차 의전에 알맞은 말을 고르시오.

담당 장례지도사는 책임 보호자와 해당 가족을 인솔하여 함께 화장 후 대기실로 이동하여 화장 관련 설명[화장절차의 소요 시간, 다음 절차 안내, 건물 내 장소(화장실 등) 안내]을 안내합니다.

① 이관 운구
② 하관 운구
③ 화도 운구
④ 참관 의전
⑤ 대기실 안내

47 다음은 장례지도사의 시점에서의 절차 주의사항입니다. 어떠한 절차의 주의사항인지 고르시오.

하관 시 충격 없이 하관되는지와 유리 사이로 반려동물의 확인이 가능한 위치에 하관이 되었는지를 확인합니다. 또한, 책임 보호자 시점에서 반려동물의 최종 확인 시 안전사고가 발생하지 않도록 안내합니다. 책임 보호자가 반려동물의 확인이 종료되면 담당 장례지도사는 화장절차 의전의 동의를 구합니다.

① 이관 운구
② 하관 운구
③ 화도 운구
④ 참관 의전
⑤ 대기실 안내

48 다음은 장례지도사의 시점에서의 절차 주의사항입니다. 어떠한 절차의 주의사항인지 고르시오.

> 천판의 입관이 잘 고정되었는지 확인합니다. 2차 하관 시에 안전하게 하관 및 안치가 되었는지 확인합니다. 다시 한번 책임 보호자에게 화장 진행의 동의를 구한 후 화장로 폐문을 지시합니다. 책임 보호자와 가족에게 화장의 시작을 알리는 점등에 대해 정확히 확인시킵니다.

① 이관 운구
② 하관 운구
③ 화도 운구
④ 참관 의전
⑤ 대기실 안내

49 다음은 보조지도사의 시점에서의 절차 주의사항입니다. 어떠한 절차의 주의사항인지 고르시오.

> 하관이 완료된 상태(천판의 고정 상태)를 한 번 더 확인합니다. 부장품(간식, 사료 등)을 확인하여 관의 옆 부분에 함께 놓아줍니다. 책임 보호자 및 해당 가족의 확인이 완료되면 천천히 화장로의 화도를 폐문하고 참관실 방향으로 공수 인사 후 퇴장합니다.

① 이관 운구
② 하관 운구
③ 화도 운구
④ 참관 의전
⑤ 대기실 안내

50 다음은 보조지도사의 시점에서의 절차 주의사항입니다. 어떠한 절차의 주의사항인지 고르시오.

> 장례지도사와 보호자가 이동하기 전까지 화장로의 상태를 확인하고 정자세를 유지합니다.
> 운구의 이동이 확인되면 책임 보호자 및 해당 가족에게 정중하게 인사합니다.

① 이관 운구
② 하관 운구
③ 화도 운구
④ 참관 의전
⑤ 대기실 안내

51 다음은 보조지도사의 시점에서의 절차 주의사항입니다. 어떠한 절차의 주의사항인지 고르시오.

> 정자세로 인사한 후 관(임시 운구함)을 조심히 안고 화장로 앞으로 이동합니다. 2차 하관 시에 충격이 없게 조심히 하관합니다. 하관 시에 화도의 중앙을 기준으로 하관합니다. 하관이 완료된 상태(천판의 고정 상태)를 한 번 더 확인합니다. 부장품(간식, 사료 등)을 확인하여 관의 옆 부분에 함께 놓아줍니다. 책임 보호자 및 해당 가족의 확인이 완료되면 천천히 화장로의 화도를 폐문하고 참관실 방향으로 공수 인사 후 퇴장합니다.

① 이관 운구
② 하관 운구
③ 화도 운구
④ 참관 의전
⑤ 대기실 안내

52 다음은 보조지도사의 시점에서의 절차 주의사항입니다. 어떠한 절차의 주의사항인지 고르시오.

> 관(임시 운구함)을 담당 장례지도사와 마주하여 함께 화장 준비 제단 위로 하관합니다. 관의 천판을 열고 책임 보호자가 반려동물의 최종 확인이 잘 진행될 수 있도록 합니다. 천판을 개관 후 정자세를 유지합니다. 천판 개관 및 천판을 닫는 경우 전체 입관 상태의 고정 여부를 주의 깊게 확인합니다.

① 이관 운구
② 하관 운구
③ 화도 운구
④ 참관 의전
⑤ 대기실 안내

53 화장시설의 작동 방법 순서가 올바른 것을 고르시오.
① 화장로 폐문 – 여과 집진기 가동 – 2차 연소실 점화 – 1차 연소실 점화 – 연소실 자동화
② 화장로 폐문 – 여과 집진기 가동 – 1차 연소실 점화 – 1차 연소실 소화 – 연소실 자동화
③ 화장로 폐문 – 여과 집진기 가동 – 1차 연소실 점화 – 2차 연소실 점화 – 연소실 자동화
④ 화장로 개문 – 여과 집진기 가동 – 1차 연소실 점화 – 2차 연소실 점화 – 연소실 자동화
⑤ 화장로 개문 – 여과 집진기 가동 – 2차 연소실 점화 – 1차 연소실 점화 – 연소실 자동화

54 유골확인의 절차 중 유골 설명을 하는 순서를 고르시오.

① 1차, 2차 연소실 소화
② 화장종료
③ 화장로 개방
④ 유골확인 참관
⑤ 대기실 안내

55 다음은 장례지도사의 시점에서의 절차 주의사항입니다. 어떠한 절차의 주의사항인지 고르시오.

> 유골확인 절차 시작 전에 반드시 화장시설의 1차, 2차 연소실의 점화상태를 소화 상태로 작동시켰는지 확인합니다. 책임 보호자와 해당 가족에게 유골확인 절차 참관 여부를 확인합니다. 대리 참관 또는 가족 중 대표 보호자 한 명만 참관할 수 있음도 설명해 드립니다. 누락된 짐을 확인 후 참관실로 안내합니다.

① 1차, 2차 연소실 소화
② 화장종료
③ 화장로 개방
④ 유골확인 참관
⑤ 대기실 안내

56 다음은 보조지도사의 시점에서의 절차 주의사항입니다. 어떠한 절차의 주의사항인지 고르시오.

> 책임 보호자 및 해당 가족이 유골확인 참관을 할 수 있도록 시야에 간섭이 없도록 공수 자세를 유지합니다.

① 1차, 2차 연소실 소화
② 화장종료
③ 화장로 개방
④ 유골확인 참관
⑤ 대기실 안내

54 ④ 55 ② 56 ④   정답

57 다음의 설명하는 과정은 어떤 장례 절차의 과정인지 고르시오.

> 화장이 끝난 반려동물의 유골을 수습하는 과정의 명칭입니다. 화장이 종료된 유골은 수분이 일시적으로 고열에서 건조된 상태로 쉽게 유골의 형태가 깨짐 현상이 있거나 화장이 종료된 상태에서 움직임에 따라 무너지는 경향이 있습니다. 이러한 부분을 유의하여 진행합니다.

① 습, 염
② 추 모
③ 화 장
④ 수 골
⑤ 분 골

58 분골 과정의 준비물이 아닌 것을 모두 고르시오.

① 고글(보안경)
② 방진 마스크
③ 쇠 절구와 쇠공이
④ 수골 핀셋, 붓
⑤ 밀봉 주머니, 한지

해설 수골 핀셋과 수골 붓은 수골 과정에 필요한 준비물입니다.

59 수 · 분골 참관 트레이의 남동쪽에 위치하는 수 · 분골 참관 용품의 이름으로 올바른 것을 모두 고르시오.

① 수골 트레이
② 수골 핀셋
③ 고무판
④ 쇠 절구, 쇠 공이
⑤ 합화지

해설 수골 트레이, 수골 핀셋과 붓은 북쪽, 합화지는 남서쪽에 위치합니다.

60 다음은 장례지도사의 시점에서의 절차 주의사항입니다. 어떠한 절차의 주의사항인지 고르시오.

> 개방하는 화장로 화도가 해당 반려동물의 화장로가 맞는지 한 번 더 확인합니다. 화장로 화도의 개방 시 유골확인을 참관하는 책임 보호자와 해당 가족의 감정 상태를 확인합니다. 책임 보호자 및 해당 가족에게 수·분골 참관의 전체 과정을 진중하게 설명합니다.

① 화도 개방   ② 핀셋 수골
③ 화도 폐문   ④ 분골 진행
⑤ 골분 합화

61 다음은 장례지도사의 시점에서의 절차 주의사항입니다. 어떠한 절차의 주의사항인지 고르시오.

> 분골 절차 시 발생할 수 있는 특이사항 중 '유골의 튐'(분골 과정에서 작은 유골 조각이 튀는 현상)을 예시 내용으로 책임 보호자와 해당 가족에게 설명합니다. 분골 과정 동안 책임 보호자 및 해당 가족의 감정 상태를 확인합니다.

① 화도 개방   ② 핀셋 수골
③ 화도 폐문   ④ 분골 진행
⑤ 골분 합화

62 다음은 보조지도사1의 시점에서의 절차 주의사항입니다. 어떠한 절차의 주의사항인지 고르시오.

> 수골 진행으로 인해 반려동물의 두개골(머리뼈)의 형태로 깨짐 현상이 생기지 않도록 조심히 수습합니다. 수습된 두개골은 되도록 단일화해 조심히 수골 참관 트레이 위에 참관실에서 확인이 이루어질 수 있도록 조심히 안치합니다. 보조지도사2가 수습한 유골(수골트레이)을 인계받아 수골 참관 트레이 위에 안치합니다.

① 화도 개방   ② 핀셋 수골
③ 화도 폐문   ④ 분골 진행
⑤ 골분 합화

63 다음은 보조지도사1의 시점에서의 절차 주의사항입니다. 어떠한 절차의 주의사항인지 고르시오.

> 쇠 절구에서 분골 절차 마무리 후 쇠 절구 안의 골분을 합화지 위로 안착 이동시킵니다. 쇠 절구 안의 골분이 합화지 위로 안착(쇠 절구의 골분을 합화지로 이동)하는 과정을 확인합니다.

① 화도 개방　　　　　　　　　② 핀셋 수골
③ 화도 폐문　　　　　　　　　④ 분골 진행
⑤ 골분 합화

64 다음은 보조지도사2의 시점에서의 절차 주의사항입니다. 어떠한 절차의 주의사항인지 고르시오.

> 수골 트레이와 붓을 들고 보조지도사1 옆쪽에서 대기합니다. 분골이 진행되는 동안 유골의 튐 현상을 주의 깊게 확인합니다. 유골의 튐이 현상이 확인된 경우 준비한 수골 트레이와 붓으로 조심히 수골하여 쇠 절구 안으로 다시 합화시킵니다.

① 화도 개방　　　　　　　　　② 핀셋 수골
③ 화도 폐문　　　　　　　　　④ 분골 진행
⑤ 골분 합화

65 유골함 봉안 절차 순서가 올바른 것을 고르시오.
① 분골 상태 확인 – 밀봉 상태 확인 – 유골함 확인 – 유골 봉안 – 마감 의전
② 분골 상태 확인 – 밀봉 상태 확인 – 유골 봉안 – 유골함 확인 – 마감 의전
③ 분골 상태 확인 – 유골 봉안 – 밀봉 상태 확인 – 유골함 확인 – 마감 의전
④ 밀봉 상태 확인 – 분골 상태 확인 – 유골 봉안 – 유골함 확인 – 마감 의전
⑤ 밀봉 상태 확인 – 분골 상태 확인 – 유골함 확인 – 유골 봉안 – 마감 의전

66 봉안시설의 종류가 아닌 것을 고르시오.

① 봉안묘
② 봉안당
③ 봉안벽
④ 봉안탑
⑤ 봉안담

해설　벽과 담의 형태로 되어있는 봉안시설의 명칭은 봉안담입니다.

67 봉안당 안치절차로 올바른 것을 고르시오.

① 계약서 작성 – 위치확인 – 청결상태 확인 – 유골함 안치 – 이용설명 – 안치종료
② 계약서 작성 – 위치확인 – 청결상태 확인 – 이용설명 – 유골함 안치 – 안치종료
③ 위치확인 – 청결상태 확인 – 유골함 안치 – 계약서 작성 – 이용설명 – 안치종료
④ 위치확인 – 청결상태 확인 – 유골함 안치 – 이용설명 – 계약서 작성 – 안치종료
⑤ 위치확인 – 계약서 작성 – 청결상태 확인 – 유골함 안치 – 이용설명 – 안치종료

해설　봉안당의 안치 위치에 따라 금액이 다른 곳이 많기 때문에 안치 위치를 먼저 확인한 후에 계약서 작성 후 진행해
야 합니다.

68 자연장에 관한 설명으로 올바르지 않은 것을 모두 고르시오.

① 「장사 등에 관한 법률」에 명시가 되어있다.
② 「동물보호법」에는 명시가 되어있다.
③ 화장한 골분을 수목 · 화초 · 잔디 등의 밑, 주변에 묻어 장사하는 것을 말한다.
④ 자연장의 방법으로는 매장 기능성 유골함(생분해성)을 사용하는 방법만 가능하다.
⑤ 생전의 유품을 같이 묻어 장사하는 것도 가능하다.

해설　② 동물보호법에 명시되어있는 동물장묘업에는 자연장이 포함되지 않습니다.
④ 자연장의 방법으로는 생분해성 유골함을 사용하는 방식 또는 흙과 골분을 혼합하여 매장하는 방식 총 2가지
가 가능합니다.
⑤ 생전의 유품을 같이 묻어 장사할 수 없습니다.

69 자연장의 순서로 올바른 것을 고르시오.

① 안장위치확인 – 굴토 – 계약서 작성 – 추모 인사 – 유골함 안장 – 취토 – 평토
② 안장위치확인 – 계약서 작성 – 굴토 – 추모 인사 – 유골함 안장 – 취토 – 평토
③ 안장위치확인 – 굴토 – 추모 인사 – 골분 혼합 – 골분안장 – 평토
④ 안장위치확인 – 계약서 작성 – 굴토 – 추모 인사 – 골분 혼합 – 골분안장 – 평토
⑤ 계약서 작성– 안장위치확인 – 굴토 – 추모 인사 – 골분 혼합 – 골분안장 – 평토

70 아래의 설명 중 빈칸에 알맞은 말을 나열한 것을 고르시오.

> 사람의 경우 장례식장에서는 운구 서비스라는 말을 많이 사용합니다. 하지만 운구(運柩)란 시신을 넣은 관을 운반하는 것을 말합니다. 반려동물 장례식장에서 사용하는 운구 서비스는 (㉠) 서비스라고 표현하는 것이 올바른 표현입니다. 이런 (㉠) 서비스에는 반려동물과 보호자가 함께 탑승하여 장례식장으로 이동하는 (㉡) 서비스, 반려동물만 장례식장에 도착하여 장례를 진행하는 (㉢) 장례 서비스, 이미 매장한 반려동물의 화장을 위한 (㉣) 운구 서비스가 준비되어있습니다.

	㉠	㉡	㉢	㉣
①	차량	차량 운구	위탁 운구	개장 파묘
②	차량	위탁 운구	차량 운구	개장 파묘
③	차량	반려동물 픽업	위탁 운구	개장 운구
④	반려동물 운구	반려동물 픽업	비대면 운구	개장 운구
⑤	반려동물 운구	반려동물 픽업	비대면 운구	파묘 운구

71 위탁 운구 장례서비스에서 장례 절차의 진행 순서로 올바른 것을 고르시오.

① 염습 촬영 – 추모 촬영 – 화장 촬영 – 화장 동의 요청 – 사진 전송
② 염습 촬영 – 추모 촬영 – 화장 동의 요청 – 화장 촬영 – 사진 전송
③ 염습 촬영 – 화장 촬영 – 추모 촬영 – 화장 동의 요청 – 사진 전송
④ 화장 동의 요청 – 염습 촬영 – 추모 촬영 – 화장 촬영 – 사진 전송
⑤ 화장 동의 요청 – 화장 촬영 – 추모 촬영 – 염습 촬영 – 사진 전송

해설 진행 절차의 동의를 얻었더라도 화장 절차 진행 및 촬영 직전에는 화장 동의를 요청해야 합니다.

72 개장 파묘 서비스의 준비물이 아닌 것을 고르시오.

① 대형 반려동물 전용 사체낭
② 큰 삽, 모종삽, 낫
③ 붓, 가위
④ 라텍스, 목장갑
⑤ 한지 20장 이상

> 해설   낫은 준비물이 아니다.

73 다음 아래의 설명으로 알맞은 것을 고르시오.

> 고체가 열에 의해 녹아서 액체가 되는 현상을 말합니다. 외부에서 열이 가해지면 고체 상태를 유지하고 있던 입자 사이의 인력(서로 잡아당기는 힘)이 약해집니다. 그로 인해 입자 사이의 거리가 멀어지고, 서서히 입자 배열이 불규칙적으로 흐트러지게 됩니다. 예를 들어 얼음이 물로, 용광로의 철이 쇳물로, 양초가 녹아 촛농으로 상태 변화가 일어나게 됩니다. 이러한 현상은 물질들마다 특정 온도에서 일어납니다.

① 융 해
② 응 결
③ 응 고
④ 운 동
⑤ 용 융

74 HPHT공법에서 P와 T가 의미하는 것으로 알맞은 것을 고르시오.

	P	T
①	place	time
②	pressure	temperature
③	private	tinier
④	produce	togues
⑤	present	travel

> 해설   HPHT공법은 고압, 고열공법으로 압력을 뜻하는 Pressure와 온도를 뜻하는 Temperature입니다.

75 공중보건학의 대상에서 최초단위를 고르시오.

① 개 인
② 공동체
③ 지역사회
④ 국 가
⑤ 세 계

해설 공중보건학의 최소단위는 지역사회이며 이 지역사회는 행정단위를 의미하는 것이 아닌 지역사회의 최소단위인 주민에서 전 국민을 대상으로 합니다.

76 공중보건학의 목적이 아닌 것을 고르시오.

① 질병의 예방
② 질병의 치료
③ 수명의 연장
④ 건강의 증진
⑤ 건강 효율성의 증진

해설 질병의 치료는 공중보건학의 목적이 아닙니다.

77 공중보건의 행정수단으로 옳은 것을 모두 고르시오.

① 보건 행정
② 보건 관계 법규
③ 보건 시설
④ 보건 교육
⑤ 보건 경찰

78 아래의 설명을 읽고 공중보건학의 발전과정 중 어느 시기인지 고르시오.

> 사회개혁론자가 활약하였으며 산업혁명으로 인한 새로운 질병의 개념이 추가되었습니다. 또한, 라마치니(Ramazzini)는 근로자의 질병이라는 책을 저술하고 산업보건학의 기초를 확립하였습니다. 프랭크(Frank)는 공중·산업 보건의 아버지라 불리며 「전의사 경찰체계」라는 최초의 공중보건학 저서를 만들었습니다. 또한 제너(Jenner)는 우두 종두법(1798년)을 실행하여 예방접종의 대중화가 가능해졌습니다. 스웨덴에서는 세계 최초로 국세조사(인구통계조사)를 실시하였습니다. 채드윅(Chadwick)은 영국 근로자의 위생 상태에 관한 조사 보고서를 만들어 정부에 보고하였습니다.

① 고대기
② 중세기
③ 여명기
④ 근대기
⑤ 발전기

해설 위의 설명은 여명기, 요람기의 설명이며 이 기간은 1501~1850년입니다.

79 아래의 설명을 읽고 공중보건학의 발전과정 중 어느 시기인지 고르시오.

> 예방의학이 발전하고 예방백신이 개발된 시기입니다. 따라서 백신으로 인하여 인구가 폭발적으로 증가하는 시기입니다. 페텐코퍼(Pettenkofer)는 환경 위생학의 아버지라 불리며 실험위생학 기초를 확립하고 1866년 뮌헨대학에 위생학 교실을 창립하였습니다. 파스퇴르(Pasteur)는 탄저균을, 코크(Koch)는 콜레라균을 발견하였습니다. 이러한 미생물이 병의 원인이 되는 미생물병인설이 확립됩니다. 존 스노우(John Snow)는 콜레라에 관한 역학조사 발표하고 전염병의 발생 원인을 규명하였습니다. 비스마크(Bismark)는 세계 최초로 근로자 질병 보호법 제정으로 사회보장제도의 기틀을 마련하였습니다.

① 고대기
② 중세기
③ 여명기
④ 근대기
⑤ 발전기

해설 위의 설명은 근대기, 확립기의 설명이며 이 기간은 1851~1900년입니다.

78 ③ 79 ④ 정답

80 역학의 역할이 아닌 것을 고르시오.

① 질병의 발생 변화 추이 확인의 역할
② 질병의 발생 및 유행의 감시 역할
③ 질병의 자연사 연구 역할
④ 보건의료서비스 연구에 대한 역할
⑤ 임상 분야에 대한 역할

해설   역학의 역할 중 제일 중요한 역할이 '질병의 발생 원인 규명의 역할'입니다. 변화 추이 확인의 역할은 없습니다.

81 다음 중 기술역학의 변수가 아닌 것을 고르시오.

① 결혼의 유무
② 종 교
③ 사회경제적 수준
④ 기생충
⑤ 계 절

해설   기술역학의 변수는 사람, 시간, 장소입니다. 기생충은 기술역학의 변수가 아닙니다.

82 다음 아래의 설명은 분석역학 중 한 연구의 장점을 설명한 것이다. 어떠한 연구인지 고르시오.

타 연구와 다르게 비교적 쉽게 수행할 수 있고 비용이 상대적으로 적게 소요됩니다. 비용, 노력, 시간상으로 경제적인 연구설계이며 질병 관리의 우선순위를 결정하기 위해 건강상태를 측정하거나 지역사회 일반 인구를 대상으로 환자를 확인할 때 유용한 연구방법입니다. 그리고 질병의 규모를 파악할 수 있어 지역사회 보건사업을 기획할 때 유용하게 사용되는 연구방법입니다.

① 단면조사연구
② 환자-대조군 연구
③ 전향성 코호트 연구
④ 후향성 코호트 연구
⑤ 지역조사연구

83 다음 아래의 설명은 분석역학 중 한 연구의 단점을 설명한 것이다. 어떠한 연구인지 모두 고르시오.

> 비용(경비, 시간, 노력)이 많이 들고 장기간 계속 관찰하여야 합니다. 또한, 추적불능의 연구대상자
> 가 많아지면 연구결과에 영향을 주게 됩니다. 진단방법과 기준, 질병 분류 방법이 변화될 가능성이
> 있으며 질병발생률이 낮은 경우에는 연구의 어려움이 있습니다.

① 단면조사연구
② 환자-대조군 연구
③ 전향성 코호트 연구
④ 후향성 코호트 연구
⑤ 지역조사연구

84 감염병의 발생설의 순서로 알맞은 것을 고르시오.

① 종교설 – 점성설 – 장기설 – 접촉전염설 – 미생물병인론
② 종교설 – 장기설 – 점성설 – 미생물병인론 – 접촉전염설
③ 점성설 – 장기설 – 종교설 – 미생물병인론 – 접촉전염설
④ 점성설 – 종교설 – 장기설 – 미생물병인론 – 접촉전염설
⑤ 점성설 – 종교설 – 장기설 – 접촉전염설 – 미생물병인론

85 개의 주요 인수공통감염병이 아닌 것을 고르시오.

① 광견병(공수병)
② 라임병
③ 심장사상충
④ 개회충증
⑤ 묘소병

> 해설   묘소병(고양이할큄병)은 고양이의 주요 인수공통감염병입니다.

86 개의 예방접종 프로그램인 DHPPL이 예방해주는 질병이 아닌 것을 고르시오.

① 개홍역
② 간 염
③ 파보 장염
④ 파라인플루엔자 바이러스
⑤ 감 기

해설 파라인플루엔자, 보데텔라 바이러스는 켄넬코프 백신이 예방해주는 질병입니다.

87 반려동물장례지도사로서 인수공통감염병의 예방방법으로 가장 부적절한 것을 고르시오.

① 적절한 예방 접종할 것
② 동물을 만진 후 손 씻기
③ 야외 활동 시 긴 옷과 신발을 신고 몸과 옷을 점검하고 외부기생충 제거
④ 동물을 다루거나 배설물을 치울 때는 위생 장갑 사용할 것
⑤ 동물에게 물리거나 상처가 있을 때 즉시 소독을 하면 병원에서 진료를 받지 않아도 됨

88 다음 중 의료폐기물 발생 기관이 아닌 것을 고르시오.

① 의료기관
② 반려동물 장례식장
③ 동물병원
④ 시험 · 연구기관
⑤ 노인요양시설

해설 반려동물 장례식장은 의료폐기물 발생 기관이 아닙니다.

89 아래의 설명하는 글은 어떤 용어의 정의입니다. 어떤 용어의 설명인지 고르시오.

> 비교적 약한 살균력으로 병원미생물의 감염력을 없애기 위해 그 물질을 처리하는 것을 말합니다. 여기서 그 물질은 병원체를 말하며 병원체의 사멸, 전파과정을 제거하여 질병의 발생, 전염을 미리 방지하는 것을 말합니다. 즉, 병원성 미생물만 사멸시켜 병원균을 번식하지 못하게 하는 행위와 과정을 말합니다.

① 소 독
② 멸 균
③ 살 균
④ 방 부
⑤ 항 생

90 소독약의 사용 상식이 아닌 것을 모두 고르시오.

① 소독약 사용 전 청소 및 유기물의 정리가 필요하다.
② 농도가 짙고 높으면 소독력이 강하다.
③ 소독약을 희석하여 사용할 때 지하수를 피한다.
④ 산 계통, 알칼리 계통을 동시에 사용하여도 된다.
⑤ 적당한 약물류의 혼합으로 소독의 효과가 증가할 수 있다.

해설 ② 소독약은 농도가 짙고 높아도 소독력이 강한 것은 아닙니다.
      ④ 산과 알칼리 계통의 소독약은 동시에 사용해서는 안 됩니다.

91 반려동물의 사후 물리적 변화가 아닌 것을 고르시오.

① 체온 저하
② 침 강
③ 탈 수
④ 혈액 점도의 감소
⑤ 미생물 확산

해설 사후 탈수로 인해서 혈액의 밀도와 점도는 증가합니다.

92 반려동물의 화학적 변화 중 부패의 징후가 아닌 것을 고르시오.

① 색의 변화
② 사후경직
③ 표피탈락
④ 부패 가스 생성
⑤ 체외분비물

해설   사후경직은 화학적 변화의 하나로 부패의 징후가 아닙니다.

93 사후경직의 순서로 올바른 것을 고르시오.

① 불수의근 – 얼굴 – 목 – 몸통 – 다리
② 얼굴 – 목 – 몸통 – 다리 – 불수의근
③ 얼굴 – 목 – 몸통 – 불수의근 – 다리
④ 다리 – 몸통 – 목 – 얼굴 – 불수의근
⑤ 다리 – 몸통 – 얼굴 – 목 – 불수의근

94 동물보호법의 신규 제정 연도로 알맞은 것을 고르시오.

① 2020년
② 2002년
③ 1999년
④ 1991년
⑤ 1988년

해설   동물보호법은 동물을 적정하게 보호·관리하기 위하여 필요한 사항을 정함으로써 동물에 대한 학대행위를 방지하고 국민의 동물보호정신을 함양하려는 것을 목적으로 1991년 5월 31일 신규 제정되었습니다.

95 동물보호법상 등록대상동물이 아닌 것을 모두 고르시오.

① 2개월령 이상의 개
② 2개월령 이하의 개
③ 2개월령 이상의 고양이
④ 2개월령 이하의 고양이
⑤ 10개월령 이상의 개

> 해설 동물보호법상 등록대상동물의 범위는 2개월령 이상의 주택·준주택에서 개, 반려의 목적으로 기르는 2개월령 이상의 개를 말하며 동물보호법 시행규칙 제8조 제4항에 따르면 기준 월령 이하인 경우도 가능합니다. 다만 고양이의 경우 각 지역의 조례에 따라 다르며 현재 시범운영 중인 지역이 있습니다. 하지만 아직 동물보호법에는 명시되어있지 않습니다.

96 등록대상동물의 동물등록변경신고를 진행하지 않아도 되는 것을 고르시오.

① 소유자의 이메일이 변경된 경우
② 소유자의 주소가 변경된 경우
③ 등록대상동물을 잃어 버린경우
④ 등록대상동물이 사망한 경우
⑤ 무선식별장치를 잃어버리거나 못쓰게 된 경우

> 해설 동물을 잃어버린 경우는 10일 이내 / 소유자의 성명, 주소, 전화번호가 변경된 경우, 등록대상 동물이 사망한 경우, 분실 신고 후 찾은 경우, 무선식별장치를 잃어버리거나 못 쓰게 된 경우 모두 30일 이내에 등록변경 신고를 해야 합니다.

97 도서 지역 대표적으로 제주도에는 반려동물 장례식장이 없습니다. 때문에 육지로 와서 장례를 진행해야 합니다. 이때, 사망한 반려동물을 비행기에 탑승시키기 위해서 필요한 서류를 고르시오.

① 사망진단서
② 사체검안서
③ 폐사진단서
④ 입양증명서
⑤ 화장확인서

98 동물장묘업으로 올바르지 않은 것을 고르시오.

① 동물전용의 화장시설
② 동물전용의 건조장시설
③ 동물전용의 수분해장시설
④ 동물전용의 봉안시설
⑤ 동물전용의 자연장시설

99 화분장의 유형이 아닌 것을 고르시오.

① 매장 기능성 유골함 이용하여 화분에 매장하는 방법
② 흙과 유골분을 혼합하여 화분에 매장하는 방법
③ 화분장용 유골함을 이용하는 방법
④ 화분 위에 골분을 얹어 추모하는 방법
⑤ 추모 보석 제작 후 화분 위에 얹어 추모하는 방법

해설 화분장은 자연장의 방법이 단순히 화분으로 변경된 것이기 때문에 자연장의 방식으로 진행해야 합니다. 때문에 화분 위에 골분을 얹어 추모하는 방법은 화분장의 유형이 아닙니다.

100 반려동물의 장례를 주관하고 절차를 진행하는 사람의 명칭으로 올바른 것을 고르시오.

① 반려동물 장례지도사
② 반려동물 장례코디네이터
③ 반려동물 장례상례사
④ 반려동물 장례플래너
⑤ 발려동물 장의사

해설 장례코디네이터, 상례사, 플래너 등을 통합하여 이르는 말이 반려동물 장례지도사입니다.

좋은 책을 만드는 길
독자님과 함께하겠습니다.

도서나 동영상에 궁금한 점, 아쉬운 점, 만족스러운 점이
있으시다면 어떤 의견이라도 말씀해 주세요.
시대고시기획은 독자님의 의견을 모아 더 좋은 책으로 보답하겠습니다.

www.sidaegosi.com

반려동물장례지도사 표준안

초 판 발 행	2022년 01월 05일 (인쇄 2021년 10월 28일)
발 행 인	박영일
책 임 편 집	이해욱
저 자	강성일 · 김태연
편 집 진 행	박종옥 · 노윤재
표지디자인	김지수
편집디자인	임아람 · 채연주
발 행 처	(주)시대고시기획
출 판 등 록	제 10-1521호
주 소	서울시 마포구 큰우물로 75 [도화동 538 성지 B/D] 9F
전 화	1600-3600
팩 스	02-701-8823
홈 페 이 지	www.sidaegosi.com
I S B N	979-11-383-0841-0 (1ㅈㅈ3380)
정 가	23,000원